组 织 学 习 与 进 化 丛 书

这本书展示了专业管理者思想历程中艺术性与科学性之间的挣扎，精彩之极！

——《哈佛商业评论》

The Reflective Practiotioner

How Professionals Think in Action

反映的实践者

专业工作者如何在行动中思考

[美] 唐纳德·A.舍恩 著

Donald A. Schön

夏林清 译

北京师范大学出版集团

BEIJING NORMAL UNIVERSITY PUBLISHING GROUP

北京师范大学出版社

序

很高兴能为大家推荐夏林清老师的译作《反映的实践者》。

我和夏老师由相识到相熟的过程，是被心理学实践工作所牵动的。1990年，夏林清老师代表台湾大学入学考试中心，带着区雅伦研究员来北京与教育部考试中心进行《高中生生涯咨询与兴趣量表》修订的项目交流工作，我当时正在主持这项研究，因而与夏老师认识了。那时，我就对夏老师所领导的台湾大考中心教育服务处工作团队的活力印象深刻。后来，约略知夏老师一直使用行动研究的方法与台湾中小学教师建立了良好的协作关系，但未有进一步了解的机会。

2005年，台湾辅仁大学心理系来北京师范大学心理学院参观访问，我再次遇见夏老师，也了解到台湾辅仁大学的心理系在台湾已努力耕耘出一个丰富的小园地，夏老师一直致力于实践取向的心理学知识和方法的建立。2004年以后，台湾辅仁大学积极参与前辅仁大学校友会的活动，夏老师两次带领师生前来参加，到2005年冬天，我又有幸应邀出席台湾辅仁大学的校庆活动。在多次交流的基础上，尤其是当我亲临其境地参观、并参与了台湾辅仁师生的共同活动，我才逐渐对两年来夏老师积极推动心理系师生一起参与的"历史中的心理学——接续断裂的历史"的含义有所感受并理解，我也才领会到她使用的是一种带领学生们在实际的活动过程中，不断创作与对话的协作方法。我想，这也就是《反映的实践者》一书中所述道理的展示吧！

21 世纪的中国心理学蓬勃发展，如何使心理学有助于促进美好生活、建立和谐社会，又如何从具体工作中积累知识、改进做法，都是需要我们认真思考的问题。这本书的出版给我们一定的启示，希望不久的将来能够进一步看到，夏老师多年来在此思想指引下的实践经验和认识发展。

张厚粲

2006 年 11 月

中文版序

当我和我丈夫 1952 年结婚的时候，我想我嫁的是一位哲学家。没错，我是嫁了个哲学家，但很快发现他是我称为的"实践的哲学家"，这个特点快速地使他和哲学学术场中的其他人区隔开来了。

在《反映的实践者》一书中，舍恩推进了他的追寻，进行了对"专业实践看重的能力"和"学术领域所尊崇知识"之间关系的探究。在这个追寻中，舍恩着力于学术界多数人所忽略的一个重点——实践能力和专业技艺的本质。

我是一位艺术家，一位雕塑工作者。更精确地说，一位公共艺术的雕塑家。在制作艺术作品的互动性（与人、环境）的创作过程中，我得到很大的回馈。虽然我也有一些作品是放在私人的环境里，但主要的作品是放在公共场所里——不是在博物馆里，而是在人们可以在白天或晚上、岁岁年年的日子里触摸、坐、拥抱，与它们互动着的场所里。丈夫和我时常讨论我的创作和他的研究间相对应的关系。我的感觉是，他对我的创作过程以及我如何在"行动中反映"进行了书写。经过我们多次的对话，我渐渐相信，创造一件雕塑品的过程和在专业情境中解决问题的过程是一样的。例如，每当我创作一件公共艺术的雕塑，为了获得地方官员的赞同并筹募艺术基金，我得解决很多不同的问题，每一步都要求大量的探究与反映。

我最广为人知的一件作品是放在美国马萨诸塞州波士顿公共花园中的《让路给鸭子走》，罗勃·麦克洛斯基（R. McCloskey）在其著作中画下了这幅作品。他认为：要描绘这幅作品（一只母鸭后面跟着八只小鸭）的复杂性，将二维空间的绘图颠覆成为三维空间的形式，这是一件颇累人的任务，但却是愉悦并具挑战性的。

举例而言，想象你要雕刻野鸭张开的一张嘴。在麦克洛思基的书中，野鸭太太和她的几只小鸭都张大了嘴。但我起先对一只鸭嘴的里面是什么样子毫无概念，又不太可能要一只活鸭子张开嘴展示给我看！为了解决这个问题，我采取了行动，发生了自己预期外的经历。我首先到博物馆去，但那里所有的鸭标本的嘴都是闭着的，我再到卖亚洲食物的商店去，所有的鸭子都是没有头的。最后我发现塔夫茨医学院（Tufts Veterinary School）为了研究使用，存有冷冻的动物尸体。当我打电话给学校，问问他们是否恰好有冷冻的鸭子时，电话彼端的女士说："嗯，我们刚好有一只。"待我解释了我的需要时，她同意解冻这只鸭子便于我照相。第二天，我像一个医生一样打开了鸭嘴，并从不同的角度拍下了鸭嘴的结构。结果，野鸭的嘴内就有了分岔的舌头和许多组细小的牙齿，野鸭的舌头与牙齿像是一个筛子，在水流入又流出鸭嘴时捕捉住食物。这就是一个完美设计的实例。

每当我创作一件艺术品时，都会发现令我赞叹惊讶的经验，我使用它们来导引我的创造过程。因为在每一件作品创作起始的时刻，我会设定学习的探寻过程，以便自己对要去创作的作品有更好的了解。这些探寻总是引领我来到未曾预期的地方，使我停驻在对世界更深的赏析里，并在这一创作出新作品的过程中，获得实践的知识。在这一点上，不同的专业并无差异，我们都从自身对周遭世界的探究中学习。事实即如舍恩过去常对我说的，我们在实践中所"知道的"远比我们能说的要多；而我总是回应他："我们的潜意识可真是聪颖啊！"

南希·舍恩
马萨诸塞州
2006 年 11 月

译者序

风筝不断线——实践者的落地深耕

唐纳德·舍恩（Donald A. Schön）是我在美国哈佛大学博士课程的主要指导老师。他的实践认识论与反映实践的方法成形于 20 世纪 80 年代初的美国，在实证科学与科技理性所主导的美国社会，这是一支由美国社会科学专业社群内部所发展出来的解构力量。从 20 世纪 80 年代中期迄今，舍恩的论述广泛影响到教育、心理、社会工作与其他人文社会科学的专业教育领域中。

在 1986 年至 2006 年的这 20 年中，我将舍恩的反映实践方法整合到自己在中国台湾对心理、教育与社会工作的专业人才的培育工作中。不同于美国，台湾人文、社会和科学技术界主要跟着欧美国家实证科学的主流走，然而自 20 世纪 80 年代起，遍及不同的实践工作位置中的心理、教育与社工专业毕业的本科生，却身处于与学院理论工作者脱节的实践处境中。对我而言，这种学院的知识生产与实践界的脱节的现实反倒是一片土壤，促进我得以援用舍恩的"反映实践"作为助力，一方面以台湾辅仁大学心理系为主，培养具有反映实践能力的心理、教育专业的实践者；另一方面则与实践工作者共同进入台湾社会内部不同弱势群体的复杂处境中，与弱势群体协同发展，寻求改变之道。因而，在台湾，舍恩的反映实践已转化嵌属于我称之为拮抗或抵制性自主的心理教育专业实践的路线中来。2007 年，《反映的实践者》初版，2018 年再版。我在台湾的经验可以如何为大陆所有效借鉴呢？我无法预知未来，但我知道大陆社会内部的复杂现实确实需要放弃"懒惰实证研究"、转向与人们真实困境与苦痛相结合的工作者，亦即舍恩所称的选择不去"干爽高地"，而进入"低地"工作的实践者！

一、绣花的针线活——梦中的舍恩

1983 年，我到哈佛读博，在克里斯·阿吉里斯（Chris Argyris）的课堂中认识了唐纳德·舍恩这位与阿吉里斯共创行动理论的学者。1983 年至 1985 年的这两年，除了哈佛教育学院的课程外，我一路紧跟着 MIT（麻省理工）舍恩的课。1987 年的秋天回去交论文计划书和 1990 年至 1991 年论文书写时，他是我最重要的讨论人与支持者。1991 年完成学位返回台湾，1992 年 5 月 30 日接到舍恩的来信，对于这段交往，我在 2013 年台湾出版的《浮流潜行》一书的序文中是这么记叙的：

2007 年 10 月 6 日整理堆积的旧文件，见舍恩于 1992 年 5 月 30 日来信，是舍恩恭喜我完成学位，并细说了他对我论文故事的看法，共三页。这些年，我根本忘了收过这封信，即便于 1997 年因得知舍恩过世，卯尽心力完成《反映的实践者》《反映回观》《行动科学》三书的翻译，且数度于文章中、课堂内提及舍恩的教导的时刻，我都不记得收到过这封信！

一打开信，我便明白了这个"遗忘"是什么！1992 年 6 月收到信时，我正掩埋在疲劳的生活里；高兴舍恩来了一封长信，但快速瞥过之际，不敢接他的称赞，因乏力而惧怕进入他的意见，无法回应他期待我休息好后计划出版的期待。于是，我当下收起了信，转身由关怀的关系中退走，信因此被尘封 16 年。

1997 年，舍恩离世，当时我难过于他的病逝，却什么也没表达。2001 年，我到剑桥市探望阿吉里斯时，也拜访了南希·舍恩。2006 年，南希为《反映的实践者》的初版写了序文。也就是在 2005 年至 2006 年，我在北京师范大学以工作坊或培训课程的方式，开启了大陆学习者们对反映实践与行动科学的认识。

应该是在 2008 年的某一个凌晨，我在一个清晰的梦境中见到了舍恩：

绣花的舍恩

一间大的日式房子，有一间铺着木地板的洁净大厅，朝向院子的木板回廊洒落着光影，我由房的里间走入厅内。

我一眼看见舍恩坐在靠回廊的地板上，背着我低着头。我欣喜地走近他，叫他，舍恩右转侧抬起脸，笑笑地望着我，给我看他正在做的手工活，舍恩竟在做着针线活，在绣花绷子上绣花呢！

梦醒之后，我知道舍恩是来告知我反映实践是细的手工活，恰如绣花的针线活！

2006 年 8 月底到 9 月初，我初次在北京师范大学教育管理学院使用教课的方式进场，以硕士研究生一年级升二年级的年轻研究生为主要对象进行了总计 33 小时的"行动研究"教学，结合库尔特·勒温（Kurt Lewin）与杜威（John Dewey）思想的舍恩的"反映实践"及克里斯·阿吉里斯的"行动科学"，是我教授"行动研究"的核心。团体动力学之父勒温说过的一句话，直指行动研究的要义："了解这个世界最好的方式就是去改变它。"这句话也是教导我行动研究与培养反映的实践者的课程本身所需展示的。

让我们先将教师视为一位与学生们一起创造学习过程的反映实践者。舍恩在本书中关于反映实践者为何样貌的论述，主要由两大组核心概念构成，并辅以不同的案例来引导读者理解。一组是"行动理论"与"行动中认识"的相关概念，包括"行动中的内隐认识""对行动反映"与"行动中反映"。这一组概念是舍恩运用"行动理论"，确立"实践中的知识"的立场，并提出了"行动中反映"的核心概念。这一组概念是"实践者"的实践行动乃实践知识发生处的立论基础。第二组概念则为与"与情境反映对话""再框定"和"框架实验"相关的概念，包括了"探索实验""行动探测实践"和"假设检验实验"的概念。在这一组概念的支持下，实践者成为反映性社会科学阵营中的一员，并同时为实践者的科学精神拉开了"实验"的旗帜。因而,舍恩说:"实践者探究的立场即他'对待真实世界的态度'。"以下,让我以自己在北京师范大学的教学经验与舍恩这两组核心概念略作批注。

二、细工引水入大地

在台湾工作多年初入大陆工作时,最强的感受就是这么大的地方!这么多的人!而偏偏很多人急躁不堪!我想让反映实践为承受急促社会变动的大陆朋友们,引出其自身原本所存有的一股清明的心流!

1. 婚恋难题的魔术方块

我由行动研究者及处境中的行动者(situated actor)着手,邀请学生们自己选择任何一个生活经验的场域开始描述并联系上反映对话(reflective conversation)的概念。婚恋问题在这群 25 岁上下的青年人群中马上成为一个关注的探究焦点,几位女孩都遭遇到男友与男友家人盼望早些结婚,而尚在念书的女孩自己并不想结婚的情况。在年轻群体中,"婚恋"经验是使听者兴奋、人人有话可说,而说者并不见得轻松的话题。我在与 L 和 K 的对话中推动她们,先将自身的婚恋困局置放回男女情爱关系发展历程的社会情境和关系的脉络中,再往前叙说与探究。在说故事与写故事的历程中,由年轻女孩所铺陈出来的处境,在其身后拉开了一个空间——一个大陆自 1949 年以来的三代成年人的婚恋故事的陈述空间!这使得年轻人的婚恋问题无法再被本能地简化地对待为"现代女性自己做决定"的情爱选择。由社会的结构性机制来看,中国大陆迄今所经历的政治经济变动对三代成年人而言,犹如一个转动即整层扭转的魔术方块!国家建设因政治运作力量而整层板块移转,活在其中的无数个体则是这结构性转动力道的承担者;因必需承接结构性力道,个体有限的身体与心灵无可避免地扭结着求存发展!在 L、K 与我和同学们的对话关系所开展的视野空间中,她们的故事再现了由新中国成立到"文化大革命"两代人生活世界中的关系

——长期分居两地的分偶婚姻关系中的子女处境与裂解分离或矛盾凝结而不易言说的婚姻关系——之中，反映了两代成年男女的坚韧与悲怆。当L与K允许自己在子女与父母的关系中，视父母为成年男女时，父母成了社会田野的生活实践者，这对成年男女（父母）将自己早已揭示却尚未被自己欣赏与理解的生命实践知识，几乎是以一种无可分割的关系刻痕，往下传承！身体与性的变化形态、情感质地与关系方式、政治风险与利益算计的机巧方式，都是代际间传承的内隐知识，亦如L与K因回观父母时，获得了一个舍恩称之为"双重视野"的学习机会！长大与成熟不是风筝断线，而是在行动中得以发展多重观点，重新理解情境的复杂面向中的人、事与物，这是舍恩所指的"与情境反映对话"的双重视野能力。

2. 家的社会田野

青年男女婚恋问题中的父母与爷爷奶奶们出现后，我选择以"家即一个社会田野"为介入概念，引导场中学生视自己为行动者，一起来参看彼此的家作为一个跨经三代、不同政治历史与经济作用力蕴含与积淀于其中的丰富的社会田野现场。视家为社会田野的目的，是训练学生发展出对社会关系脉络交相编织与作用的觉识能力。北京师范大学教育管理学院老师向蓓莉的实践小故事对课堂学习空间发挥了转折与延展的催化作用。蓓莉老师讲述了自己到西北出差与初三女学生小M的相遇及手机往返的信息纪实。小M的父亲潦倒酗酒欠赌债、被迫携女逃离、小M年幼即独立住宿、打工谋生的艰辛，与从北京文化资源高处往下移位的大学女教师相遇碰撞。在关切小M的互动中，却引发了向老师自身内在搁置多年与父亲纠结情怀的共振。这正是任何一位实践者置身于复杂社会情境中都可能会遭逢的辨识、再框定并与他者共振的反映思考历程。家即社会田野的剧目，其充沛地牵动着课堂中的年青一代跃入现场，推进了我们的共同学习。同时，课堂现场与课后学生的作业书写历程都发生着舍恩所谓的"对行动反映"，即由过去经验中学习的反映转化：

我们可以鼓励每个人说出有关自己经验的故事，故事中具有惊讶、正向或负向元素。故事是反映的产品，但我们通常并未把握它，以它作为反映的客体。当我们有了记录我们故事的习惯后，我们重看它们，仔细考虑到我们建构、设置入故事中的意义，即专注于我们叙说描述的策略。

舍恩上段话的最后一句"我们叙说描述的策略"就将反映实践的故事探究与近年来已逐渐流行开来的叙事治疗或故事研究区别开来了！自始至终，舍恩从不放松对实践者主体的关切，因而故事探究与反映思考是实践者发展其"实践中知识"的一体两面的方法。

3. 社会关系脉络的觉察

20—30 岁的年轻学生们一起回观家人时，他们的参与创构了怎样的一个社会关系得以再现的学习空间？他们又得到了怎样的学习与面对自己的机会？我惊讶地发现年轻学生们不少来自非独生子女的家庭，看见不少学生是来自农村家庭中，那个见证了父母与兄长辛苦劳动而自己却是被滋养以便全力读书的最小的儿子或女儿，一种沉重的感动在课堂现场流动，沉重是指他承担着自己与家人生命经验的实质分量的不轻松！然而这读书小孩的孤独与重负在应试教育主导的学校生活中，几乎从未获得拆包端详的机会！在与这些"尖子"年轻知识青年一起回看其家人及其自身时，专注地倾听他们的故事正是舍恩所谓的反映思考：

反映思考，如同有些教师所说的'给孩子们道理'：听孩子说话，对他们反映，试探与发展出能协助他们克服他们在了解某些事物时的特殊困难的反应，协助他们立基于知识之上往前发展，协助他们发展他们已知道却未能说清楚的，协助他们能够将学校的知识与他们自发的行动中的认识协调起来。

在这里，舍恩的"反映思考"与 20 世纪 70 年代美国激进（radical）

教育者玛克辛·格林（Maxine Greene）的良知化对话教育得以呼应。

格林指出，激进教育者和学生之间的对话式教与学历程中连续发生着"行动取向的相互了解"（action-orienting mutual understanding）、命名（naming）、诠释与意义的建构，互为主体的关系（inter subjective relations）进入了生活中；人们便是经由意识觉醒的行动能力去介入与改变现实的。格林描述"觉识良知化"是一种"深化的觉察（awareness）的态度"，而这种觉察只有当人们能够在问题世界中，他们对自己的处境（situation）与历史性的存在（historical existence）有所反映时，才可能发生。

对历史性的存在与处境脉络复杂性的觉察不是竭思尽虑的智性思考可以激发的！因而，"反映思考"一词不能译为"反思"！（口语说话者为省事则可使用）

4. 在反映的再现空间中解套

在心理咨询与治疗领域中，"反映"是疗效发生的基础概念。简单地说，好的助人关系首先要能如镜、如清澈湖水般地照见影像，助人认识自己。

舍恩的"反映思考"与"行动中反映"所指涉的不只是"思考"，而是涵括了思想、情感与行为表现的对话活动（自己与自己以及自己与他人）。"反映实践"正是将实践者之实践行动与其介入现象场中的作用和后果的建构过程，经由对话活动而推进实践者的探究。舍恩书中的"探究"概念承接自杜威，指的是：思考与行动交相缠绕的一个促进疑惑转变到释疑的过程。实践者实践行动的质地与能力亦由此探究过程而产生改变。

舍恩的《反映的实践者》是他与哈佛大学"组织学习"创始人克里斯·阿吉里斯合作的系列书籍的一本，由《反映的实践者》入门，读者可以再进入他们两人的其他著作，如阿吉里斯的《行动科学》及阿吉里斯与舍恩合著的《组织学习》。我认为行动理论的核心贡献在于它辨识了行动者的行动策略如何与他人共构人际行为世界，改变之途则在于行动者对自身行动策略的改变能力，并创造条件协助他人发生改变！行动者立定脚跟与承担人际共构行为世界之不可回避的行动责任（对未言明或未自觉之假设、策略设计与后果作用的责任）是学习成为一位反映实践者的承诺，既存现况的改变之道亦始于自己与他者行动策略交织环扣处，能因自己的改变而有转化的可能。来自多年实践的体会，舍恩的反映实践可以为探究人间解套的变革大业奠下一块基石！它是回到根部的一条彻底的行径，能使得共构的难局与困境有一个落实的小起点！盼读者细细品读。

目　录

第3编 结 论

前　言
Preface

我对专业知识的探索，直接来自我工作中所遇到的工业顾问、科技管理者、都市规划者、政策分析者和专业学院教师的经验。由于这些经验，使我得以窥见学术领域中受人尊崇的知识与专业实践中所看重的能力之间的关系所存在的问题。这样的问题对我而言不仅仅是一个智性的困惑，更是我个人着力探究的课题。我早已认定大学对基本知识的生产与分配并无贡献，绝大多数的大学体制着眼于一种特定的认识论，一种培养选择性地忽略实践能力和专业技艺（professional artistry）的知识观点。

当然，以上的观点并不陌生，许多人语意贬抑地使用"学术"一词。另一方面，对于大学的精英主义或愚民政策的抱怨，则常和实践能力本身所带有的神秘性有关。当人们使用诸如"艺术"和"直觉"这些名词时，他们通常是要结束讨论而不是开启探究。就像实践者对他的学术同僚说："我不接受你的知识观点，但我也无法描述我自己的。"某些时候，实践者的确像是在说，"我的专业知识是无法描述的那种"，或甚至"我不会企图去描述它以免自我瘫痪了"。这些态度都加深了大学与专业、研究与实践、思想与行动之间的裂痕。这样的态度刚好和大学中为人熟知、存在于科学与学识的"硬知识"与专业技艺与纯朴性观点的"软知识"之间的二分法相契合。大学并不能够帮助实践者获得对于研究性知识的局限，以及在知识的实践中运用更好的理解，也不能帮助学者去探究专业行动的新观点。

我们亟须探究实践认识论的内涵。有能力的实践者所拥有的是怎样的一种认识？专业认识（professional knowledge）与学术教科书、科学报告和期刊中所呈现的知识有何相似和相异之处？如果存在的话，专业实践中是否具有任何智性的严谨性呢？

在本书中，我提供了实践认识论的一个认识路径，它是建立在对某些实践工作者——建筑师、心理治疗者、工程师、规划者和管理者——实际作为的仔细检验之上的。我曾搜集有关实践的若干实例，这些短文中的事件，皆叙述了资深实践工作者协助资浅者学习去做某件事的示例。在分析这些案例之后，我开始有了这个假设——有能力的实践工作者所知道的通常多于他们所能说的。他们展示了一种"实践中的认识"（knowing-in-practice），而他们之中多数人对于其实践中的认识是隐晦不明的。虽然如此，有了实例，我们就可以依照实例中真实表现的草案，开始建构认识的模式，并进行进一步的检验。实践工作者确实经常展露出一种对自己在行动过程中直觉式的认识进行反映的能力，他们有时亦使用这一能力在实践中应对独特的、不确定的和冲突的情境。

ix

本研究的核心是针对"行动中反映"（reflection-in-action）的独特结构的一个分析。我的论点是，本书所呈现的是一种严谨的研究，但它同时亦像亦不像学术研究与控制实验的那种严谨性。我还同时考虑了本研究的局限性，这些局限部分是源自那些对思想到行动的关联性所存有的迷思，而其他则根植于我们自己所创建的关于人际与体制脉络中影响力特性的迷思。

最后，我将提出反映性实践（reflective practice）这一观点对于以下这些问题的启示——专业工作者与当事人的关系、实践工作的组织情境、研究与实践在未来的互动关系，以及专业在社会的地位（有关反映性实践教育上的问题，我计划在另一本书中再详谈，本书仅稍有触及）。我发现最能由本书获益的，是那些认为研究的功能不应使人从实践中剥离、研究应是实践之发展的人。我多年的同事暨好友雷蒙德（Raymord Hainer），是第一个让我认识到我正在探索之方向和范畴的人。和我已密切合作10年的克里斯·阿吉里斯（Chris Argyris），便是对反映性实践承诺信守的一个典范。珍妮·班伯格（Jeanne Bamberger）引导我在真实表现的特定现象中，细致地注意到直觉思考的喜悦与痛苦。而和我一起合开过几门专业教育讨论课的马丁·赖因（Maydn Rein），则站在专业的内部视角，提出批判，修正我的想法，使我获益匪浅。

我要感谢耶路撒冷范·雷尔（Van Leer）机构主任耶胡达·埃尔卡纳（Yehudah Elkana），他提供了一个温馨的环境，使我能在 1979 年的春天完成本书的写作。当然，特别感谢我多年工作的地方——麻省理工学院的教育学习与研究所（Massachusetts Institute of Technology's Division for Study and Research in Education），这里的工作氛围我相信是在其他地方找不到的。

x

唐纳德·A. 舍恩

马萨诸塞州剑桥市

1982 年

第1编

Part I

专业知识和行动中反映

Professional Knowledge and Reflection-in-Action

第1章 专业知识的信心危机
The Crisis of Confidence in Professional Knowledge

对我们社会的运作来说，专业已变得不可或缺。我们通过特殊培养的专业得以建构社会的主要事务，并使之运作。这些事务包括引发战争、保卫国家、教育我们的孩子、诊断和治愈疾病、判决和惩罚违法者、解决争端、管理工商业、设计和构筑建筑物，以及帮助那些无法养活自己的人。一些主要的正式机构——学校、医院、政府机关、执行法律的法院、军队——是操练专业活动的角力场。我们期待专业工作者能定义并解决我们的问题，并且正是通过他们，我们为社会的进步奋斗着。关于所有我们所尊崇的这些功能，埃弗里特·休斯(Everett Hughes)称之为"专业所宣称的与重大社会事务有关的特别知识"。[1]正是这样，我们认可专业工作者具有特别的权利和特权。因此，专业化的事业是最令人羡慕且拥有最好的酬劳的事业，甚少有职业不去追求其专业形象。正如某位著者曾问道：我们是否看见，几乎每个人都专业化了？[2]

然而，尽管我们全面依赖专业，但是对专业的信心危机却在不断加剧。我们不仅曾目睹了备受尊重的专家误用他们自主性的公众丑闻——例如，医生和律师违法利用他们的地位，谋取个人利益——而且我们也遭遇过专业行动出现明显失误的经验。为解决公众问题设计的专业方案，带来了未曾预料的后果，有时它所产生的问题比原本想解决的问题还糟。经由专业化构思和评估而产生的新技术，结果却对我们的社会产生了并非刻意但却不可接受的副作用。专业化构思和管理的战争被广泛知觉为国家的灾难。专家们自身在广泛传播着对于国家大事的不同且相互冲突的提议，这其中也包含了各种专业活动的贡献。

结果，社会因专业的失败而责备专业，并对专业判断失去信心。公众大声疾呼对专业活动应有一个外部规范，努力创建公共机构，以抗衡和保护专业所推荐的政策对人们带来的不当影响，并可向法院申诉专业的失能不当。甚至在大多数神圣的医学和法律的专业学校里，具有反叛性的学生撰写了广为流传的文章，揭露专业教育的非道德性、无实用性或强制性。[3]

但是针对专业工作者的权利和自由的质疑——专业执照可决定谁被允许执业、他们被授权以维持良好的社会控制、他们的自主性——根植于一个更深的质疑中，即质疑专业工作者所宣称的他们对人类重要的事物具有特别的知识。这种怀疑有几种不同的形式，除了上面提及的公众丧失信心之外，还有来自左翼观点对专业在意识形态方面的猛烈攻击。一些批评家，如伊万·伊利奇（Ivan Illich），针对专业宣称它们具有特别知识的说法，全力进行研究与揭露。[4]其他人则竭力证明专业工作者如何盗用特别知识的说法，为自己和特权精英分子的利益服务，并意图维持他们在社会的统治地位。[5]最后，也是最具意义的一点，不久以前，专业工作者业已流露出对自己宣称所具有特别知识的信心的丧失。

1963年，在美国被高度称誉的艺术和科学期刊《代达罗斯》（Daedalus），出版了一期有关专业的杂志，开头写道："专业在美国生活中的任何角落，均获得了胜利。"《代达罗斯》期刊的编辑以一种新的角度透视到专业胜利的证据——人们对专业服务的需求不断增加，在几乎所有领域的实践中，专业均不断扩张势力。

对于专业训练这一国家产品，我们所投注的心力给人留下深刻印象……"知识工业"占据美国经济关键角色的那天终将来临，如同一百多年前铁路工业一样。在1955—1970年的15年间，我们试图成倍增加大学教授的数量——和这一令人敬畏的任务同时发生的是，传统产业的扩展更显困难，然而商业生活的专业化和特定新专业却大为扩增——美国已经变成了专业通，而且比起任何一个历史时代都更强烈依赖专业的服务。索斯藤·维布伦（Thorsten Veblen）在 60 年前的旧梦——一个专业化运行的社会——从未像现在这样如此地接近我们。[6]

《代达罗斯》期刊的编辑对此情境的评估绝非孤例。大家普遍地相信社会对技术性专门知识（technical expertise）的需求大幅增长了，作为这种增长的原因和后果，形成了专业知识的产业。理查德·霍夫施塔特（Richard Hofstadter）这样描写那些曾经自我满足的"普通人"。

> 不使用设备就不能做早饭，这对他或多或少是不可思议的，专业知识支配了他；当他坐下来吃早饭、看晨报时，他阅读了一大堆至关重要、复杂的专题和文章。如果坦率地面对自己，他知道自己并不具备判断多数文章的能力。[7]

1962 年肯尼迪总统在耶鲁大学毕业典礼的演讲中，敦促他的年轻听众"参与到……解决我们身边蜂拥而至的问题中，而这些复杂而难解的议题，是需要最世故圆熟的解决之道的"。[8]

已经有许多文章提及制造"知识社会"的"第二次科学革命"（second scientific revolution），[9]以及围绕专业能力所组织架构的一个"积极的社会"，一个"后工业社会"。[10]

> 庞大且不断增加的资源投入到研究之中，受过训练的专业工作者大幅增加，针对各种自然和社会的问题开展工作，而这些扩展的工作活动，至少在某种程度上导致了社会和……政治生活中的一个新元素。第二次科学革命反映了对于科学知识的角色新的推崇，以及在西方社会，科学技术与组织机构产生了新的融合。[11]

劳动力中的专业工作者从 1900 年的 4%，增加到 1950 年的 8%，又增加到 1966 年的 13%。[12]丹尼尔·贝尔（Daniel Bell）预计 1975 年专业和技术工人人数会占总劳动力的15%，2000年可能增加到25%。[13]"专业工作者在他的专业领域中必须出类拔萃"，一位评论家这么说道，"对他而言，重要的是，其他具有相似资格的专业工作者能够挑战他吗？"[14]即使是面对专业的批评人士，也得承认，没有专业就不可能构建一个现代化国家。[15]

在此期间，专业工作者面临升级的服务需求，当他们调整时，就会因超出负荷而痛苦。《代达罗斯》期刊的一篇医学论文提到，成功的医疗研究和实践中，内科医生缴税过多，并且他们必须负责协调机构中所增加的专家工作团队的任务。科学论文则抱怨，在官僚体系下的科学专业研究危机四伏。知名的法律代表强调维持判决独立性的困难，"真正的问题在于……如何在一个更宽广的基础下，使合法服务成为可能"，[16]以及"消化成堆资料"的管理问题。[17]教师、军事专家，甚至政治家，也都表达了类似的情绪。正如肯尼特·林恩（Kenneth Lynn）观察到的：

> 值得注意的是，那些对这首合奏曲贡献心力的人中有多少人强调了需求的多样性，而这些需求是由当代的牧师、教师、医生和科学家制造的。[18]

几乎所有的文章中，最尖锐的是成功归因的问题，用伯纳德·巴伯（Bernald Barber）的话来说就是：

> 普遍化的知识和专业行为的社区取向，在当今社会是不可或缺的。事实上，我们的社会现在只能依靠扩张专业行为的范围来维持它的根本特性。[19]

这些专业工作者的成功被认为是应得的，简而言之，即"知识工业"所造成的扩张，其结果便是将严谨、正直和社区导向的专业功能应用到美国生活的目标与问题上面。

这一被确信和认可的赞美诗中唯一的杂音，来自神职人员和城市规划专家的代表人物。詹姆斯·古斯塔夫森（James Gustafson）讨论了这类专业工作者的两难困境。他观察到：

> 在思想、体制化生活和实践上，他们忠心保留了古代的传统。但他并不能只依靠对父辈古老而光荣的道路的忠诚，来处置这个案例使其实现当前的有效性。"适切性（relevance）问题"这一被过度适用的词汇，指出这一两难困境的现实……[20]

威廉·阿朗索（William Alonso）则谈论了专业"理解滞后"（lagging understanding）的情形：

> 在过去半个世纪，城市的不断扩展已超出我们目前拥有的概念和工具了，我已尽力展示了专业对变化的理解滞后的情况，而这些变化所伴随的城市规模变化，更让我们尝试了许多并不适合解决都市问题的方法……[21]

因此，在1963—1981年，理解滞后、不合适的处方和专业的两难困境，成了这个时期的常态，而且，几乎完全听不见关于知识工业必胜信心的信息。这些年来，专业工作者和门外汉都受到一些公共事件的拖累。在这些事件里，专业的合法性被质疑，人们不再相信专家的能力。

国家好像被卷入一场灾难性战争之中，科学、技术和公共政策领域的专业代表，鲜少致力于防止或停止战争，或者为填补因战争产生的裂缝而努力。相反，专业工作者看起来对延续冲突兴趣更高。

一系列公之于世的国家危机——城市环境恶化、贫困、环境污染、能源缺乏——看来恰恰是根植于想减轻问题的科学、技术和公共政策的实践中。

政府发起"战争"来对抗这些危机，但似乎并未产生期望的结果；的确，它们似乎反倒使危机更为恶化。空间规划可能成功地解决了某个问题，但却因为公众生活纠结着的"社会—科技—政治—经济"的困境，而无法再次运用同样的解决之道。"技术固着"（technological fix）这样的概念变得声名狼藉。的确，专家们所倡议的某些解决之道所产生的问题，可能比原先他们设计要去解决的问题还糟。例如，20 世纪 60 年代初期都市更新成为相邻社区的破坏者，威廉·阿朗索批评都市更新的非预期后果可归因于潜在理论（underlying theory）的不足；同样的情形亦发生在住宅、犯罪、司法、社会服务、福利和交通运输等不同领域中。专家努力倡议并推行在他们看来最乐观的、最值得称许的解决方案，结果却仍存在问题。[22] 它们不但是无效的，而且创造了新的问题。这些解决方案都源自于脆弱的、片面的理论。某些批评者指出，过去认为得由专家才能解决的公共困境与难题，现在视其为只有经由道德与政治的两难选择，才能发现解决之道。[23]

提倡和平与提倡少数族群公民权利的一些力量联合起来，反对专家，认为专家是拥有权力的既得利益者的工具。围绕环保、消费者剥削、医疗照顾的高消费和不公平等社会议题，科学家和受过科学训练的专业工作者发现他们身处于自己所不熟悉的反面角色中。

原本人才匮乏的现象已转变为供过于求。1970 年的调查显示，我们对各级教育系统的教师总需求量过于高估。20 世纪 50 年代后期，科学家和工程师人才的匮乏显而易见，但到了 60 年代中期，这种情况就不存在了。许多讨论医生人手不足的论述亦开始注意到，70 年代初期，并非缺乏内科医生，只是他们不愿意到需要他们的地方服务。

因为医疗保险与医疗补助的丑闻，以及水门事件和它的后续影响，专
业的公众形象进一步失去其光环。显然专业工作者并没能管理好自己，以达到高于一般公众道德水平的正直标准。他们就像其他人一样，似乎准备利用其特殊地位去谋求一己之私。

累积下来，这些负面的事件不仅破坏了特定的社会计划，引起公众对专业工作者潜在的干预策略和世界模式的怀疑，同时也产生了现象是复杂的这一普遍认识，而这些却是科学家和专业工作者原本企图去应对的。20 世纪 60 年代中期和 70 年代初期的这些事件侵蚀了大众的信心，也侵蚀了

专业工作者的信心，他们曾经都认为存在一种全方位的理论与技术，能够消除社会问题。的确，这些麻烦之所以产生，至少有部分可归因于专业专家过于自负的傲慢。

到了 1982 年，没有任何一个专业会如 1963 年《代达罗斯》期刊中那样庆祝它们的胜利。姑且不论年轻人对进入安全、有保障与有利可图的专业生涯的渴望，专业确实发生了信心与合法性的危机。在公众的呼吁下，在社会批评以及专业工作者自己的抱怨声中，专业长期以来所宣称的特别知识和社会控制受到挑战——首先，专业并未表现出符合他们所信奉的价值和规范；再者，因为他们的无效。

专业宣称为社会福祉而奉献，当事人的需求优先于自己的需求，并且在能力与道德的标准上能自我把持，因而得到信任。但大众与学术上的批评却都指责专业置其自身利益于当事人之上，忽视他们自身对大众服务的义务，也未能有效地管理自己。[24] 就像某位观察者所陈述的，"专业越拥有权力，大众服务松散化和提升实践工作者利益所面对的危险性就越显严峻。"[25] 调查指出相当高比例的当事人认为专业工作者索费过高，歧视穷人和弱势者，喜欢为有钱和有权的人服务，并且拒绝对公众负责。[26] 许多年轻的专业工作者和学生，发现专业并未对他们应该推动的价值观显露出真正的兴趣：律师并不真正关切公正或弱者；医生并不真正关切医疗照顾的品质的平等分布；科学家与工程师并不真正关注慈善工作或他们科技产品的安全。[27]

专业无效的证据，被学术界和记者在称之为专业管理的灾难中揭露无遗，如越战、猪湾事件、三哩岛核能事故、纽约市的银行破产等实例。[28] 批评家则使人们注意到技术专家只管实施他们自己的技术，却不管这会带来什么结果。例如，查尔斯·赖克（Charles Reich）认为水利局只是建设水坝的机器，只要美国境内的河流有流水，便不断兴建水坝，从不考虑兴建水坝所带来的负面影响。他得出如下结论：

专业工作者……可以期望他们去进行他们的工作，但是没有必要指望他们为他们的工作下定义。[29]

　　人们强烈批评专业没能解决社会问题，没能停止制造新问题，没能达到当事人提出的合理标准。在这个背景下，沃伦·伯格（Warren Burger）猛烈抨击了美国审判律师所表现的不恰当的准备和表现；戴维·鲁茨坦（David Rutstein）是第一个公开反映医疗服务系统缺失的医生，他指出健康看护系统（health care system）未能与国家在医疗研究和技术中持续增加的投资并驾齐驱。[30]

　　某些观察者也注意到去专业化（deprofessionalization）的倾向。在多样化的专业群体之间，如工程师、教师、音乐家、科学家、内科医生和统计人员，发生劳动力市场增长迟缓和经济地位与工作条件衰退的现象，这种体制变动的模式，已经被贴上"官僚化""工业化"，甚至专业"平民化"等各种标签。[31]专业工作者组织工会的人数不断增加，显然专业工作者在官僚体制中已转变为工人角色，而不再是他们自己生涯的自主管理者。

　　专业的信心危机，或者专业的自我形象滑落，看来是源自社会大众对专业效能逐渐增强的质疑，大众开始重新评估，在基于专精知识所达成的合格社会服务中，专业工作者的贡献究竟有多少？显然，这样的怀疑态度是针对专业的私利、官僚化以及与商业或政府利益勾结的问题。但不可否认，它同时也和专业知识本身的问题紧紧相连。是否专业知识足以实现专业所拥护的目标？是否专业所帮助创造的足以满足社会的需求？

　　对专业的信心危机，也许不单是专业知识本身的问题。另一方面，尽管揭发弊端者以及强调专业营私和服从阶级利益的激进批评家们想象着净化和重建专业，让社会从特殊知识受益，从而走向更完全、更公正。[32]即便对这些批评家而言，这里仍存在的问题是——专业知识如何应对社会的需求和问题。

　　让我们来想一想，这些非常看重自身专业知识适用性的专业工作者是如何诠释专业的信心危机的。整体而言，他们对这一危机的看法是，专业知识被错置使用，没有认清实践情境不断变化的特质——复杂性、不确定性、不稳定性、独特性和价值冲突性，这些特质正逐渐被知觉为专业实践界的核心。

在诸如医学、管理和工程设计等领域，专业工作者提出某个有悖于传统专门知识与技能的复杂性的新认识。例如，医师把他们的注意力由传统医学实践转向庞大的医疗服务系统。对他们而言，庞大的医疗服务系统犹如"纠缠的网"，是传统医学知识和技能无法解套的。只靠指挥医疗服务体系里的极小部分医师，如何能影响一个连医生自己也不了解的错综复杂的系统？[33]某所重点管理学院院长提及，已有的管理理论和技术，不足以处理日益增加的具有"管理复杂性"的关键任务。[34]某所知名工程学院院长认为，19世纪的劳动分工已经过时。专业工作者被要求去做那些他们并未受过相关教育或训练的工作，"这个职业和其所受的教育已不再契合。"[35]

即使专业知识能赶上专业实践日新月异的需求，专业表现的改善也可能只是短暂的。实践情境本来就是不确定的。卓越的工程师及教育家哈维·布鲁克斯（Harvey Brooks）认为，专业目前面临"对适应性有着空前要求"的新形势。

事实上，今天专业的两难在于专业工作者就好似站在峡谷的两端，他被期望以专业连接的鸿沟两端——专业工作者所必须使用的知识本身以及他们必须为之服务的社会对他们的期望——都快速变化着。这两端变化的起因均来自一个共同的事实——科技变革……这样的问题无法用太多科技来多做解释，反而科技取决于我们是否能快速进行科技变革以迎合科技本身产生的期望及要求。四个专业领域——医学、工程学、商业管理及教育——必须承受产生及管理这一变革的核心责任。这种将专业置于回应适应性的要求是史无前例的。[36]

在下一个十年，经由重组及合理化的医疗服务，医师的角色将持续地被重新塑造；企业角色的过度夸大需要重新定义企业人的角色；建筑师将需要彻底转换运作方式，引进新的建造技术、房地产及土地发展的新模式，以及在设计中处理信息的新技术。任务会改变，对有用知识的要求也会改变，任务和知识的模式天生就是不稳定的。[37]

　　实践情境并不是要解决的问题，我们需要面对的是问题情境的不稳定性、无秩序性和不确定性。[38]操作研究（operation study）领域的一位创始人拉塞尔·阿科夫（Russell Ackoff）最近向他的同事宣称，"操作研究的未来已经过去了"[39]，原因如下。

> 管理者面临的问题不是彼此互相独立的，而是一个动态情境，它是一个由不断变化且相互作用的问题所构成的复杂系统。我称这样的状态为混乱（messes）。问题是借由分析混乱而萃取出的一些抽象体；这些抽象体之于混乱就像原子之于桌椅……管理者不解决问题：他们的管理就会混乱。[40]

阿科夫认为操作研究可被视为与技术、数学模式、运算法则是同一件事，而非"提出管理问题、解决它们，以及在动荡环境中执行和维持解决之道的能力。"[41]问题是互相联系的，环境是动荡的，而未来则是不确定的，就是说管理者只能够借由他们的行动来形塑问题而已。在这种条件下，需要做什么呢？我们不仅需要操作研究中传统的分析技术，还需"设计一个可以预期的未来，以及发明可以实现这一未来的方式"的互动的、综合的技术。[42]

　　实践情境具有由独特事件构成的特性。心理学家埃里克·埃里克森（Erik Erikson）将每个病人都描述为是"自成一体的"，[43]而卓越的医师声称"医生在诊所所看到的问题有85%不是来自书本。"[44]工程师则面临着设计上的独特问题，并且被要求在无法运用标准检验及测量的情况下，进行所使用的材料或结构的失败分析。[45]独特事件呼唤实践的艺术，也就是"如果独特事件是恒定不变和已知的，也许还能被教授，但它并非固定不变的。"[46]

　　实践者经常会陷入道德价值、目标、目的和利益的冲突。教师在预算紧缩的情况下要面对增加效能的压力，他们被要求要严格"教授基础知识"，要鼓励学生的创造性、公民性，协助学生检验他们的价值观。社会福利领域的工作者，则是在提倡注重个人的专业规范与官僚体制要求个案处理效率的压力之间备受折磨。学校督导、工业管理者和公共行政者，则被要求回应拥有企业股权的众多团体所提出的相互冲突的要求。专业工作者在研究和开发中，经常在投资短期回报的体制要求与对科技优雅、消费者安全或社会福利的"专业性"关注之间受尽折磨。

在某些专业领域中，对不确定性、复杂性、不稳定性、独特性和价值冲突性的觉察，已经导致了专业多元主义（professional pluralism）的出现。各种专业实践的相关观点相互竞争着——专业角色的意象、专业的核心价值观、相关的知识与技巧，且这些观点业已流行。莱斯顿·海文斯（Leston Havens）针对混淆心理治疗实践者的"信口雌黄"曾有所论述。[47]社会工作者亦建构了关于他们实践本质的多元化和不断转换的意象；建筑师和城镇规划者亦如此。[48]专业实践的每个观点，皆呈现了在不确定性和价值冲突性的情境中发挥功能的一种方式，但对实践者而言，冲突观点的多样性却带来了一个困境——他们必须在诸多取向中选择一个去实践，或是发明整合它们的方式。

总而言之，当掌握主导权的专业工作者写出或说出有关他们自己的信心危机时，他们常着眼于实践和知识的传统模式与实践情境特性的不相符之处——复杂性、不确定性、不稳定性、独特性和价值冲突性——他们正逐渐加强对这些特性的重要性的觉察。

当然，自我批评是一件值得赞许的事。然而，将对专业和专家信心的动摇特别阐释为专业困境，在某些时候是令人困惑的。举例来说，假如社会现实真的已不再是 19 世纪的劳动分工状况，创造了新的复杂性和不确定性，那么，在管理与工业科技领域中的实践者，将会在某些时候发现理解复杂性和降低不确定性以管理危机的方式。

如果说专业实践中有一种不可化约的艺术元素，也就是说，天才工程师、教师、科学家、建筑师和管理者，在他们日常的实践中会展示出艺术性。若这种艺术并非不变的、不可知的和不可教授的，那么它看起来，至少对某些人而言，仍然是可以学习的。

如果专业实践同样看重发现问题和解决问题，那么问题设定(problem setting)也就是被认可的专业活动。有些医生以超越医疗诊断惯例的方式，展现他发现特定病人问题的技巧。有些工程师、政策分析师和流程研究者，已十分精通减少"混乱"以有效管理计划的技巧。而对某些行政者而言，"发现正确问题"的需求已成为一种有意识的行动原则。

最后，如果在专业实践中存在着相互矛盾的观点，那么从某些实践者含糊的言辞中可以得知，他们真的可以做出思虑周到的选择，或者甚至做出并不周全的综合性处理。

为何担负领导责任的专业人员和教育人员，会觉得这些现象是如此令人困惑呢？当然他们并非没有觉察到某些实践者在不明确及价值冲突的实践中，能以娴熟方式恰当处理问题。他们看起来如此困惑，是因为他们没有满意的方式，去描述或说明那些实践者在他们工作中所呈现的娴熟能力。他们发现无法用那些被视为理所当然的专业知识模式来理解这些过程，因而感到举棋不定。在明确界定的课题上应用专门知识的方式，是无法排除或解决复杂性、不稳定性及不确定性的。如果想要有所改善，那么对专门知识的有效运用取决于对复杂性、不确定情境提前加以重新建构。当专业能力的模式化依赖于专业工作者应用已建立的技巧来处理重复发生的事件，那么对于独特个案而言，娴熟的实践就会显得很不寻常。在仅仅关心问题解决的专业知识之中，问题框定显得毫无立足之处。然而，在众多竞争的实践范式中进行抉择，可以无须顺从专业专家的意见。

在经历了20世纪60年代早期的"专业胜利"，以及70年代至80年代初期的怀疑与不安后，专业工作者及一般大众现在都已明晰这一图景。但对拥有主导权的专业工作者来说，困惑与不安的感觉又多了一个额外的来源：专业工作者对自己不能解释清楚专业能力中的核心过程而深感不安。在专业知识主要模式的光环下，"理解不确定性、娴熟的执行、设定问题以及在相互竞争的专业范式中抉择"的过程显得隐晦不明，此时对他们而言，去想象如何描述及教授这些过程意味着什么并非易事。

我们难以解释，甚至描述在实践中那些我们认为最重要的能力，这将会使我们面临实践认识论的问题。

注释

1. Everett Hughes, "The Study of Occupations," in Robert K. Merton, Leonard Broom and Leonard S. Cottrell, Jr., eds., *Sociology Today*, New York, Basic Books, 1959.

2. H. L. Wilensky, "The Professionalization of Everyone?," *American Journal of sociology* 70, 1964(9), pp. 137-158.

3. 例如, Scott Throw, *One L: An Inside Account of Life in the First Year at Harvard Law School*, New York, G. P. Putnam's Sons, 1977.

4. Ivan Illich, *A Celebration of Awareness: A Call for Institutional Revolution*, Garden city, N. Y., Doubleday, 1970.

5. 例如, *The New Professionals*, Gross and Osterman, eds., New York, Simon and Schuster, 1972.

6. Kenneth Lynn, Introduction to "The Professions", Fall 1963 issue of *Daedalus*, Journal of the *American Academy of Arts and Sciences*, p. 649.

7. Richard Hofstadter, *Anti-Intellectualism in American Life*, quoted in Jethro Lieberman, *The Tyranny of Expertise*, New York, Walker and Company, 1970, p. 1.

8. John F. Kennedy, quoted in Lieberman, *Tyranny of Expertise*, p. 5.

9. R. E. Lane, "The Decline of Politics and Ideology in a Knowledgeable Society", *American Sociological Review*, 1966(10), p. 31.

10. Amitai Etzioni, *The Active Society*, New York, The Free Press, 1968; Daniel Bell, "Notes on the Post-Industrial Society", *The Public Interest*, 6 and 7, Winter and Spring 1967.

11. Lane, "Decline of Politics", p. 653.

12. Daniel Bell, "Labor in the Post-Industrial Society," *Dissent*, 19, 1, Winter 1972, pp. 70-80.

13. *Ibid.*

14. Wilbert Moore, *The Professions*, New York, Russell sage Foundation, 1970, pp. 15-16.

15. Lieberman, *Tyranny of Expertise*, p. 54.

16. Paul Freund, "The Legal Professions", *Daedalus*, Fall 1963, p. 696.

17. *Ibid.*, p. 697.

18. Lynn, *Daedalus*, Fall 1963, p. 651.

19. Bernard Barber, "Some Problems in the Sociology of the Professions", *Daedalus*, Fall

1963, p. 686.

20. James Gustafson, "The Clergy in the United States," *Daedalus*, Fall, 1963, p. 743.

21. William Alonso, "Cities and City Planners," *Daedalus*, Fall 1963, p. 838.

22. 见本人所著 *Beyond the Stable State*(New York, Random House, 1971)一书讨论的这些问题。

23. 例如, Peter Marris and Martin Rein, *Dilemmas of Social Reform*, New York, Atherton Press, 1967.

24. 见 Osterman and Gross, *New Professionals*; Lieberman, *Tyranny of Expertise*; and *Professionalism and Social Change*, Paul Halmos, ed., *The Sociological Review Monograph* 20 University of Keele, 1973(12).

25. Arlene K. Daniels. "How Free Should Professions Be?" in Eliot Freidson, ed., *The Professions and Their Prospects*, Beverly Hills, Sage Publications, 1971, p. 56.

26. Alan Gartner, *The Preparation of Human Service professionals*, New York, Human Scienccs Press, 1976, p. 121.

27. Robert Perucci, "In the Service of Man: Radical Movements in the Professions", in Halmos, *Professionalism and Social Change*, pp. 179-194.

28. 例如, David Halberstam, *The Best and the Brightest*, New York, Random House, 1972. Charles R. Morris, *The Cost of Good Intentions*, New York, W. W. Norton, 1980.

29. Charles Reich, *The Law of the Planned Society*, quoted in Lieberman, *Tyranny of Expertise*, p. 268.

30. David Rutstein, *The coming Revolution in Medicine*, Cambridge, Mass, MIT Press, 1967.

31. 例如, Marie Hang, "Deprofessionalization: An Alternate Hypothesis for the Future," and Martin Oppenheimer, "The Proletarianization of the Professions", in Halmos, *Professionalism and Social Change*.

32. Halmos 在他 1973 年出版的专辑序言中指出, "现代观念弥漫着反专业化氛围"(6页)。反专业化批评者希望"通过创造超专业团体和次专业团体授权给一般公众, 使他们赶上拥有职业证书的专家"(7页)。不过他接着论述道, "最猛烈的指控与政治需求相伴, 他们希望得到更多的专业服务, 实现更公平的分配, 拥有更专业的服务"(7页)。

33. Dr. Ephraim Friedman, Dean of the Albert Einstein School of Medicine, private communication to the author.

34. Dr. William Pownes, former Dean of the Sloan School of Management, private communication to the author.

35. Dr. Harvey Brooks, former Dean of the Harvard University School of Applied Physics, private communication to the author.

36. Harvey Brooks, "The Dilemmas of Engineering Education", *IEEE Spectrum*, 1967 (2), *p.* 89.

37. *Ibid.* , *p.* 90.

38. 这一词汇来源于杜威。在其著作《逻辑：探究的理论》(*Logic：The Theory of Inguiry*) 中，杜威指出，问题建构于混乱、不确定的情境中，通过忧虑、烦恼或怀疑的体验我们才能加以认识。

39. Russell Ackoff, "The Future of Operational Research is Past," *Journal of Operational Research Society*, 30, 2, Pergamon Press, Ltd. , 1979, pp, 93 – 104.

40. *Ibid.* , pp. 90—100.

41. *Ibid.* , *p.* 94.

42. *Ibid.* , *p.* 100.

43. Erik Erikson, "The Nature of Clinical Evidence," in Daniel Learner, ed. , *Evidence and Inference*, Glencoe, Ill. : The Free Press of Glencoe, 1958, p. 72.

44. Dr. Ephraim Friedman, private communication to the author.

45. 马萨诸塞州波士顿的约翰·汉库克(John Hancock)大厦是一个有趣的个案。这栋漂亮的摩天大厦的玻璃窗开始摇晃的时候，即使专家也不可能给出令人信服的分析。单就这栋楼来说，这一现象已经太复杂，难以分析。可能澄清问题的实验或者受阻于高额开支，要不就是过于危险。虽然可以在风洞中建成模型，开展实验，但是不能确信风洞中的实验是否真实反映了实际状况。最后，所有窗户装上了新的、更重的、更坚固的，但也更昂贵的玻璃。不过，有时它仍然摇晃。

46. Harvey Brooks, private communication to the author.

47. Leston Havens, *Approaches to the Mind*, Boron, Little, Brown, Inc. , 1973.

48. Nathan Glazer, "The Schools of the Minor Professions," *Minerva*, 1974.

第2章　由科技理性到行动中反映
From Technical Rationality to Reflection-in-Action

占支配地位的实践认识论
The Dominant Epistemology of Practice

依据科技理性的模式——专业知识强而有力地塑造着我们对专业的看法，以及研究、教育和实践的体制化关系——专业活动存在于工具性的问题解决活动之中，这些活动因科学理论和技术的运用而有其严谨性。从这种观点看，虽然所有行业都与从方法到目标的工具性调整有关，却只有"专业"严格实践了基于专精科学知识的技术性的问题解决。

科技理性的模式已经竭尽所能地影响了有关"专业"的学术论著，同时它也对社会中的专业角色发挥了决定性的影响。例如，在20世纪30年代，就有位专业领域的学习者明确表示：

> 要一般性说明新专业的出现并不难。大型组织趋向精细分工，围绕新的科学知识，许多专精化分工的职业不断产生![1]

威尔伯特·穆尔（Wilbert Moore）在1970年出版的有关专业的一本专著中，即引用艾尔弗雷德·怀特海（Alfred North Whitehead）所提出的"专业"和"职业"的区分。职业是"专业的对立面"，因为职业是"基于习惯性活动，在个人实践工作的尝试错误过程中不断修正的。"[2]相反，穆尔认为：

专业涉及能将通则（general principle）应用到特定问题上，而且现代社会中的一个特点就是，这类通则在不断地丰富和增长。[3]

穆尔更进一步论证到，专业是高度专门化的职业。

一门专业的专门化有两个基础：（1）专家拥有可以支配人或事物的某一实际领域的知识；（2）专家宣称自己专精某特定领域知识的生产或应用的技术。[4]

最后，近来有篇富有批判性的文章认为专业工作者所宣称的独特性"……充斥了以潜在理论为假设前提的专精化技术"。[5]

在这个观点中，专业工作者原型指的是医学与法律这些"习得性专业" 23 （learned professions），商业与工程学科则与之相近。以内森·格莱泽（Nathan Glazer）的话来说，即为"主要专业"（major professions）或"近主要专业"（near-major professions）。[6] 它们有别于那些"次要专业"（minor professions），如社会工作、图书馆学、教育、神学与城镇规划等。格莱泽在提出这几个名词的同时，在文章中表示，这些次要专业的学科是不严谨的，而且必须依赖其他一些优秀的学科，如经济或政治科学。在我们看来，格莱泽观点的最大意义在于，他所提出的主要专业与次要专业的区分，是对科技理性的最佳勾勒。主要专业是"由一个明确的目标——健康、打赢官司、利润——所规约的，这些明确的目标安定了人心"，[7] 而且这些主要专业都是在稳定的体制脉络中操作执行的。因此，它们的背景是系统化、基础性的知识，科学知识则是这些知识的原型，[8] 或者它们有着"一种以科学为基础的严谨科技知识这样的重要成分，而这些科学基础则是由专业本身所提供的。"[9] 相反，次要专业则苦于实践体制脉络的不稳定性和目标的模糊性、变动性，因而未能发展出一种系统化、科学的专业知识的基础。对格莱泽而言，由于专业实践是一种工具性的活动系统，因此，科学知识的发展有赖于固定、明确的目标。倘若应用科学包含有关最适合所选定目标的方法性、累积性、经验的知识，那么，当目标是令人困惑的或不稳定时，一门专业如何能立足于科学之中呢?

因此，一门专业的系统化知识基础，需要具备四项基本属性：专精化、界线明确、科学化与标准化，其中标准化尤其重要。因为依据科技理性模式，标准化是维持、影响专业知识基础与其实践之间的范式关系的重要成分。威尔伯特·穆尔曾说过：

> 如果每个专业的问题都是独特的，那么解决之道不过是偶然之作，那也就无所谓专家知识了。相反，我们认为问题是具有相当的一致性的，解决它们的方法亦然，正是这些解决问题的方法，使这些问题解决者成为专业工作者……专业工作者将通则、标准化知识应用到具体的问题上……[10]

"应用"这一概念将专业知识等级化了，因为最高层次为"通则"，而"具体的问题解决方法"(技术)则位居最低的层次。此外，正如埃德加·沙因(Edgar Schein)所指出的，[11]专业知识需具备下面三个组成要素。

1. 实践工作赖以发展的潜在规则(underling discipline)或基础科学(basic science)要素。

2. 应用科学或"工程"(engineering)要素，它来自日常诊断程序与问题解决的方法。

3. 技巧及态度要素，即运用以上两种知识，来为当事人服务的具体表现。[12]

基础科学的应用产生了应用科学，应用科学则产生了诊断和问题解决的技术，又转而应用于服务的实际活动。应用的秩序也就是实践工作者产生并依赖的一种秩序。应用科学据说是建立在基础科学的基础之上的。科学知识越基础、越普遍，生产这些知识的人们在学术上的地位就越高。

令人向往的专业，在论及其专业地位提升的问题时，通常自问他们的
知识基础是否具有不可或缺的属性，以及它是否可以有规律地应用于实践
的日常问题中。因此，在《图书管理员：由职业到专业》[13]（ *The Librarian:
From Occupation to Profession* ）的这篇文章中，作者陈述道：

> 主要的落差当然就在于，未能建立与此问题确切相关的普遍性科
> 学知识。医学专业即是一例，医学专业和它的从属科学领域，业已建
> 立起治疗人类疾病的知识体系。

他还指出专业赖以发展的科学包括了"沟通理论、大众传播心理学或社会
学，或是应用在阅读方面的学习心理学。"[14]然而，不幸的是，他还发现：

> 大多数日常的专业工作甚少利用具体、基本的规则、规律和分类
> 系统……问题的选择和组织是高度基于经验主义者之上的，具体地
> 说，即甚少参照普遍性的科学原则。[15]

同样地，某位社会工作者在论及此类问题时做出以下结论，"社会工
作已经成为一项专业"，因为它具有一个基础：

> 理论建构要通过系统化的研究完成。需要应用科学方法来研究专
> 业服务中的相关问题，才能为专业技术生产出有效理论的坚实基础。
> 反过来，持续地使用科学方法可以强化理性的元素……[16]

社会工作就遵循着这一路径，逐渐寻求在"专业等级内上升，以达到属于
少数顶端专业才享有的高度尊荣、权威与独占性。"[17]

如果科技理性的模式仅出现在意图说明或对专业知识的系统描述之
中，我们仍可能对科技理性模式的支配性存在一些疑问。但这个模式同时

也镶嵌在专业生命的体制脉络(institutional context)中。在研究与实践的体制化关联之中，以及在专业教育的规范性课程之中，我们都可以明显地看见科技理性的模式。甚至当实践工作者、教育者及研究者在质疑科技理性模式时，他们仍身处那些维持着科技理性的体制之中。

可以预见，面对专业知识的等级模式，研究以一种体制化的方式从实践中分离出来，并通过对交换关系的仔细界定，与实践相联系。研究者进行基础科学与应用科学研究，并由其中衍生出诊断与解决实践问题的技术；实践者则提供问题给研究者做研究，并检验其研究结果的效用。研究者的角色不仅区别于实践者，且通常比实践者更加优越。

> 在每一种专业的发展过程中，都会出现研究者—理论家的角色，他们从事科学性调查和理论系统化的工作。在技术专业中，一个介乎理论导向和实践导向两个群体之间的劳动区域逐步形成。例如，医生们就比较喜欢附属于一个医疗研究中心，而不进入私人的医疗实践工作……[18]

在一个相似的脉络里，内森·格莱泽论及社会学者、政治科学家或经济学者时表示，当这些科学工作者被邀请到一个次要专业的学校、系所时，他们通常表现出一种令次要专业工作者不安的优越感。在工程学院（已转成工程科学学院）里，工程科学家倾向于认为其服务的价值有别于那些工程实践者，因而表现出优越感。[19]

专业学院的规范课程，也反映了这种研究和实践的等级分化。这些课程的排序和专业知识的成分"被应用"的排序相对应。课程的排序为：首先是相关的基本和应用科学，其次才论及实践工作中真实世界问题的应用技巧。埃德加·沙因在一项专业教育的研究中，描述了如下的专业教育的主导课程模式。

> 多数专业学院的课程，可从（专业知识）三种要素的形式和时间顺

序角度来分析。通常，专业课程的安排均由普通科学的核心内容开始，接着是应用科学的要素。态度与技巧的要素则通常表现为"实习"或"临床工作"，它或是与应用科学课程一起，或是被放在专业教育的后期，这些皆取决于是否可以接触到当事人，或日后专业人员必须面对的现实刺激的难易程度。[20]

沙因选择使用"技巧"一词，是有其用意的。从科技理性的模式在专业课程之中已被体制化的这个观点来看，真实知识是存在于基础与应用科学的理论与技巧之中的。因此理论先行，而运用理论和技术的"技巧"以解决具体问题则被置于后面，排在学生学习过相关的科学之后——这是因为，首先，除非他已学习了应用知识，否则他是不能学习应用技巧的；其次，因为技巧是一种模糊的、次要的知识，连称它们为"知识"都是某种困扰！

医学再次扮演一个原型范例。自从《弗莱克斯纳报告》(*Flexner Report*)在 20 世纪初对医学教育进行改革后，医学院前两年的学习，就全花在基础科学上——化学、生理学、病理学——它们是"以后临床训练最适切的基石"。[21]甚至课程的安排，也反映了专业知识这些要素之间的基本划分。

> 医学院课程被分割成两个不相连的阶段——前临床与临床，这反映了理论与实践间的区分。训练的场地与医学院的设备同样也呈现出此一划分。生物化学、生理学、病理学与药理学是先在教室和实验室中学习的，亦即在正式的学院环境中。较务实的训练，即临床技巧的学习，如内科、产科和儿科，则在医院诊所中进行，以及在真实的医疗机构中传递着。[22]

同时，教学角色也反映了同样的划分：

> 医学院的教师，根据教授基础科学与临床课程，区分为哲学博士(Ph. D.)和医学博士(M. D.)。[23]

法律专业的情况又如何呢？即使大家都认为法学在科学中的基础是不明确的，法学的入门教育自 1880 年以及 1890 年开始，在哈佛大学就被克里斯托弗·兰德尔（Christopher Columbus Langdell）所创设的规范课程模式所支配了。1886 年兰德尔在哈佛法学院的演讲中声称，"首先，法学是一门科学，再者……所有这门科学的可用材料都包含在印制出版的书本中。"[24]兰德尔宣称，法学教育在法学院中进行要比在律师办公室好，因为法学学习是奠基于宽广的、科学决定的原则之上的，而这些原则是跨越国界的。

> 兰德尔宣称，法律是一门科学……这意味着它的原则可以由对先前司法判例的分析发展出来，而且能够用来预测后续案例。就像查尔斯·埃利奥特（Charles William Eliot）将实验引入了哈佛的自然科学研究中，兰德尔的宣称对司法判例的研究亦产生了同样的作用。[25]

甚至连著名的"案例法"，在一开始时也是基于这个信念，即科学原则的教学应先于应用技巧的发展。

在哈佛商学院最近一期的学报里（哈佛商学院是率先将兰德尔的方法引用到管理教育中的），哈佛现任校长德里克·博克（Derek Bok）[26]表达了他对案例法的担忧。他的观点流露出他对于专业教育标准课程（normative curriculum）的隐含信念，以及他对于科技理性模式的信奉。

博克一开始就指出个案教学明显有助于使专业工作者"紧密参与真实企业公司的活动"，而且也迫使专业工作者"在其教学中持续关注真实的活动"。不过他却担心：

> 虽然个案是教导学生应用理论和技术的极佳手法，但它并未在示例中提供一个沟通概念与分析方法的理想方法。[27]

过度专注于个案，会使学生几乎没有时间去"掌握分析技术和概念材料"——这一限制越来越具关键作用，因为"公司的环境越来越复杂"——而它阻碍了教授们投身于"发展最终能够用来更有效地处理公司企业问题的理论通则与方法"。[28]这一争论饶具趣味之处，反而在于它误读了许多教导企业案例法的教师所关切的教学核心：对许多取材于真实公司的个案进行仔细的、引导性的分析，以便协助学生建立对他们进行有效管理而言相当重要的一般性的问题解决技巧。虽然某些个案教学工作者强烈倡议并承认，他们并不能通过个案来界定这些技巧，或将这些技巧视为通则，但他们相信个案方法有其独特的价值。[29]博克校长则做出了一个相反的假设，即商学院的教授们在接受了建立"更好的通则、理论与方法"使命的同时，也接受了通则与方法先于应用技术的课程的标准想法。对于那些自认为投身于极为不同的教育事业的教师们，博克的论点是来自于标准课程中未受质疑的信念，而这样的信念源自于科技理性的模式。

科技理性的源起
The Origins of Technical Rationality

令人震惊的是，对专业知识支配模式的支持者而言，他们的信念似乎并不需要什么理由。为何视专业知识为科学理论的应用与工具性问题解决技术的这种难点解决技术的这种观点，在20世纪下半叶，对现代的大学教育及人们的心智发展具有支配性的影响力呢？

这个答案应回溯近300年来西方思想与体制的历史。科技理性是实证主义的遗产，而实证主义是19世纪所发展出来的一种强有力的哲学流派；实证主义对科学知识与技术的重视，就像一项社会运动在西方世界推广开来，人们将目标指向如何应用科学和技术的成就增进人类的福祉。科技理性即为实践的实证主义认识论（the positivist epistemology of practice）。19世纪实证主义发展至巅峰，并进入了大学体制；到了20世纪前几十年，科技理性已在专业教育的学院中，占据了一个牢固的位置。

关于这个源起的故事比比皆是，[30]因此，我只想在这里简要地提及其要点。

自宗教革命以来，西方的历史受到科技进步与工业革命的重大影响，且两者同时是成就这一有力的科学世界观的因和果。随着科学世界观取得支配性地位，就产生了以下的想法：人类的进步将通过利用科学创造科技以成就人类的最终巅峰而实现。这一科技计划（technological program），[31]首先在培根（Bacon）与霍布斯（Hobbes）的文章中生动地被表达出来，接着它就成了18世纪启蒙运动的主题，到了19世纪后期，它已坚实地发展成为传统观念的一个支柱。此时，专业也就被视为是应用新科学以实现人类进步成就的工具了。和工业科技发展紧密相连的工程学，则变成了其他专业所参照的一个科技实践的模式。医学，这门起源于中世纪大学的习得专业，被赋予了一种基于科学技术来维护健康的新形象。治国才能也被看作是一种社会工程。当专业不断转化与增加后，专业就逐渐成为科技计划的首席代言人了！

如科学运动一样，工业主义与科技计划也支配了西方的社会，一种哲学思潮应运而生。它倡导科学和科技的绝对胜利，同时也期望使人类从宗教、神秘主义与形而上学，以及阻止科学思想和科技实践的全面统治人类事务的残余势力中脱身出来。这种哲学思潮就是19世纪上半叶奥古斯丁·孔德（Auguste Comte）首度提出的实证主义的三个原则性信条。第一，实证科学不只是知识的一种形式，也是世界之实证知识的唯一来源。第二，彻底清除人类心灵中的神秘主义、迷信和其他形式的伪知识。第三，扩展科学性知识并以科技控制人类社会的计划，恰如孔德所言，要使科技"不再只是几何学、机械或化学的科技，同时也是政治的与道德的科技。"[32]

19世纪后期，实证主义已成为一种占统治地位的哲学。20世纪初，在维也纳学圈的理论中，它的认识论呈现出一种有趣的清晰。有意义的命题以两种形式展现：逻辑与数学的分析和重复命题形式，或是表达关于世界的知识的经验命题形式。前者的真相立足于它们提出的否定必然包含一个自我矛盾的事实；后者的真相则存在于某些相关的经验观察中。有关这个世界的唯一有意义的陈述来自经验的观察，而且所有有关这个世界的争论，原则上，可以参照所观察到的事实来解决。非分析性或非经验可检验的命题，则根本不具任何意义，它们被当成情绪的话语、诗歌或无稽之谈。

实证论者在科学知识的解释及验证工作上益发细致成熟，他们辨识怎样的观察陈述是具理论性的，并发现必须将经验知识建立在感官经验中不会改变的稳定元素上。他们开始认为自然的规律并非自然界的内在事实，而是由人们对现象的解释所建构的，而科学成为一个假设。演绎—系统（hypothetic-deductive system）。科学家为了描述他的观察，于是建构了假设，一个无法看见的抽象模式，只能经由实验证明或否认的推论来间接地检验。所以说科学探究的核心，就在于使用关键性实验在一组相互竞争的解释理论中做出选择。

在这种实证主义的影响下，"实践"的处境是困窘的。实践知识（practical knowledge）存在着，却不能干净利落地套用到实证主义的知识类别中。我们不能将实践只视为对世界的描述性知识的一种形式；我们也不能将它简化成逻辑与数学的分析模型。实证主义解决实践知识困境的方式，已经被科技计划和孔德将科学应用到道德与政治的计划所预见。实践知识则被建构为方法-目标之关系的知识。如果目标一致，[33]那么"我应该如何行动？"的问题可被简化成：什么是最有效达成目的手段！这使得实践知识也染上了强烈的工具性色彩。不同方法的争论，可根据各种方法所产生的相关后果，以及在特定目标下的相互比较来解决。最终，工具性的提问可经由实验而得到解决。当人们建立了因果关系的科学理解时，因果关系则可被工具化地图解出来。那么针对一个目标，应用相关科学理论来选择适切目标的方法就成为可能。"我应当如何行动"的问题，也可以变成一个科学提问，而通过以科学为基础的技术的使用，则可以选择出最佳的解决方法。

19世纪末20世纪初，医学与工程学在方法与目标的科学实验方法上，获得了极大的成功，成为工具性实践（instrumental practice）的模式。工程学对材料和人工产品的设计与分析，医生对疾病的诊断与治疗都成为科学为本、科技实践的原型，这也就注定了手工艺与艺术技能被取而代之的命运了。因为依据实践的实证主义认识论，手工艺和艺术技能在严谨的实践知识中，不再占有一席之地了！

"大学"在美国已有多年历史，从当前大学广为人知的结构和操作方式来看，19世纪末20世纪初，当科学与科技开始兴起时，实证主义就开始建立知识霸权。虽然其他思想的传统并未在美国大学内完全消失，在某些地方某些思想仍然保留了一种地方控制，但美国大学比起其他国家（德国除外），其最核心的内容已让步于科学事业、科技计划和实证主义的思想了。

事实上，在美国内战之后，前往德国大学学习的年轻美国研究生将德国的传统带回美国，大学作为多元领域研究机构的概念，就此在美国生根了。首先是在约翰·霍普金斯大学（Johns Hopkins University），它的建立被称为"西半球学习历史中最重要的事件"。[34]也就是由约翰·霍普金斯大学的模式开始，其他大学都开始环绕着德国的理想塑造自身，正如爱德华·希尔斯（Edward Shils）所言：

> 观点的偏离（至）……对知识的欣赏，特别是对具有科学性知识的欣赏已是一种趋势。大家达成共识，即只接受具有经验性证据、被严谨批判与理性分析的知识……这种过去被视为世俗性分析的知识，却或补充，或取代，或直捣那些神圣、重要的知识，并继续完成其原本带有的任务；这种以基本的系统化方法获得的知识，以某种方式变成了救赎的一步。这种知识以改善人们控制自然资源与控制衰弱其身体的力量的手法，维持了生命改变的可能性；并以其是可以促使社会进步的这种想法，提供了人们进一步认识社会的可能性。[35]

随着大学新模式的来临，实证主义认识论发现了以标准的观念呈现出大学与专业间的恰当分工的方式。如索斯藤·维布伦在《美国的高等教育学习》(*The Higher Learning in America*)一书中所提出的，"现代化大学和较低层级的专业学院间的差异显而易见，而不只是学位的差别而已"。[36] 大学具有更高远的使命，"使人们朝向科学与学术生命发展"，而且（他们）所关注的是，能给予人们追求知识有效性的那些"训练"；而较低层级的学校则承担了"灌输学生以知识与习惯，使其适合日常工作生活的任何位置，以扮演公民角色"[37] 这一任务。高阶与低阶学校间的关系具有一种隔离与交换的性质。很显然，专业将他们的实践问题交给了大学，而大学以其独一无二的研究资源，反馈给专业以新的科学知识，应用与检验新知识则是专业的事了。低阶学院的技术人员是不被允许进入大学的，因为这会将他们放在一个错误的位置中。

> 这种错置无可避免地导致他们去乞求一个华而不实的学术外貌，而只将他们的技术训练贡献给了世故与卖弄的学位；并因此期望可以赋予这些学院和他们的工作某些科学与学术上的特权。[38]

维布伦的论战当然如唐·吉诃德般转眼即逝！1916 年，他在芝加哥大学所鞭挞的这些罪恶，成了整体趋势的先兆。专业的生存导向旨趣，促使了大学董事会将较多资源拨给生产有用知识的那些专属学院。"专业"迅速地进入了新型大学中，到了 1963 年，伯纳德·巴伯在《代达罗斯》上撰文指出"几乎所有'发展完善'的专业都已进入大学了"。[39]

但正因如此，专业化职业付出了一个代价。他们必须接受现在业已进入大学系统的实践的实证主义认识论。同时，他们也必须接受维布伦强调的基本分工问题。于是，创造基础理论是大学中的科学家与学者的事，专业工作者与技术人员则是应用这些理论的人，而专业学院的功能便是：

> 将作为专业表现基石的普遍化与系统化知识，传递给他们的学生。[40]

但是这一分工反映了知识的等级与阶梯。创造新理论的人比应用它们的人具有较高的地位，而"较高级学习"的学院也要优于"较低级"的学院了。

就是这样的发展过程，美国大学的专业学院中，埋下了实证主义课程的种子，而现在大家所熟知的研究与实践间的分裂也是根植于此。

对科技理性局限性的觉察
Emerging Awareness of the Limits of Technical Rationality

虽然早在20世纪初，职业的专业化与专业学院在大学已有其立足之地，但第二次世界大战却给了科技计划与实证主义认识论主要的新动力。

第二次世界大战中，科技人员掀起了空前的科学研究。万尼瓦尔·布什（Vannevar Bush）设立了第一个大型的国家研究与发展机构——国家研究与发展中心（the National Research and Development Corporation）。英、美国家应用数学进行炸弹及潜艇的研究。曼哈顿计划成为运用科学计划为国家目的服务的象征。在第二次世界大战中，人们似乎学到了这样的教训：如果一个伟大的社会目标可界定清楚，如果国家可承诺完成这个目标，如果我们可以汇集所有的资源到这项必要的发展工作上，那么，任何伟大的目标都可以实现。这个经验的最大受惠者是研究发展机构及人员本身，但同时它也有副作用，即强调了科学研究是专业实践的基础。

第二次世界大战之后，美国政府花费在研究上的经费增加到前所未有的比例，各种研究机构应运而生，有些附属于大学，有些是独立的；所有这些研究单位均致力于生产新的科学知识，而且都在同一前提下进行工作——即科技新知识的生产可用来创造财富、实现国家目标、改善人类生活，并解决社会问题。其中研究单位的急遽增加与明显可见的研究结果，均以医疗领域最为突出：大型的医学研究中心与教学中心继续扩展，新中心也不断创立，医学成为其他专业羡慕的体制模式。基础科学建立了坚实的基础，应用临床科学也形成了同样稳固的实体，专业已做好准备，去履行不断更新的研究成果。其他的专业希望达到医学发展的有效性与成果，致力于建立研究教学机构的联系，建立研究与临床角色的等级，以及建立连接基础和应用研究的系统。

医学及工程领域的成就，令社会科学相形见绌，在如教育、社会工作、规划工作及政策制定等领域中，社会科学家企图从事研究并应用研究结果解决社会问题，同时对实践工作者进行教育，而这一切都遵循着医学及工程学模式的概念。实际上，社会科学家使用了大量与测量、控制实验、应用科学、实验室与临床相关的语言，其所表现出的对这些模式的尊崇令人震惊。 39

20 世纪 50 年代中期，苏联人造卫星的发射进一步刺激了国家对科学技术的投资。美国在人造卫星的震惊中增加了对科学（特别是基础科学）的支持，并形成了建立一个科学为本的社会的危机共识。突然之间，美国惊觉到专业工作者的全国性短缺——不只是科学家和工程师，也包括医师与老师——这些发展与应用科学知识的必不可少的人才。第二次世界大战与苏联人造卫星所带来的国家性反应的冲击，为专业主义的胜利（如《代达罗斯》期刊中所宣称的）搭建了舞台。

但在 1963—1982 年，专业工作者与社会大众逐渐意识到专业的缺陷和不足。正如同我在第 1 章所指出的，专业已经遭遇合法性危机，这一危机深植于无法依照他们自身专业规范行事所带来的失败感，以及无法帮助社会实现目标与解决问题的无力感。于是，我们逐渐觉察到实际发生的实践现象的重要性——复杂性、不确定性、不稳定性、独特性和价值冲突性——这些均不符合科技理性的模式。现在，有鉴于科技理性的实证起源，我们可以更容易理解这些现象为何如此令人困扰了。

从科技理性的视角来看，专业实践是一个问题解决的过程。问题选择与决定是专业工作者在有用的工具中选择一个最能有效实现目标的手段的过程。但这种对问题解决的强调，却使我们忽略了问题的设定正是通过厘清问题的情境，才能使我们确定自己做出的决定是什么、要达成的目标是什么、可选择的方法有哪些。在真实世界的实践工作中，问题并不以实践 40

者假设的模样出现，它们是由令人困惑、苦恼及未确定的问题情境中的林林总总所建构的。为了转变问题发生的不确定性情境，实践者必须进行一件事，必须将令人无法处理及不易理解的不确定情境，掌握与描述成一个能被理解的情境。例如，专业工作者要修筑一条道路，他们通常需要处理复杂而又模糊的情境，地理、地形、经费、经济以及政治等诸如此类的问题纠结在一起。当一群专业工作者下决心要建一条什么样的路之后，接着便要思索如何才是修筑道路最好的方法。他们可能凭借各种科技知识解决这一问题，但当路筑好时却意外破坏了附近小区原有的生态环境，专业工作者发现他们再一次处于一种不确定情境之中。

专业工作者逐渐认识到这类情境是实践的核心。他们开始辨识虽然问题设定是科技问题解决的必要条件，但问题设定本身却不是一个技术性问题。当我们设定问题的时候，我们选择了我们将处理那个情境中的哪些"事情"，我们设定了注意的界线，并赋予一致性，让我们可以说明什么是错的以及那个情境又需往哪个方向修正。问题设定是一个过程，在这个过程中，"命名事物"（name the things）与"框定脉络"（frame the context）二者交互作用着。

41　　即使一个问题已经建构完毕，它也可能无法套用科学中既有的类别，因为这个问题本身十分独特或不稳定。为了应用既定的理论与技术来解决问题，实践者必须要能将那些理论与技术的类别和实践情境的特性相联结。例如，当一位营养师发现日常饮食中缺少细胞溶解素时，就可以推荐使用具有细胞溶解素成分的补充剂来节食。医生诊断出一名麻疹的病例，就可以进入一个诊断、治疗与预测的系统。但是当一个无法被分类的特殊病例出现时，一个不稳定的情境就出现了。医生无法将标准技术应用到书籍没有记载的案例上。营养师试图为中美洲乡村小区规划一项营养介入方案，却可能发现该项介入失败，因为小区的真实状况并非如他规划时所预期的。

科技理性有赖于人们是否认同目标。当目标固定而清楚时，如何行动的决定便像是一个工具性的问题。但当目标是令人困惑及充满冲突时，这里就变得好像没有"问题"要解决了。目标的冲突性质是不能靠应用型研究发展出的技术来解决的，它反而要依靠框定问题情境的非技术过程，协助我们组织与澄清目标以及实现目标的可能途径。

同样，当专业实践中存在着相互冲突的范式时，如在心理学、社会工作或城镇规划领域中，就不存在界定清楚的技术应用脉络。实践角色以多种不同的方式来框定；每一种理论典范都具有一种问题设定及解决的特定取向，当实践者想要解决相互冲突的角色框架时，必须借用科技理性模式 *42* 之外的另一种探究方法才能解决。"命名"和"框定"的工作为科技专家的操练再次创造了必要条件。

我们已经不仅了解到，为何不确定、独特性、不稳定性及价值冲突性对实践的实证主义认识论而言相当麻烦，而且也了解到，为何被实证主义认识论所约束的实践者，会发现自己处于两难困境之中。他们依据科技理性的精神和方法所得出的严谨的专业知识，反而使他们对实践中的某些主要现象视而不见。而应对这些现象的艺术性方法，却又不符合专业知识的严谨标准。

这种"严谨或适切"（rigor or relevance）的两难，在某些实践领域中要比其他的更显真切。在专业实践的不同地形中，有块干爽坚实的高地，实践者可在那里有效使用研究产生的理论与技术；不过，同时也存在着一片湿软的低地，那里的情境是令人困扰的"混乱"，在那里科技的解决之道是行不通的。困难的是，高地上的问题不论多么吸引科技人员的兴趣，通常对社会或当事人相对是较不重要的，然而低洼湿地中的问题，却更为人们所关切。实践工作者应该待在干爽高地，在那里他可以进行严谨的操作，但只能处理社会重要性较低的问题？还是应该下到低洼湿地，在那里参与最重要且具挑战性的问题，如果他愿意放弃科技严谨的话？

在医疗、工程或农业这些"主要专业"中，实践者可以在某些区域里发挥技术专家的作用。但那里仍有某些区域和其他次要专业相似。肾脏血液 *43* 透析等医疗科技，激起了全国性医疗保健投资的需求。从一种狭窄的技术角度来看，看似强大与文明的工程，也可能伴随着对环境质量或人类安全不可接受的风险。大规模的、工业化的农业，摧毁了发展中世界的农民经济。专业工作者该如何思索这些议题呢？

那些选择在低洼之处工作的人，竭尽心智地投身于混乱却极为重要的问题之中。当被他人问及他们探究的方法时，他们指出自己凭借着经验、尝试错误、直觉及摸爬滚打来面对问题。

其他的专业工作者选择了高地，饥渴地拥抱精确严谨的科技，为坚实专业能力的形象而献身，或是因为害怕迷失而选择自限于一种狭窄的科技实践中。

"数学建模"提供了一个有趣的情境，以观察这两种反应。①

第二次世界大战时，人们在潜艇搜寻和炸弹追踪上，成功运用了应用数学的研究。第二次世界大战之后，数字电脑的发展激发了对正式的、量化的、计算机化的模型的广泛兴趣，而这些模型看似提供了将"软"问题转化为"硬"问题的一种新技术。新类型的科技实践者出现了。系统分析、管理专家、政治分析者，开始将数学建模技术运用到库存管理、商业决策、数据检索、交通规划、都市土地使用、医疗照顾运送、犯罪司法系统以及经济控制的问题上。19世纪60年代后期，已经没有什么问题还没被建构为计算化的模型了。但近年来，甚至是在建模者之间也逐渐形成了一个共识：早期的希望是被过度夸大的。数学模型可以有效应用到解决类似库存管理或物流的问题上，但大致来说，在针对较复杂、定义较模糊的商业管理问题、住宅政策或司法犯罪上，它们并没有有效的产出。

建模者以各自不同的方式，回应了这一令人不悦的发现。有些人继续在要求并不那么强的领域中，进行他们的交易；有些人为了更能掌握真实世界的问题，摒弃了他们原来的训练；还有些人则将数学模型视为"探针"或"隐喻"，作为面对复杂情境时的一个有用的新视角。但绝大多数人认为，数学模型的使用已经好像拥有自己的生命。理论与技术上所衍生的问题，驱动着数学模型不断地由实践的真实世界的问题中分离出去。那些选

---

① 原文为 formal modelling，即运用数学的模型语言，描述系统与环境的互动。——译注

择留在高地上的实践者，继续使用数学模型来处理复杂的问题，当然，这种严肃企图的实行后果显而易见地带来了麻烦。

许多实践工作者将实践情境进行切割以配合专业知识，将这种反应归为严谨或适切的两难。他们用了几种方式。他们可能选择性地忽略那些落在类别之外的数据。管理信息系统的设计者可能简单地去回避这些信息，如他们的系统如何启动控制与逃避的游戏？他们可能使用"垃圾类别"来解释偏差数据，就像技术分析有时会将他们建议的失败，归因于"人格"或"政治"。[41]或者他们可能试着强行转化情境模式，以便使用可用的技术。因此，一位工业工程师可能为了便于分析，简化了操作系统的实际安排；或者助人专业（helping profession）的成员可排除那些拒绝专业协助的当事人，将他们降贬为"问题人物"或"叛逆儿童"。所有这些策略都潜藏了误读情境的危险，要么操纵情境来为实践工作者自身的利益服务，以维系其对标准模式与技术的信心。当人们陷入这样的情境后，实践工作者可能会为了自己的专家地位而牺牲当事人。

有些专业的学生已考虑到技术性专门知识的局限，并且对专业知识的困境提出了新的理论取向，他们包括了埃德加·沙因、内森·格莱泽（在前文已经提过），还有赫伯特·西蒙（Herbert Simon），其《人工科学》（*The Sciences of Artificial*）一书在专业圈内已引起很大兴趣。这几位作者都认同，专业知识与实践的真实世界的需求之间存在着一道鸿沟。这道鸿沟的形成过程本身，即反映出一种有趣的差异性，但它们也揭示了一种重要的潜在相似性。

对沙因来说，鸿沟存在于这一事实中——基础和应用科学是"辐合的"（convergent），实践则是"发散的"（divergent）。他相信有些专业已经做到，其他专业也终将达成，"用以分析现象的范式，以及……那些构成了实践的相关知识基础有着高度的一致性"。[42]然而，沙因也相信专业实践的问题仍然包含了独特性和不可预测性的元素。专业品质的检验指标之一是，他有能力"建立辐合的知识基础，并转化成专业服务，以满足客户系统独特的需求"，这是一种要求"发散的思考技巧"的过程。[43]然而，沙因对这些没有太多好的理由来支持。若这种发散的技巧可表述为理论或技术术语，它们应当属于专业知识等级系统中的某个成分。但如果它们既非理论亦非技术，仍然只是一种知识的话，那应该如何描述它们？它们必须维持在一种神秘的、多余的类别之中。

对格莱泽来说，关键的区别是专业的种类。格莱泽视医药及法律专业为具有固定和明确的目标、稳定的体制脉络，以及足以应对严谨的实践工作的固定专业知识内容；而神职、社会工作这类专业，则是具有模糊的目标、变动的实践脉络，以及不固定的专业知识内容。他对这类专业的看法是悲观的。就这样，这道被沙因定位为"辐合"的科学和"发散"的实践之间的鸿沟，却被格莱泽定位成"主要"及"次要"专业之间的鸿沟。

不过，西蒙则最清楚地将专业知识的窘境与实证知识论的历史渊源联系起来。西蒙相信所有专业实践的核心关注其实是所谓的"设计"，也就是"改善现存状态到较好的状态"[44]的过程，但是这个意义上的设计正是专业学校所不教授的。旧式的学校所有关于设计的知识，被归类为"软性的、直觉的、非正式的及按谱操作的"。[45]新式学校则被现代大学的一般文化所吸引，成了自然科学的学院。因此：

> 工程学院成了物理及数学的学院，医学院成了生物科学的学院，商学院则成了有限数学的学院。[46]

新式和旧式学校都"几乎放弃了训练专业核心技术的责任"，[47]这主要是因为这些训练需要根植于并不存在的设计科学。西蒙提议建立一个"设计科学"，来超越及扩展那些已在统计决策理论及管理科学中得到发展的最佳方法。而最佳的问题就如同下面这个良好形成的问题（a well-formed problem）。

> 提供了一份食物清单，包括各种食物被量化的控制变量。环境参数则是价格及每种食物的营养成分（钙、维生素、铁质等）。效用功能

为饮食的成本(以负数符号表示),并设置了一定的限制条件,如每天不超过2000卡路里,每日满足维生素或铁的最低需求,一周不能吃超过一次……这里的问题是,根据给定的最低成本,选择符合营养需求及相关条件的食物数量。[48]

在这里,目标被转换成"限制条件"和"效用功能",方法被转换成"控制变量",规则被转换成"环境参数"。一旦以这种方式形成问题,人们就可以通过计算器来解决问题。然而,正如我们所看见的,良好形成的问题不是既定的,而是从乱糟糟的问题情境中建构出来的。虽然,西蒙提议以设计科学来填补自然科学与设计实践的鸿沟,然而,他的科学却只能应用在那些已从实践情境中建构好的问题上。

沙因、格莱泽及西蒙针对科技理性的局限性,以及"严谨或适切"的两难困境,提出三种不同的理论取向。它们都应用了相同的策略,都试图弥合科学专业知识与真实世界的实践需求间的鸿沟,以此保全科技理性的模式。沙因将辐合的科学与多样的实践加以区分,将多样归于一个增加的类别,称之为"发散的思考技巧"。格莱泽则是把辐合的科学归为他所称赞的主要专业;发散的技巧则归为他轻视的次要专业。西蒙则提出"设计科学",依赖良好形成的工具性问题作为起点来开展工作。

这些论述者所持有的专业知识模式,仍属于实践的实证主义认识论的范畴,所以还是落入了名声不佳的源头,即科学哲学之中。正如理查德·伯恩斯坦(Richard Bernstein)曾论及的内容。

> 无论是19世纪的实证主义者,还是维也纳学圈,其所发表的主要论文,一旦以实证主义者自己的标准进行哲学思辨时,便受到强烈的批评。分析综合的二分法这一原始公式,以及意义的检验标准,已被抛弃了。实证主义者对自然科学及正式学科的理解,已被有效证明是过于粗略简化的。无论人们对于目前关于后实证哲学及科学历史的争论的结论如何……这里已经有了理性的共识,即初始实证主义者对科

学、知识与意义的理解是不充分的。[49]

现今的科学哲学家无人愿意再被称为实证主义者，而人们对那些曾被实证主义者断言会消失的手工艺、艺术及神话等古代的主题，再度燃起了兴趣。然而，造成专业困扰的关键，显然并非科学的本质，而是实证主义者的科学观。从这个角度来说，我们倾向将事实背后的科学视为一个经由研究推论而建立的命题。当我们在实践上发现其效用的有限性时，我们便体验到"严谨或适切"的两难。但是，我们也可能把事实之前的科学视为科学家以一种不确定性和艺术的方式努力探究的过程，它与实践的不确定性和艺术性相似。

因此，让我们重新考虑专业知识的问题，并从头框定问题。如果科技理性的模式在面对实践的"多样"情境时，是无法胜任、不完整的，甚至更糟的话，那么，让我们重新来寻求替代的、较符合实践的富有艺术性及直觉性的实践认识论，而这样的艺术性和直觉性确实是有些实践者在不确定、不稳定、独特的及价值冲突性的情境中所展现的。

行动中反映

Reflection-in-Action

当我们在日常生活中凭借即时反应和直觉行动时，我们以一种独特的方式展现自己的知识性。通常我们说不上来我们知道什么，但当我们尝试去描述时，却发现自己困惑了，或给出的叙述显然是不恰当的。我们的认识通常是内隐的(tacit)，内隐于我们行动的模式中，潜在于我们处理事务的感受里。可以恰当地说，我们的认识存在于行动之中。

同样，专业的日常工作则依赖于内隐的行动中认识(knowing-in-action)。每个胜任的实践工作者都能认识到现象——与特定疾病相关的症候群、某类建筑物的独特之处、材料或结构的异常——但他却不能对这种现象进行精确或完整的描述。在他日常实践工作中，他做出无数优秀的判断，却无法陈述出适当的判断原则；他表现出娴熟的技巧，却无法说出其规则及程序。甚至，当他有意识地使用基于研究的理论和技能时，他还必须依赖于那些内隐的认识、判断和熟稔的表现。

另一方面，一般人与专业实践工作者都常常思考自己的所作所为，有时甚至边想边做。在意外经验的刺激下，他们会将注意力集中到行动上以及行动中所隐含的认识中。他们可能扪心自问，"当我认识到这些时，我注意到哪些特点？我做出判断时，我的判断原则是什么？当我执行这些技巧时，我采取了哪些程序？我如何确定要解决问题?"通常对"行动中认识"的反映与对周边正在进行的事的反映同步。当一个人正试图处理令自己困惑、麻烦或有趣的问题时，他也同时会对其行动中隐含的理解进行反映，这些理解被他揭露、批判、重组并融入未来的行动中。

行动中反映的整个过程可称为一项"艺术"，借此实践者有时能处理好不确定性、不稳定性、独特性与价值冲突的情境。

行动中认识
Knowing-in-action

科技理性让我们认定智性实践(intelligent practice)即是将知识应用到工具性决定上，所以一旦我们将科技理性模式放置一边，"在智性行动中隐含有某种认识"的想法就不足为奇了。一般的常识中，承认"怎么做"(know-how)这一概念；但"怎么做"是存在于行动中的这个想法却并不为人所熟知——例如，一位走钢索的表演者在走钢丝时随时应用着"怎么做"的知识；联赛球队的投手也知道如何针对打击手的弱点，改变自己的投球，并随着比赛的进行分配自己的精力。"常识"并没有告诉我们"怎么做"，构成了行动之前我们脑海中的规则或计划。虽然我们有时会在行动前先思考，但在熟能生巧的实践活动中所自发表现出的许多行为中，我们发现，某类知识并非来自事先的理智操作(intellectual operation)。

对此，吉尔伯特·赖尔(Gilbert Ryle)是这么说的，内容如下。

灵敏的操作区别于鲁钝的操作之处，不在于它们的出身而在于它们的程序，而且这点同时也支持了理智的表现和实践的表现同样重要。"智性"（intelligent）不能只界定为"理智的"（intellectual）；"知道怎么做"（knowing how）也不能说是"知道了什么"（knowing what）；"思索我正在做什么"不是指"边思边做"。当我明智地进行某件事时……我所做的是一件事情而非两件。我的表现具有一个特定程序或态度，但不具有特定的准备活动。[50]

安德鲁·哈里森（Andrew Harrison）最近简练地表达了同样的想法：当某人聪慧地行动时，他是"用心智来行动"（acts his mind）的。[51]

多年来，实践认识论的几位不同作者都曾被一个事实所震惊，即技巧娴熟的行动通常透露了一个"超过我们所能言说的认识"。他们对这种认识进行了不同的命名，并在实践的不同领域中举了示例。

早在 1938 年，在一篇《日常生活事件中的心智》（*Mind in Everyday Affairs*）的论文里，切斯特·巴纳德（Chester Barnard）区分了"思考过程"与"非逻辑过程"，后者无法言说或推理，仅能从判断、决定及行动表现中得知。[52]巴纳德所举的实例包括，打高尔夫球或投球时的距离判断，高中生解决二次方程式的过程，以及熟练的会计对看似复杂的损益表，只看一眼或几分钟甚至几秒钟，就能找出其中不寻常的事情。[53]这些过程可能是无意识的，或发生得太快，"以至于对脑中运作这些过程的人来说都难以分析。"[54]巴纳德对高中"数学家"的评论令人印象深刻："他无法书写他脑中所呈现的"。[55]巴纳德相信我们对"思考"的偏见使我们看不见在有效实践中无所不在的"非逻辑过程"。

迈克尔·波兰尼（Michael Polanyi）发明了"内隐认识"（tacit knowing）一词，他以辨认面孔及使用工具为例。如果我们知道一个人的脸，就可以在成千上万的人之中认出，但通常却说不出来我们是怎样辨认的。同样地，我们可以从人的脸上看出情绪，而只是靠着我们所知却又说不上来的模糊迹象。[56]当我们学习使用某个工具或探测器来感觉自身时，手所受到工具的冲击的初始意识（initial awareness），被转换成"一种工具前端触及探索对象的感知"。[57]按照波兰尼的说法，我们参与了从手所受到的冲击到用工具所探测的物体受到的影响这一整个过程。在这一对技巧习得而言很必要的过程中，初始知觉的感受，内化成了我们的内隐认识。

克里斯·亚历山大（Chris Alexander）在《形式综合的要点》（*Note Toward a Synthesis of Form*）[58]一书中认为，认识涉及了设计。他相信，我们常能辨认并修正"不适合"的内容与形式，但却常叙述不出找到"不适合"或是要修正的部分所依据的规则。传统手工制品文化的演变，是经由无数次对"不适合"的剔除与修正，直到产生好的结果。因此，一代代的捷克斯洛伐克农民能用自制的染料染纱织出漂亮的披肩，但是当采用化学合成染料时，"披肩的光彩就被磨灭了"。[59]披肩制作者并没有制作好披肩的天生能力，但是"他们能找出坏披肩及它们的错误。一代又一代……当劣质披肩被做出来时，就会被挑出而不再重蹈覆辙。"[60]但化学染料的出现，破坏了文化设计的过程，因为披肩制作者不能再做出高质量、全新设计的披肩了；他们只能在熟悉的手工制作形态中找出"不适合"。

深思亚历山大的例子，杰弗里·维克斯（Geoffrey Vickers）指出，这不仅仅是那些只能意会不能言传的艺术判断力所造成的。

> 艺术家，他们避开这样的窘境，而常以一种奇特的方式非常清楚地展现出这样的判断力。由此可知，我们找出与描述异于常模的偏异情形的能力，远比我们描述常模的能力要好得多。[61]

对维克斯而言，正是通过这种内隐常模（tacit norms），我们所有人做出判断，对情境进行定性分析，这是我们实践能力的重要依据。

心理语言学家指出，我们按照语音学规则和句法说话，而这些规则与语法却是我们大多数人无法描述出的[62]。艾尔弗雷德·舒尔茨（Alfred Schultz）和他那些理智的徒弟们分析日常生活中隐含的社会互动方面"怎么做"的知识，如问候的仪式、结束会议的仪式，或者在拥挤电梯里互动的方式。[63]伯德惠斯特（Birdwhistell）描述了根植于我们对动作和手势的使用和区分之中的内隐知识，这是一次可资比较的贡献。[64]同样地，在这些领域里，我们根据通常无法描述甚至未觉察的规则和程序来行动。

在这些例子里，认识具有以下特性。

- 有些行动、认识和判断是我们知道如何自发性地执行的，而无须在事先或当时进行思考。
- 我们常常不自觉地学会了做这些事；我们仅仅是发现自己正在做这些事。
- 有时，我们一度意识到某种认识，这种认识随后便内化到对行动的相关事物的感觉当中。又有时，我们也许从未意识过它们。无论如何，我们通常都无法描述出行动中所揭示的内隐认识。

我正是在这个意义上讨论"行动中认识"的，即"行动中认识"是日常实践知识特有的一种形式。

行动中反映
Reflecting-in-action

倘若常识认同"行动中认识"，那么它也会承认我们在某些时候会思考"我们正在做什么"。像"在行动中思考""保持警觉"和"从做中学"等谚语，都指出了我们不仅能思索我们所做之事，我们还能在做的同时思考我们的作为。在公众人物的表演中可以看到这种过程最有趣的一些例子。

大联盟棒球投手谈到"找到唱片上的纹路"①的经验：

> 只有少数投手能用纯身体的力量控制整场比赛，其他的则是在比

---

① 原文为"finding the groove"。在英文俚语中，groove 暗含"最佳状态"的意思，例如"in the groove"意为"处于最佳精神状态"。在本书中，为了形象说明投手的感觉，我们采用了 groove 最基本的意思"唱片上的纹路"。——译注

赛过程中学会调整。如果做不到，他们就完了。

　　你对球有种特别的感觉，某个指令会让你重复做出你以前曾经精确做出并证实会成功的相同事情。

　　"找出你的纹路"与探究获胜的习惯和在每次表现时不断重复这些习惯有关。[65]

我不完全理解"找出你的纹路"的意思。然而，很显然，投手所谈的可 55能是一种特定的反映。"一旦出场，就必须学习调整"这大概意味着，要留意自己如何投球给打击手？它如何发挥作用？有了这样的想法与观察的基础，就可以改变行动的方式。当"你对球有种特别的感觉"，一种指令会让你"重复做出你曾精确做过并证实成功的相同事情"；至少，你注意到一直以来所做正确的某事，并且你的"感觉"允许你再次这样做。当你"研究那些获胜的习惯"时，你思考着让你获胜的诀窍。看起来投手是在谈论他们对自己行动模式的反映，对自己表现的情境及诀窍的反映。他们在反映行动本身（reflecting on action），有时，他们在行动中反映（reflecting in action）。

　　当优秀的爵士音乐家一起即兴演奏时，他们也对自己的表演素材有一种"感觉"，他们现场即兴地调整听到的声音。他们倾听着彼此和自己的声音，他们感觉到音乐的去向，并彼此配合地调整他们的演奏。他们之所以能这么做，首先，是因为他们共同努力在音乐作品上使用了这个模式——所有参与者都熟悉的一个有韵律的、旋律性的及和谐的模式——这便给了作品一个可预见的次序。此外，参与其中的每个音乐家，都已准备好一段音乐曲目在适当时刻演奏。即兴演奏在一套基模之内不断变化、结合、再结合，演奏有了边界，又能一气呵成。当这些音乐家感受到他们共同创作的音乐的去向时，他们有了新的理解，并调整他们的表演以配合这一新的 56理解。他们在行动中反映正在共同演奏的音乐以及他们各自对这个音乐的贡献。他们不断地思考着自己正在做的事，在过程当中，逐步发展出演奏它的方法。当然，我们不必猜想他们是否运用了语言作为媒介来进行行动中的这个反映。他们更可能完全凭着对"音乐的感觉"来反映，这和投手"对球的感觉"是一样的。

更多的行动中反映与一些意外相关。如果直觉的、自发的行为表现并没有带来意料之外的结果，那么我们通常不会花力气去思考它。但如果直觉的表现引发意外——不论是惊喜还是惊讶，还是不想要的意外，我们都会进行行动中反映。就像投手要反映"获胜的习惯"，爵士乐音乐家要感受并理解共同创作出来的音乐，设计师要反映他无意中对环境造成的破坏。在这个过程中，反映的内容主要包括行动的结果、行动本身、隐含在行动中的直觉性认识，以及它们彼此的相互关系。

让我们再看看另一个例子，它详细地揭示了这个过程中的一些细节。

在《如果你要前行，找出一个理论吧！》(*If You Want to Get Ahead，Get A Theory*)一文当中，英海尔德(Inhelder)和卡米洛夫-史密斯(Karmiloff-smith)[66]描写了一个"儿童在行动中的发现过程"的非同寻常的实验。[67]他们要求被试在金属横条上摆放积木并使之保持平衡。一些积木是简单的木制积木，另一些则是其中一端加重了的积木。作者关注自发性的过程，在这个过程当中，儿童学习了解积木的属性，在横条上使它们保持平衡，并在成功或失败后加以调整。

他们发现，事实上所有6—7岁的儿童都用了同样的方法开始他们的任务：

所有的积木一开始都被很有条理地尝试放在几何中点。[68]

稍年长的儿童则不仅把所有的积木摆放在几何中心点，而且

当要求他们增加不同形状和尺寸的小块积木于处于平衡状况的积木上时，他们是在几何中心点上惊险地把积木一块叠在另一块上面一直到第十块，而不是在两端分散地摆放它们。[69]

英海尔德与卡米洛夫-史密斯将这些儿童行为的一致性和普遍性解释为"行动中的理论"（theory-in-action）：平衡的"几何中心论"，或如某位儿童所说的，"东西总是在中间平衡"的理论。

当然，当这些儿童在他们的几何中心尽力想去平衡一端加重的积木时，他们失败了。他们会如何面对失败呢？一些孩子的表现被作者称作"行动—回应"（action-response）。

> 现在他们越来越有系统地将相同的积木放置于几何中心点，仅仅环绕中心点稍微移动。孩子们看来相当惊讶为何他们第二次无法让积木达到平衡（"嘿！这是怎么了？明明刚刚可以的"）……行动次序开始简化：他们小心地将积木放在几何中心点，并围绕着中心稍做修正，然后他们放弃所有的尝试，声称这是"不可能"达到平衡的。[70]

其他儿童，通常在7—8岁，则回应以不同方法。当这些一端加重的积木无法在几何中心点取得平衡时，这些儿童开始放弃中心点去另外寻找平衡的方式。他们首先用明显一端加重的积木进行实验。然后，

> 逐渐地，几乎很勉强的，7—8岁的儿童开始也对这些难以觉察其一端加重的积木进行调节……在这个时候，我们观察到儿童的行动次序出现了许多停顿。[71]

58

之后，

> 当儿童开始真正质疑他们的几何中心理论的普遍性后，对几何中心的否定，促使儿童迅速进行调节，以寻找平衡点。[72]

最后，

儿童在放置每一块积木前会停下来，用手大概地掂掂木块，以估算它的重量（"你得小心点，有时候木块的两边一样重，有时则一边比较重"），推断平衡的可能点，然后将积木立即放置在非常靠近可能平衡点的地方，而不再对原先达到平衡的几何中心进行任何尝试。[73]

现在这些儿童表现出好像他们已具有平衡堆叠积木的一个"行动中的理论"，即并非在几何中心点，而是在重力中心点上平衡积木。

这种回应错误的第二种模式，被作者称为"理论—回应"（theory-response）。儿童以自己的方式经由一系列的步骤来完成此模式。当他们最初的遭遇驳斥了他们几何中心点的行动中理论时，他们停下来思索。之后，由于因重量而倾斜的现象十分明显，他们开始放弃几何中心点。最后，当他们已真正放弃先前的行动中的理论时，他们用手估算积木重量以找到合适的平衡点。正如同他们将平衡理论由几何中心点转移到重力中心点，他们也由"成功取向"转移到"理论取向"了。肯定与否定的结果不被视为行动成功或失败的象征，而是被当成与平衡理论相关的信息。

有趣的是，当作者观察并描述这一过程时，他们同时发明了一种语言。他们描述了儿童自己所不能言说的行动中的理论。

> 的确，虽然（年龄小的）儿童的行动次序显示了隐含在其行为中的"行动中的理论"，但这不应被看作儿童具有概念化在做什么及为何这么做的能力。[74]

对于"行动中认识"，儿童可能是以"对积木的感觉"来呈现的，而观察者以"理论"进行再描述。我应该这么说，观察者在陈述实验发现时，将儿童的"行动中认识"转变成了"行动中知识"（knowledge-in-action）。

在任何讨论"行动中反映"的努力中，看来是无法避免这类转换的。一个人必须用语言描述出某种认识及其变化，而它们压根没有用语言表达过。因此，作者们通过对儿童行为的观察，用语言描述了他们对儿童直觉的理解，这些便成了作者们有关儿童行动中认识的理论。就像其他所有理论一样，它们都是些深思熟虑、特异性的理论建构，而且是可以被实验检验的。

　　　　就好像儿童在平衡积木的努力中建构了一种行动中的理论一样，我们也对儿童的理论做出现场假设，并为别人的支持与驳斥回应提供了机会，以验证我们自己的理论！[75]

实践中反映
Reflecting-in-practice

　　积木平衡实验是行动中反映的一个完美示例，但它和我们对专业实践的一般印象相去甚远。如果我们要将在行动中反映的想法和专业实践联系起来，我们必须思索实践是什么，它与我们前面讨论过的那些行动有何异同。 60

　　"实践"这个词是模棱两可的。当我们谈及律师的实践时，我们指的是他所做的各种事情，他所面对的各位当事人，以及他所处理诉讼案件的范畴。当我们说到某人练钢琴的实践时，我们则是指他为了增加自己对钢琴的熟练程度，所进行的重复性或实验性的练习活动。在第一个意义上，"实践"指的是在专业情境中的表现；而在第二个意义上，它指涉了为专业表现而做的准备。此外，专业实践也包括了重复这一元素。一般专业实践者指的是反复进入某些特定情境的专家。根据各种专业的需要，专业工作者使用"个案"——或是方案、业主、委托人、交易的字眼，指称他所做的工作及对象。所有这类名词都显示了构成实践的单元，也指出了相似案例的类型。因此，医生可能接触过许多不同的"麻疹病例"，律师则处理了许多不同的"诽谤案件"。当实践者经历了为数不多的案例类型的许多差异时，他就能够"实践"他的实践。他建立出一个关于期望、形象与技术的全面性资料库。他习得了要期待什么以及如何回应他的发现。随着他的实践渐趋稳定，即他处理的同类型案例越来越多，他就越来越少感到惊讶。他的"实践中认识"（known-in-practice）将渐渐变得内隐、自然和自动化，他和他的当事人也将借此而认可其专精化的发展态势。

另一方面，专业的专精化也具有副作用。对个体而言，高度的专精化会导致目光短浅。当一门专业被分化成多个专门领域时，它便会打破早期经验和理解的整体全面性。因此，人们有时呼吁实践工作者像早年一样将病人视为"完整的人"。他们有时会指责当代的专家片面对待特定的疾病，将它和病人的其他生命经验隔开了。而且，当实践变得更重复和例行化时，"实践中认识"就变得更为内隐而自然，实践者反而可能失去思索他正在做什么的重要机会。就像儿童在积木平衡实验中一样，他可能发现自己陷入了无法修正的错误模式中。正如通常会发生的那样，如果他学会选择性地忽视那些不符合自己"行动中认识"类别范畴的现象，那么之后他可能会感到无聊或"枯竭"，他的当事人也会因其狭窄与僵硬的做法而遭罪。这时，这位实践者便是已经"过度学习"他所知道的事物了。

实践者的反映可以修正他的过度学习。通过反映，他能揭露和批判存在于一个专精化实践工作中的重复性经验的内隐知识，而且如果他允许自己去体验，他就能对情境的不确定性或独特性产生新的理解。

实践者确实会反映他们的"实践中认识"。有些时候，在事后的一个相对安宁的时刻里，他们回顾某个自己进行过的方案、经历过的情境以及处理案例时所产生的理解。他们或是闲来无事随便想想，或是为了准备以后的接案工作而细心地整理先前的经验。

但是当他们在实践的过程中，也可能对实践进行反映（reflect on practice），这时他们就是在"行动中反映"了，但此时这个说法的含义需考虑到"实践中认识"的复杂性。

实践者在行动中反映可能并不是很迅速。他受限于"行动当下"（action-present），而行动的时段依情况有所不同。"行动当下"可以历时数秒、数小时、数天，甚至数星期、数月，这取决于这个实践特定的活动步调和情境边界（situational boundaries）。例如，在法院里的协商行为中，律师的行动中反映可以在数秒间发生；但是在拖上数年的反托拉斯案件中，行动中反映可能以缓慢的方式进行数月。一个乐团指挥可以视每次演出为一个实践的周期，但在另一个意义上，一整个季度的演出也可被视为一个周期。行动中反映的步调及持续时间，会随着实践情境的步调及持续时间而有所不同。

当实践者在实践中反映及对实践反映时，他反映的可能目标会随着他面临的各种现象以及他的"实践中认识"的不同而有所变化。他可能会对潜藏在判断下的隐含规范和评价进行反映，或对隐含于行为模式中的策略与理论进行反映。他可能对情境所引发的一些感觉（正是这些感觉使他选择了行动的特定形式）进行反映；也可能对他形成亟待解决问题的过程进行反映，或者对他在一个较大体制脉络中建构出的自我角色进行反映。

这几个模式中的行动中反映，正是实践者有时处理令人困惑的、多样的实践情境时所展现的艺术性的核心。

当眼前的现象超出一般实践知识的范畴，呈现出它的独特性与不稳定性时，实践者可能揭露并批判他对现象的最初理解，建构出新的描述，并 通过实地实验检测这一描述。有时他可以通过清楚地说出他对现象的感受，来形成关于这种现象的新理论。

当他发现自己卡在一个不确定的处境，而无法快速将之转换成可处理的问题时，他可以建构一种新的问题设定方式——我称为"框架实验"（frame experiment）的新界定方式，设法运用于情境中。

当他面对不兼容或不一致的需求时，他可能通过反思自己及其他人对于处境的评鉴（appreciation）来回应。当意识到两难的困境时，他可能将它归因于自己设定问题的方式，甚至归因于他框定自己角色的方式。然后，他可能找出一种方式，来对情境中存在的价值观进行整合或选择。

下面是一个这类在行动中反映的简单例子，稍后我们会花较长的篇幅进行说明和讨论。

当某个投资银行家提到他判断投资风险的过程时，发现他真的无法描述出他所列入判断的每个细节。一般的经验法则只帮助他计算出20%—30%的投资风险。从经验法则来看，公司的经营数据可能很出色。但如果管理层的解释与数字不符，又或有些人员的行径有点儿异常，那或许便成了一个值得重新考虑并令人担心的课题。他回想起之前的一个经历，他曾花一整天的时间待在一个拉丁美洲最大的银行里，看到了一些新的经营提案，而且银行的经营数据似乎也很令人满意，但他却感到不舒服，觉得事情似乎有点儿蹊跷。当思索这个疑问时，他觉得自己之所以会有这样的感觉，是因为他被对待的方式与他在国际银行的地位显得不相称。为何这些银行家会这么不恰当地对待他呢？在当天离开银行时，他告诉同事，"这家企业没有新的业务！他们让负债持续发生，但却没有新业绩！"几个月之后，那家银行发生了拉丁美洲有史以来最大的破产——但所有的数据却一直都没有显示出任何的问题。

一个眼科医师说很多病人求诊的问题是书本上没有的。80%—85%的病例中，病人的抱怨及症状并不能套用熟悉的诊断和治疗类别。优秀的医生会去寻找理解这种病例的新方法，并通过实验测试他的新假设。在某个特别重要的病例中，病人同时患有数种疾病。虽然这些疾病分别适合于一些熟悉的理论与行动的模式，但它们联合起来时却可能形成一个独特的病例，无法使用常规的方法来处理。

这位眼科医师回忆起一个眼睛发炎（葡萄膜炎）并发青光眼的患者。青光眼的治疗会使发炎恶化，而葡萄膜炎的治疗会使青光眼恶化。当这位患者来就诊时，他正在接受一种无效反而刺激病症恶化的治疗。

这位眼科医师决定停止所有的治疗，等待看看会发生什么事。结果，患者的葡萄膜炎（一种寄生的传染病）大大改善了，青光眼也跟着消失了。由此证明了这是一个治疗上的艺术杰作。然后这位眼科医师开始对患者进行"滴定"治疗，使用相当少量的药剂，不求痊愈，只针对减缓症状来进行治疗，使患者可以重返工作岗位。

在托尔斯泰的而立之年，即在他早期创作《哥萨克》（The Cossacks）与后期的《战争与和平》（War and Peace）之间的时期，他开始对教育产生兴趣。他在自己雅斯纳亚·波良纳（Yasnaya Polanya）的属地上，为农夫的孩子创立了学校；他访问欧洲以学习新的教育方法，并且出版一份教育期刊（也叫《雅斯纳亚·波良纳》)。在他死前(他的新小说最后取代了他在教育上的兴趣)，他已建立了一些学校，创立了非正式的教师训练课程，还写了一个教育评价的示范片段。

托尔斯泰非常厌恶绝大多数欧洲学校的方法，却狂热地喜欢卢梭的教育作品。他在自己的学校进行杜威"做中学"的教学，而且支持优良教学需要的"不是一种方法，而是一门艺术"的信念。在《基本原理教学》(*On Teaching the Rudiments*)这篇论文中，他描述了对于"阅读"的教学艺术的观念，内容如下。

> 为了在尽可能短的时间内学到阅读的艺术，每个人都必须分开教导，并且要因材施教。对某人而言是不可克服的事物，一点也不会阻碍另一个人，反之亦然。有个学生有很好的记忆力，对他而言，记忆音节比理解辅音哪些是不发音的容易多了；相反，另一个学生表现沉稳并能理解一种最合理的发音方法；还有一个学生则有良好的直觉，他掌握了以一次读整个句子去理解单字组合的规则。
>
> 最好的教师是那些可以清晰明白地解释学生的困境的人。这些解释赋予了这位教师采用尽可能多的方法所需的知识、发明新方法的能力，最重要的是，不盲目信奉单一方法，而是相信所有的方法都只是单面的，最好的方法必须能有效解决一名学生身上发生的所有困难。也就是说，最佳方法已不仅仅是方法，更是一门艺术与才能。
>
> 每位教师必须……考虑到学生理解力的不完美，这不是学生的缺点而是教师教导的不足，从而致力于发展自己发现新方法的能力……[76]

一位有教学艺术的教师看到孩子学习阅读有困难时，不会认为这是孩子的缺失，而是他自己指导上的缺失。所以他必须找出解释到底是什么困扰着孩子的方法。他必须在教室的情境中进行研究实验。又因这孩子的困难可能是独特的，所以教师即使可以轻易做出解释，也不能认为他们过去的经验足以解释一切。他必须随时发明新方法，并尽力提高发现方法的能力。

在过去的两年，麻省理工学院的研究人员开始着手一个"在职服务"(in-service)教师教育方案，该方案围绕着"当场反映与实验"的概念而组织，与托尔斯泰的教育艺术相类似。在这些教师教育方案里，[77]研究人员鼓励一小群的教师，尝试着去探究他们自身对于数学、物理、音乐等主要学科领域中一些明显简单的任务的直觉思考。教师们有了重大的发现。他们允许自己对应该"知道"的主题感到困惑，当他们试着解开谜团时，他们对教与学开始有了不一样的思考。

在方案执行初期，发生了一件关键事件。教师们被要求对一盘两个男孩玩游戏的录像带进行观察与反应。男孩们坐在桌前，中间隔着屏风。一个男孩面前有秩序的放置了各种颜色、形状、大小的积木，另一个男孩面前，同样的积木被无秩序的摆着。第一个男孩得要告诉第二个如何去重建积木的秩序。然而，几个指令之后，第二个男孩明显完全弄错了。事实上，这两个男孩已经彼此失去了联系，但他们对此毫无所知。

教师们看完录像带的第一反应是——"沟通障碍"。他们认为给指令的男孩有"发展良好的表达技巧"，听命行事的男孩"无法跟上指令"。接着研究人员指出：虽然积木中没有绿色正方形（所有正方形都是橘色、只有三角形是绿的），她却听到第一个男孩叫第二个"去拿个绿色正方形"。当教师们重看录像带，他们对此感到震惊。那个小失误造成了一连串的错误动作。第二个男孩的确摆上了一个绿色的东西，一个三角形，而对应于第一个男孩的积木却是一个橘色正方形，此后，所有的指令都是有问题的。这种情况下，第二个男孩似乎展现了绝佳的天分，他企图去化解他眼前的积木和指导语的不一致。

这时，教师们转变了对这个情境的印象。他们理解了第二个男孩为何这么做。他不再显得愚笨，他的确"跟随了指令"。正如一位教师所说的，他们现在"给他一个理由"(giving him reason)。他们看出了行为背后的原因以及他错误（他们先前视为跟不上指令的，但现在看来则是较合理的了）的原因。

方案执行后期，当教师们进一步挑战自己去发现学生谜样的学习行为的意义时，他们常常提及"给他一个理由"。

诸如此类的实例有时是发生在正常预期范围之外的。例如，上面提及的银行家，他感觉到情况不对，但无法立即言明他所感觉到的是什么；医生看到了从未在教科书上记载过的奇特综合性病征；托尔斯泰把他的每个学生看成是自有其不完美特性及学习方法的个体；教师对学生错误背后的原因感到惊讶。在每个例子中，实践者允许自己去经验独特的、不确定的情境带给他的惊讶、困惑或不一致。他对眼前的现象进行反映，亦对隐含于自己行为中的先前理解进行反映。他执行了一项实验，以寻求同时产生出对现象的一个新理解以及在情境中的一个改变。

当某个人在行动中进行反映时，他就成为了实践脉络中的一位研究者，他不是依靠既存理论与技巧的类别，而是针对一个独特的案例建构了一个新的理论。他的探究并不局限在为达成先前所设定之目标的方法或手段里，他也不会分割地对待目标与手段，他视目标与手段的关系是互动建构的，就如同他对某一问题情境的框定一样。他的思考是不会与实作抽离的，他做决定的方式是一定可以转化成行动的，因为他的行动即是一种实验，他在行动中推进他对事物的探究。

虽然"行动中反映"是一个特别的过程，但它并不罕见。的确，对一些反映性实践者而言，它是实践的核心。然而，因为专业性仍主要由技术性专门知识来确定，所以"行动中反映"并不被普遍接受为专业认识的一种合法形式——甚至包括进行反映的实践工作者自己也不承认。

许多实践者，拘泥在自己对专业技术的观点里，于是在实践的世界里无法形成反映。他们在无用的分类主导下，选择性地忽略实践，同时他们控制情境的技术都太过于技巧化了，以至于无法保留他们自己实践中的知识的一致性。对他们而言，不确定是可怕的存在，它是弱点。另一群更倾向于行动中反映的人们，则因他们无法说明他们如何行动，无法证明它的效果和严谨性，而感到深深的忧虑。

由于这些原因，"行动中反映"的研究就显得极为重要了。如果我们可以发展出一种实践认识论，将技术问题的解决置于一个更宽广的反映性探究脉络中，显现出行动中反映自有其严谨性，并将实践中的不确定性与独特性和科学家研究工作的艺术性联系起来，那么"严谨性与适切性"的两难就可被解决了。因此，我们可以提升"行动中反映"的合法性，并鼓励它更深、更广地发展。

注释

1. A. M. Cart-Saunders. *Professions：Their Organization and Place in Society*，Oxford，The Clarendon Press，1928. 引自 Vollmer and Mills，eds.，*Professionalization*，Englewood Cliffs，N. J.，Prentice-Hall，1966，p. 3.

2. Wilbert Moore. *The Professions*，New York，Russell Sage Foundation，1970，p. 56.

3. *Ibid.*

4. *Ibid.*，p. 141.

5. Jethro Lieberman，*Tyranny of Expertise*，New York，Walker and Company，p. 55.

6. Nathan Glazer，"Schools of the Minor Professions,"*Minerva*，1974，p. 346.

7. *Ibid.*，p. 363.

8. *Ibid.*，p. 348.

9. *Ibid.*，p. 349.

10. Moore，*The Professions*，p. 56.

11. Edgar Schein，*Professional Education*，New York，McGraw-Hill，1973，p. 43.

12. *Ibid.*，p. 39.

13. William Goode，"The Librarian：From Occupation to Profession," reprinted in Vollamr and Mills，*Professionalization*，p. 39.

14. *Ibid.*

15. *Ibid.*

16. Ernest Greenwood. "Attributes ofa Profession," reprinted in Vollmer and Mills，*Professionalization*，p. 11.

17. *Ibid.*，p. 19.

18. *Ibid.*，p. 12.

19. Harvey，Brooks，"Dilemmas of Engineering Education,"*IEEE Spectrum*，February 1967（2），p. 89.

20. Schein, *Professional Education*, p. 44.

21. Barry Thorne, "Professional Education in Medicine," in *Education for the Professions of Medicine, Law, Theology and Social Welfare*, New York, McGraw-Hill, 1973, p. 30.

22. *Ibid.*, p. 31.

23. *Ibid.*

24. Alan Gartner, *Preparation of Human Service Professionals*, New York, Human Sciences Press, 1976, p. 80.

25. *Ibid.*, p. 93.

26. Derek Bok, "The President's report," reprinted in *The Harvard Magazine*, 1979 (5-6), p. 83.

27. *Ibid.*, p. 84.

28. *Ibid.*

29. 来源于同三个哈佛商学院教员的私人谈话。

30. 例如见, Richard J. Bernstein, *The Restructuring of Socail and Political Theory*, New York, Harcourt Brace Jovanovich, 1976.

31. 我最早在《技术与改变》(*Technology and Change*)(New York, Delaeorte Press, 1966)一书中使用该词。

32. Auguste Comte, Cited in Jurgan Habermas, *Knowledge and Human Interests*, Boston：Beacon Press, 1968, p. 77.

33. 当然, 目标不一致的问题已经引起实践的实证主义认识论者的注意。为了解决这个问题, 他们进行了各种尝试, 包括：寻找适用于所有次要专业的终极目标；为目标提供"万能解决方案", 如解决福利经济的效能问题；Karl Popper 提出的"渐进社会工程"(piecemeal social engineering)等。要讨论他们的优缺点, 请参考 Charles Frankel, "The Relation of Theory to Practice：Some Standard Views," in Social Theory and Social Intervention, Frankel et al., eds., Cleveland, case Western Reserve University Press, 1968.

34. Edward Shils, "The Order of Learning in the United States from 1865 to 1920：the Ascendancy of the Universities," Minerva, XVI, 2, Summer 1978, p. 171.

35. *Ibid.*, p. 173.

36. Thorsten Veblen, *The Higher Learning in America*, reprint of 1918 edition, New York, Hill and Wang, 1962.

37. *Ibid.*, p. 15.

38. *Ibid.*, p. 23.

39. Bernard Barber. in"Some Problems in the Sociology of the Professions," *Daedalus*, Fall, 1963, p. 674.

40. Everett Hughes, "Higher Education and the Professions," in *Content and Context：Essays*

on College Education*, Carl Kaysen, ed., New York, McGraw-Hill, 1973, p. 660.

41. 该词出自 Clifford Geertz, "Thick Description: Toward an Interpretive Theory of Culture." in Clifford Ceertz, *The Interpretation of Cultures*, New York, Basic Books, 1973.

42. Schein, *Professional Education*, p. 44.

43. *Ibid.*, p. 45.

44. Herbert Simon, *The Sciences of the Artificial*, Cambridge, Mass., MIT Press, 1972, p. 55.

45. *Ibid.*, p. 56.

46. *Ibid.*

47. *Ibid.*, p. 57.

48. *Ibid.*, p. 61.

49. Bemstein, *Restructuring*, p. 207.

50. Gilbert Ryle. "On Knowing How and Knowing That." in *The Concept of Mind*, London, Hutcheson, 1949, p. 32.

51. Andrew Harrison, *Making and Thinking*, Indianapolis, Hackea, 1978.

52. Chester Barnard, in *The Functions of the Executive*, Cambridge, Mass., Harvard University Press, 1968, first published 1938, p. 302.

53. *Ibid.*, p. 305.

54. *Ibid.*, p. 302.

55. *Ibid.*, p. 306.

56. Michael Polanyi, *The Tacit Dimension*, New York, Doubleday and Co., 1967, p. 4.

57. *Ibid.*, p. 12.

58. Chris Alexander. *Notes Toward a Synthesis of Form*, Cambridge, Mass., Hazard University Press, 1968.

59. *Ibid.*, p. 53.

60. *Ibid.*, p. 55.

61. Geoffrey Vickers, unpublished memorandum, MIT, 1978.

62. 此处，当前语言学与语言心理学相关——例如，Chomsky, Halle, and Sinclair 等人的作品。

63. Alfred Schutz, *Collected Papers*, The Hague, Nijhoff, 1962.

64. Ray L. Birdwhistell, *Kinesics and Context*, Philadelphia, University of Pennsylvania Press, 1970.

65. Jonathan Evan Maslow, "Crooving on a Baseball Afternoon," in *Mainliner* 1981 (5), p. 34.

66. Barbel Inhelder and Annette Karmiloff—Smith, "If you want to get ahead, get a theory,"

Cognition 3, pp. 195 – 212.

67. *Ibid.*, p. 195.

68. *Ibid.*, p. 202.

69. *Ibid.*, p. 203.

70. *Ibid.*

71. *Ibid.*, p. 205.

72. *Ibid.*

73. *Ibid.*

74. *Ibid.*, p. 203.

75. *Ibid.*, p. 199.

76. Leo Tolstoy, " On Teaching the Rudiments," in *Tolstoy On Education*, Leo Wiener, ed. Chicago and London, University of Chicago Press, 1967.

77. 教师项目的成员包括 Jeanne Bamberger, Eleanor Duckworth, 和 Margaret *Lampert*。我所讲述的"给孩子一个理由"这个事件就是摘自 *Lampert* 的备忘录。

第2编

Part II

行动中反映的专业脉络

Professional Contexts for Reflection-in-Action

第3章 设计：与情境进行反映性对话
Design as a Reflective Conversation with the Situation

设计类专业
The Design Professions

设计类专业里，人们最熟悉的应属建筑业。它包括城市设计（即城市地区的设计）、区域规划（主要关注的是整个区域的结构和生态）以及城镇规划（特别是指将城镇转变成都市物理结构的规划）。多年来，这些领域的内容在不断改变，彼此之间的关系也日新月异。建筑业过去曾经是这类专业的龙头老大，如今它在这个大家族中的地位却变得有些暧昧。

工程专业里也有这种设计类专业。产品设计师的工作主要是负责工业产品的构造和外包装设计；工业设计师则是负责设计生产过程的机制和流程。至于许多体积庞大的产品，如船舰、飞行器、水坝和道路等，则是由各类工程专家设计。

最近这二十多年来，"设计"一词涵盖的范围不断扩展。我们开始把文化演变的历程，看成是一种非正式、团体性、代际相传的设计历程，如克里斯·亚历山大描写的捷克斯洛伐克农妇披巾的故事。赫伯特·西蒙等人认为，凡是将眼前的情境转变成期望中的模样，就是一种设计。目前人们也逐渐把政策、机构或是行为本身，看成是设计的一种对象。

然而我们能沿着这个方向走多远还是个问题。我们恐怕会忽略或低估了设计类专业特有的知识的媒介、脉络、目标和主体之间的重大差异。但是我们也可能在更深的层次上，发现这些差异之间其实有着共通的设计历程。

在这一章里，我将集中讨论建筑设计，我过去刚好拥有一些研究建筑领域的机会。不过建筑之所以值得我们研究，还有一些别的非专业性原因。它或许是最早被认可的设计类专业，因此，我们或可把它当成是其他设计类专业的模板。假如说各种不同的设计类专业，均有一个相同的基本历程，那么建筑应该是寻找这个历程最适合的领域了。

然而，建筑的定义一直在改变，即使是明确标明为"建筑"的实践，彼此也有很大的差异。因此找出这个历程不是件容易的事情。因为有许多新专业陆续问世，如规划、土木工程和景观设计，建筑这个领域本身有缩小的趋势。继 19 世纪末 20 世纪初的美学传统后，建筑业的实践者们纷纷向各式各样的学派靠拢。这些学派各有各的风格，而且对建筑都有自己的一套见解和主张。

这些学派有的刻意重拾前人的风格，如意大利式山村派（Italian Hill Town）或哥特式教堂派（Gothic Cathedral）；有的则追随一些在形式和方法上创新的大师，如勒·柯布西耶（Le Corbusier）、赖特（Wright）、卡恩（Kahn）、阿尔瓦·阿尔托（Aalto）和密斯·凡·德罗（Mies van der Rohe）等。有的人对当代技术和商业形式的渗透深感悲哀，而有些人则热烈拥护当代美国文化的人工制品。有些人力求设计的简洁和单纯，或是希望能在材料的使用上展现手艺；而有些人则希望能从工业科技或从丰富的美国文化中，发掘出更多科技的可能性。有些人强烈反对当代主流的形式主义风格，认为设计作为一个社会过程，应该满足在建筑物里生活和工作的人们的需求和喜好。

对于这个领域的学生（特别是目前还在学校里就读的学生）而言，众说纷纭的现象实在令人困惑。大家各说各话，我们该听谁的呢？各个学派传授的专业知识和应用知识都有很大的出入，我们是否该把它们看成是互相矛盾而各有特色呢？还是相信所有这些南辕北辙的风格，都是从同一个设计历程衍生出来的呢？

接下来，我将列举一个特殊的案例，说明各学派的设计方式，并试图证明各个设计类专业均有共通的设计历程。我将把设计历程（designing），视为设计者和情境材料之间的对话。

设计者制作事物。有时候他制作的是成品，但大部分时候，他制作的只是物品的一个表征——如一份计划、一个方案或一个形象——然后交给别人来建造。设计者通常在特殊的情境下工作，利用特定的材料，并采用特殊的媒介和语言。一般来说，他的制作历程很复杂，当中的变项很多——各种各样可能的做法、准则，以及他们彼此的交互关系——因此很难以一个固定的模式来表示。正因为历程如此复杂，所以设计者的做法经常会产生一些意料之外的结果，这个结果可能好也可能不好。这时，设计者可以把这些意料外的变化也考虑进去，形成新的看法和理解，并采取新的做法。他可以按照他原本对情境的看法塑造这个情境，而这个情境也会"回话"（talk-back）给他，他再对情境的回话做出反应。

在一个良好的设计历程中，这种和情境的对话具有反映性。设计者在回应情境的回话时，同时对这个问题的结构、行动策略或现象模式进行"行动中反映"，这个反映历程都隐含在其后续的做法中。

反映性设计的案例
An Example of Reflective Designing

在本章余下的篇幅里，我将以建筑设计为例，探讨各建筑学派共通的反映性对话。

这个例子来自于一个设计工作室，[1]这是一种在建筑学院里很典型的专业训练方式，学生在设计导师的指导下，着手完成一项设计方案。在我所挑选的这个案例中，设计导师奎斯特（Quist）正和学生佩特拉（Petra）[2]一同讨论她的作品。

时间是在学期之初，地点是在一个类似阁楼的工作室，里面大约能容纳20个学生，以及他们各自的画桌、画纸、书籍、图片和模型。学生们工作时都待在这里，有时互相切磋讨论，但更多的时候是各自埋头苦干，努力完成指定的设计任务。在开学时，奎斯特给所有学生出了一道题目——设计一套设计样图，此案例中的题目是设计一所小学，以及关于这所学校未来建筑选址的图示。

每个学生必须在学期内构思出自己的设计版本，把构思结果先画成草稿，再画成正式图稿，并制作成模型。学期末会举行"总评"，每个学生都要把自己的作品呈现给奎斯特和一些其他的评论者（也就是"评委"）。发下设计题目后，奎斯特会定期和学生单独讨论他们的设计。我们这里列举的案例就是这种师生之间的讨论片段——奎斯特和佩特拉一起审视她的作品。

奎斯特正在对佩特拉的初始设计进行反映。几星期以来，佩特拉都在构思这个设计题目，她带来了一些草稿。佩特拉在奎斯特审视这些草稿的同时，诉说她的两难困境——她遇到了一些她无法解决的困难。

过了一会儿，奎斯特把一张描图纸盖在佩特拉的草稿上，开始在上面画图。他一面画一面解说。例如，他说：

> 这个幼儿园可以到这边来……然后你可以让回廊穿过去——就能从这里往下看……

奎斯特一边说，一边画，他把幼儿园放到草图的"这边"，画出"让回廊穿过去"的那条直线。他的言语不仅描述了纸上已有的东西，也描述了他正在纸上画的东西。画图和说话是两种并行的设计历程，这二者的结合，就是我所谓的设计语言（language of designing）。

81　　语言和非语言这两个维度的关系很密切。奎斯特画出来的线条在尺度上并不精确，还需配合他的言语描述才有意义。他的用词模糊不清，佩特拉必须把言语和图画相结合，才能听得懂他说的话。他的言语中充满了含糊的词汇——如"这里""这个""那个"等——佩特拉必须观察他的动作，才能理解这些词汇的含义。而当我们分析这段对话时，必须重构奎斯特的标记和草图，回顾佩特拉的草稿和奎斯特修改的部分，偶尔还需自己画一些新草图，以厘清奎斯特话中的含义。

不论奎斯特和佩特拉是靠言语还是画图来沟通，他们的用意都在于表达一些空间的形象，并希望彼此的这些形象互相契合。当他们越来越确信对方的用词和自己趋于一致时，他们的对话便越来越省略，而外人也越来越难理解。

设计语言是一种用在建筑上的语言，这种语言也是奎斯特示范给佩特拉看的一种语言游戏。[3]他展示了他希望她具备的能力。不过奎斯特的指导历程也包括了一些插入语，他用插入语来谈论设计。例如，他说：

> 你应该以一个准则（discipline）开始，即使这样做有些武断……

然后又说：

> 基本准则是你同时去处理单元和整体，并周而复始，不断循环……

以上都是设计的语言的例子。奎斯特就是通过这种穿插在讨论中的语言，来描述他所示范的设计历程中的一些特征，而且不论这样是否能够解释清楚，他都希望能借此让佩特拉了解设计时的反映历程。

在接下来的对话中，两种语言又混合出现。

讨论对话
The protocol

这场师生讨论大约持续了20分钟，而且可以分成几个阶段。在第一个阶段里，佩特拉把初步的草稿摊开，描述她所遭遇的困难。然后，奎斯特聚焦于一个问题，用他自己的话重新把问题整理一遍，并开始示范解决设计问题的历程。中途停顿了一下，对当下的进展进行反映。然后奎斯特接着往下讨论佩特拉该做的事情，其中的一件事（格子栏杆的口径）还促使他试着鼓励她以不同的观点看待斜坡的呈现方式。最后则把刚才的内容进行了最终的反映。

【佩特拉的描述】

佩特拉：我在规划轮廓的时候被卡住了——我把问题都列在这张清单上。

我希望建筑的布局形状能和地形契合——可是建筑的布局和坡的斜度并不契合。

（她模型上的坡度有点夸张；他们正在讨论这点。具体布局如图3-1所示。）

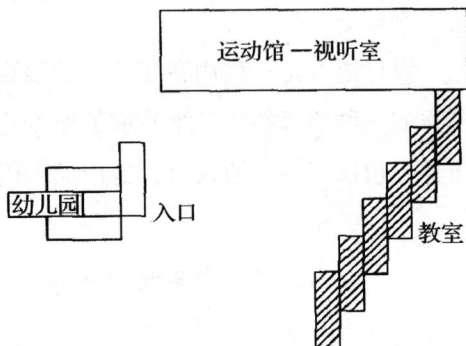

图 3-1

我挑了这个选址，因为它可以连到那片草地，可是入口在这里。因此我决定体育馆应该在这里——所以（指着布局草图）我的布局就变成这样子了。

奎斯特：还有什么别的问题？

佩特拉：我设计了六间教室，可是它们在比例上都太小了，运用方式有限。所以我调整了一下，改成这种功能比较强的布局方式（即L形，如图3-2所示）。这样一年级就能接到二年级，三年级能接到四年级，五年级也能接到六年级，比较符合我对教育的期望。这边的这块空间，有点像是一个总部。有了它，就会有个可以用的户外/户外（O-O）和一个可以用的户外/室内（O-I）——这就可以通往你那个资源图书馆/语言主题了。

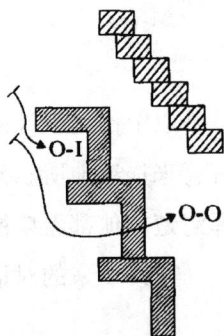

图 3-2

奎斯特：这些都合乎比例吗？

佩特拉：对。

奎斯特：假设我们都已经合乎比例了。可是新布局的南北方位如何呢？

（他画出方位坐标，如图 3-3 所示。）

（显示偏好的方向，如图 3-4 所示。）

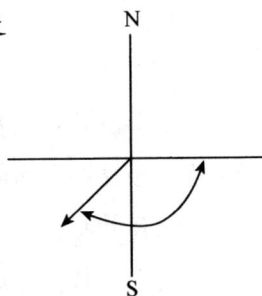

图 3-3

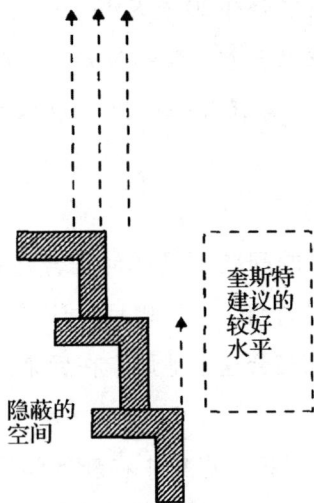

奎斯特
建议的
较好
水平

隐蔽的
空间

图 3-4

佩特拉：这是到这边来的道路，我想回转道应该会在这一带……

佩特拉仔细绘出了地形的轮廓，并采纳"建筑的布局形状应和地形轮廓互相契合"的准则。她在画草图的时候，尝试让她的建筑布局的形状和坡地的轮廓"契合"，可是她的实验失败了；这也就是问题的所在。

佩特拉也尝试着调整那些教室单位的大小和布局。她发现教室的大小必须达到一定的比例，在设计上才会"功能比较强"。她把六个比较小的教室单位重组成三个比较大的 L 形教室，这就是在尝试找出一个"功能比较强的布局方式"。如此一来，她还让那些应该常需要碰面的人能够处在两个相邻的空间里，并创造了一个"总部"（听起来会是个不错的地方），包括一个孩子们可以使用的隐蔽户外空间，和一个或许和学校内部流通有关的室内空间。

奎斯特：现在，这边可以让你从这里有个隐蔽的方向，而且会产生一个这个方向的几何形状。这会互相平行……

佩特拉：对，我想会有 20 英尺①……

奎斯特：你应该以一个准则作为开始，即使这样做有些武断，因为这个选址的形状太奇怪了——反正后来你还可以再把这个准则打破。

在奎斯特看来，主要的问题不是如何契合建筑布局形状和斜坡地形，这个选址看起来实在太"奇怪"了。相反，应该是以一个几何形状的形式——一个"准则"——来契合这个地形。在后来的对话中，奎斯特就是在推演这个做法。

奎斯特接下来的做法是把焦点集中在新的问题上，也就是把几何形状嵌入斜坡的"奇怪"轮廓中。不过几何形状后来可以再被"打破"。我想这是指，我们可以把原本的准则打破、再尝试别的准则，而且到后来甚至可以刻意破坏原本的几何形状。按照奎斯特的比喻，几何形状犹如某种盔甲，一旦组合完成后，就可以就地拆解。他往后会经常谈到要"柔化"固有的准则，其方法就是刻意背离它。

【奎斯特的示范】

奎斯特：现在在这个方向，那个是小溪，那个是小山，桥就可以放在那里，如此便能产生一个较高的层面，而且有两种下来的方式。

（一种方式是从教室过来）当我们从教室的这一头，走到较远的那一头时，两头的地势是完全不同的。这里最高可以有 15 英尺，对吗？——所以我们的间距可以有 5 英尺那么高，也就是一个小孩子最

88

----

① 编者注：1 英尺 = 0.3048 米。

高身长，对不对？穿过这里的这段区域可以变成这边的沟层之一，而这个单位和这个两者高度的不同，可以产生两个层面。

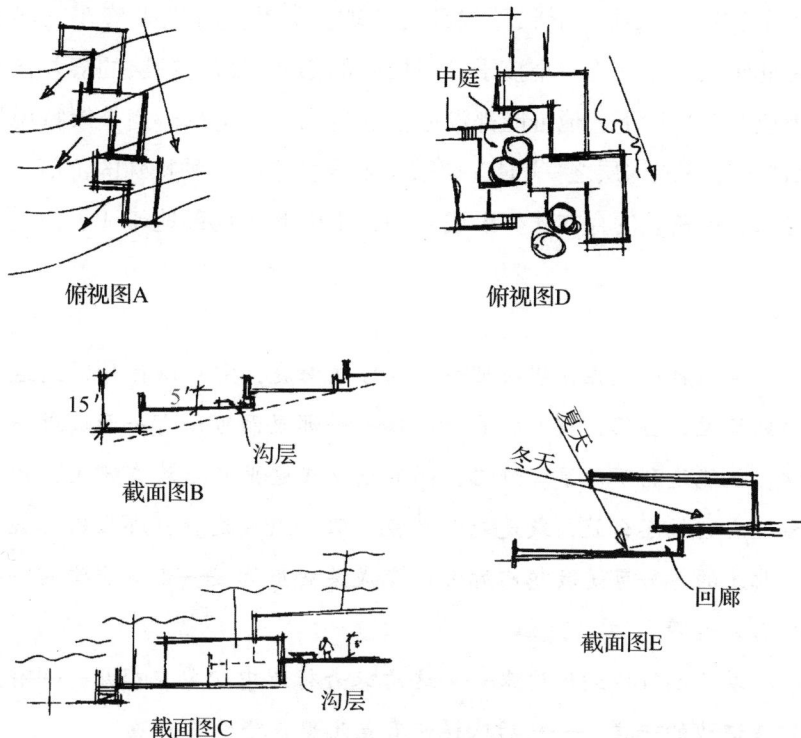

俯视图A

中庭

俯视图D

15'　5'

沟层

截面图B

夏天

冬天

回廊

截面图E

沟层

截面图C

图 3-5

图 3-5 中的草图有助于我们了解上面这段对话的内容。奎斯特现在想做的事情是把 L 形教室的平面几何形状，铺在斜坡立体的"奇怪"轮廓上。L 形教室是被契合到斜坡里的，如俯视图 A 所示。截面图 B 的那个"完全不同的地势"，是指从地势较高的这一端教室，到地势较低、较远的那一端教室。所谓的"最高可以有 15 英尺"，则是因为三间教室被契合到斜坡上后，从第一间到第三间的地势落差就是如此。斜坡现在已被分成三层，每间教室各为一层，如图 3-5-B 所示。截面图 3-5-C 显示的是某层的地板到相邻较低层教室屋顶的"间距"。教室的屋顶比相邻较高层的地板高出 5 英尺，而由于 5 英尺是"一个儿童的最高身长"，因此孩子们便能容纳于"沟

层"之中，如截面图 3-5-C 所示。此沟层的高度近似于最高儿童的身高。

这是一项图解式实验，而实验结果部分地证实了奎斯特的设计，也就是把 L 形教室嵌入这个形状不规则的斜坡上。教室分别坐落在三层斜坡上，由此每层产生高为一个孩子身高极限的落差。假如各层的落差在 5 英尺以上或 5 英尺以下，他可能都没办法建构出这种沟层。当奎斯特说那一段区域"可以变成沟层之一"时，他赋予了这些空间一种特殊的价值，这个价值是由各层落差的存在才得以成立的，也因此才局部地印证了他先前的做法。

89　　　　奎斯特：现在你想把那个地方当作中庭，它可以往外通到这里和通到那里，当然，我们要弄一面墙——那里面可以有一面墙或一些阶梯，就能连到下面了。好吧，那不是放在这里就是放在哪里，你必须看一看它该怎么放，或是能怎么放。假如放成这样，那么回廊就是朝向北方的——可是我想回廊可以变成某种庭园——变成这些的一个柔性后方地带。

　　　　幼儿园可以到这边来——这意味着行政中心要在那儿——有点像你在这边的一样——然后这样就有点儿契合轮廓了……

"沟层"会向外通往"中庭"，"中庭"的处理方式是个新问题。如俯视图 3-5-D 所示，每个层级都需要设置支撑墙，不过它们也标示出不同的层级。墙或阶梯现在的功能犹如标点符号，它们可以标明界线和关系。奎斯特请佩特拉把回廊看成是一个"柔性后方地带"（如俯视图 3-5-D 所示），而且这个地带也能和"硬性"的教室相连。它也可以是"某种庭园"。

现在这个新布局——包括 L 形教室、回廊、幼儿园和行政中心——就能"有点契合"斜坡的轮廓了。这个历程中，奎斯特又重新想起那些他重整的佩特拉的原始问题。佩特拉起初没办法让建筑的布局形状和这奇怪的斜坡契合，奎斯特便在斜坡上规划了由 L 形教室引申而来的平行几何形状。现在新的布局"有点契合"它们了。契合得并不是很明显，但已足够了。

奎斯特：然后你可以让回廊穿过去——就能从这里往下看——这样蛮不错的。

让地形激发出一些次想法（sub-ideas），这很不错。或许自助餐厅的功能不用这么正式——或许它可以到这边来，夏天时光线就能照到这里，冬天时到这里。

佩特拉：现在这个回廊变成一个任何人都能使用的一般性通道了。

奎斯特：它是一个一般性的通道，任何人都能来去自如，但它不是走廊。它标明了从这边到这边的层级落差——它可能有一些阶梯，或是通往它的小坡道。

佩特拉：我在考虑这个方向的动线（circulation）——这回廊的效果太酷了，可是该怎样通往这里呢（图书馆空间）？

在以下更多例子中，佩特拉还没提出问题，奎斯特便已说出答案。

奎斯特：所以不要把礼堂想成是一大块硬线条的东西摆在那边。

奎斯特按照自己的构想，描绘着延伸后的回廊，并想象人们走在这个通道里的感觉。他觉得结果"不错"，从而再次确认了目前的进展。

佩特拉没有"让"自助餐厅突破它固有的几何形状。由于选址是南北向的方位，所以夏天和冬天时，阳光落在斜坡上的角度不同，他请她利用这个特性"柔化餐厅"（如截面图 3-5-E 所示）。同样，他请她把礼堂和周遭的空间连接起来，以"柔化礼堂"。

【中途的反映】

佩特拉：我之前就是被起初的形状卡住了；现在这样好多了。

奎斯特：好多了——所以你有障碍的地方就是这里（他指着她的

回廊）。这是一个巧妙的机关——阿尔托也是靠这种方式来赋予某些秩序。他曾经这样做过。因此，运用这一微妙的方式……成了整体设计的关键。它以系统的方式重复出现——在这里却没有重复。它的样子很不错，比例尺度刚刚好。它也具有某种言语性的秩序，方便你解释给别人。

91 回廊在佩特拉一开始的构思中，只是设计中的一个小元素，一个"一般性的通道"，现在却成为"运用这一微妙的方式……成了整体设计的关键。"奎斯特重新整理并重新组织这个问题，促成对情境的一番新评价，而他现在也运用了来自不同领域的规则——造型、比例和言语的解释性——来评估问题。

【接下来的步骤】

奎斯特：现在你必须想一想这个中间区域的大小。你的行政中心应该放在这里。

佩特拉：嗯，这倒似乎是解决了一个大问题，因为之前行政中心会堵住体育馆的入口。

奎斯特：不好不好，太糟糕了——这样会毁了整个构思——不过假如你把它搬到这边来，不但位置变得比较好，而且也把整个空间打开了。

在解决了主要的问题，把教室的几何形状契合到奇怪的斜坡之后，他们就可以开始着手探讨中间区域的大小了（不是指它的细节设计）。说到中间区域，他们又开始思索主要元素彼此位置的关系。奎斯特不喜欢行政中心的位置，他的言外之意是，他到目前为止的所作所为——基本几何形状的建造、把这个几何形状铺在斜坡上、回廊的创造——形成了一个内部协调的整体，所有的做法，都忠实地延伸了先前的做法。

奎斯特：现在这个的尺寸就变得很重要了。你必须多画几次、试一试各种不同的格子栏杆。

佩特拉：嗯，这两个之间的相互关系似乎有点怪异。

奎斯特：不会呀——从侧面看一看。在截面图上它看起来陡峭得多。你看，截面图总是比实际显得更陡峭。试着想象要把车开上一个 10 度的斜坡——你会觉得根本上不去（他画出斜率图，如图 3-6 所示）。

92

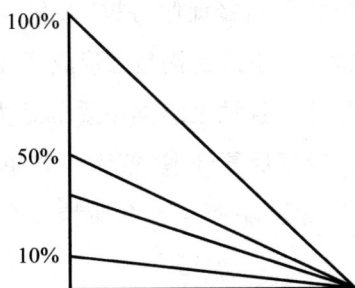

图 3-6

【尾声】

佩特拉：对，这就是需要处理的主要问题——那个基本单元该怎么办——我是以比较微观的方式在想的。

奎斯特：（打断她的话）对呀！还有一件事情就是所有东西应该都框在一组共通的几何形状里。你会发现这几乎是每个人都会遇到的问题，不是太紧凑就是太松散。至于怎么办，便是这个问题的症结了。

佩特拉：真是太神奇了——你看着这个图，直觉上就知道它有问题，但却很难说出问题到底出在哪里……

奎斯特：嗯，对呀，这就是为什么你要在这里学习的原因呀。所以——我比较担心的是选址的基本几何形状。我不会太注重屋顶的问题。

奎斯特：基本原则是你同时处理单元和整体，周而复始，不断循环——反反复复、反反复复——你已经间断地做过几次了。你已经有些整体的概念，也就是那些格子，不过你还不知道它的尺寸。你通过消除这个构想来达成目标，我觉得这是个明智的做法。照这样努力下去吧——你就快要成功了。

奎斯特回到他原来的命题"你应该以一个准则作为开始，即使这样做有些武断"，并进一步阐述它。基本的几何形状应该对设计者有所约束，但应适度。事实上，奎斯特不断督促佩特拉"柔化"她的"硬性"几何造型，偶尔背离基本的几何形状——不过前提是已形成了几何形状的雏形。

奎斯特明确解释了佩特拉直觉上感到不妥的地方。现在他清楚说明了设计上的一条基本原则：应该反复处理"整体"和"单元"，也就是整体性和区域性。就设计过程的沟通隐喻而言，奎斯特以自己的流畅对比出她的"结结巴巴"。

讨论对话的分析
Analysis of the Protocol

奎斯特的设计历程，就是一种与情境的反映性对话。

讨论一开始的时候，佩特拉被卡住了：

> 我希望建筑的布局形状能和地形契合——可是建筑的布局和坡的斜度并不契合。

奎斯特批评了她的问题，并指出她是在试图把建筑的布局形状，契合到一个轮廓很"奇怪"的斜坡上，但这样并不会使整个结构协调。他重新整理了她的问题：

> 你应该以一个准则作为开始，即使这样做有些武断……反正你到后来还可以再把这准则打破。

为了让这个奇怪的选址变得协调，佩特拉应该在选址上套一个她自己的准则，只有"如果那么"，才能了解结果的演变历程。即使这些结果并不令人满意，她总可以"后来再打破这准则"。

从"你应该以一个准则作为开始"到"这样就有点契合上轮廓了"的过程中，奎斯特把几何形状嵌入斜坡里，从而推演了新准则的结果。他以草图和空间行动语言为媒介，通过自己的做法展现出选址上的建筑物，这些做法也是一种实验。每个做法的结果，都是依照一种或一种以上设计词汇的观点加以描述和评估的。前后做法之间息息相关，而且每个做法都会创造出新的问题，等着设计者加以描述和解决。奎斯特的设计方式就是找出一系列的做法、结果、因果关系、评鉴和进一步的做法。

较小的教室单位一旦改变成 L 形的大教室之后，它们"在尺度比例上变得比较令人满意"，让"一年级就能接到二年级"，而且引申出（"产生"）一个"在这个方向上的平行几何形状"。由于产生了这些变化，奎斯特创造了一个新的做法："那个是小溪，那个是小山，桥就可以放在那里"。这座桥也产生了一个新的东西，就是一个"有两种下来的方式"的较高层面。

每个做法都是局部的实验，这些局部实验促进了重构问题的整体性实验。有些做法行不通（布局形状无法嵌入地形轮廓），还有些做法则会创造出新局面。奎斯特一边反映意料之外的结果和他每个做法的延伸产物，一边聆听着情境的回话，并对情境做出新的评鉴，一步一步往前走。最重要的是，他意识到他所创造的回廊（也就是 L 形教室的"柔性后方区域"）成了"运用这一微妙的方式……成了整体设计的关键。"他捕捉到回廊的潜力后，"让它从这里延伸过去，就能从这里往下看"。后来，他谨慎地确定行政中心大楼的位置，以免它毁了"整个构想"。

因此重新框定问题的整体性实验，也是一种与情境的反映性对话，奎斯特由此评鉴并发展出一整套新构想。重新框定问题的结果就是，发现新的几何形状"有点契合轮廓了"，而且形成挺不错的沟层、视野和柔性后方区域，并激发出情境中新的协调性。除了重新框定佩特拉的问题之外，奎斯特解决了一个他能力范围之内的问题，并将他喜欢的素材发展成一套和谐的组织。

这个历程中有三个特别值得注意的维度：设计者用来描述和评估做法结果的设计词汇；他所发现并进一步发展的延伸意涵；以及根据与其对话的情境改变自己的立场。

设计词汇
Design Domains

奎斯特结合了图解和言语的设计语言，来解释他的每个做法。在这种语言里，词汇各自扮演了不同的角色。当奎斯特谈到自助餐厅"可以到这边来，夏天时光线就能照到这里"；"一个较高的层面，而且有两种下来的方式"；"一些阶梯，就能连到下面了"的时候，他就是在使用空间行动语言。他把行动赋到设计元素上，仿佛这些元素会创造形状和组织空间。同时，他假想了建筑使用者在使用时可能会有的感受，[4]他们会发现较高的一层有两种下来的方式，或者是有些阶梯能连到往下的动线上。奎斯特也使用一些词汇来命名设计元素（如"阶梯"、一面"墙"、一个"行政中心"等），描述做法的结果和因果关系，以及对情境进行重新评鉴。

我将设计语言的元素归纳为十二类（参见表3-1）。这些设计词汇包括了元素的名称、特点的名称、相互关系的名称、行动名称，以及用来评估问题、结果和因果关系的规范的名称。奎斯特一边设计，一边从整体设计词汇库中寻找他所需要的词汇，以执行各种建构性、描述性和规范性的功能。

例如，关于项目/使用的词汇，如"教室""行政中心"和"幼儿园"等，是根据其用途来命名建筑物的。"一个孩子身高的极限"和"该如何通过……图书馆空间"等句子，则描述了使用建筑物时的经验。

关于选址的词汇，佩特拉用"地形的轮廓"描述她的问题，而奎斯特则用"小山""小溪"和"斜坡"来建构一些早期的步骤，也就是把几何形状嵌入斜坡的那些步骤。

表3-1　规范性的设计词汇

词汇	定义	举例
项目/使用 （Program/Use）	建筑物或建筑物的成分的功能；建筑物或选址的使用方式；使用方式的说明	"体育馆""礼堂""教室"；"5英尺，也就是一个小孩身高的极限"；"没有一个城市会开辟一条那么陡的道路"
选址 （Siting）	特点元素，与建筑物所在地有关的事物	"地形轮廓""斜坡""小山""小溪"
建筑元素 （Building Elements）	建筑物或建筑物的某些成分	"体育馆""幼儿园""小坡道""墙""屋顶""阶梯"
空间组织 （Organization of Space）	空间的种类，以及空间彼此之间的关系"一个一般性的通道""户外/户外""布局"	
形状 （Form）	1. 建筑物或成分的形状 2. 几何形状 3. 空间组织方式的标记 4. 使用者在空间中活动时的体验和感受	"一大块硬线条的东西""平行几何形状""标明从这边到那边的层级落差""让回廊穿过去，就能从这里往下看，这样蛮不错的"
结构/科技 （Structure/ Technology）	结构、科技以及建造时使用到的历程	"这些（教室）的建构单元"
比例尺度 （Scale）	建筑物和元素之间在大小上的关系	"一个20英尺的平行物""在比例上都太小了，运用方式有限""比例尺度刚刚好"
成本 （Cost）	建造时的花费	（本对话中未提及）
建筑物特性 （Building Character）	建筑物的种类，尤其是指特定的建筑风格或建筑形式的描述	"仓库""飞机棚""海滩别墅"（本对话中未提及）
先例 （Precedent）	其他类型的建筑物、风格或建筑形式的描述	"这是一个巧妙的机关——阿尔托也是靠这种方式来赋予某些秩序"
呈现方式 （Representation）	用来呈现其他类型词汇元素的语言和标记法	"从截面看它""比例为1/16的模型"
解释 （Explanation）	设计者与他人互动的脉络	"它也具有某种言语性的秩序，方便你解释给别人"

关于空间组织的词汇，佩特拉谈到通过 L 形教室所创造出来的"户外/户外"，而奎斯特则强调回廊是"一个一般性的通道，任何人都能来去自如，但它不是走廊"。

形状的词汇则有四种意义，各自不同但又相互关联。第一种意义是建筑物的几何形状，如佩特拉的"一大块硬线条的东西"；第二种是指整体性的几何形状，如"L 形教室所产生的平行几何形状"；第三种是指设计空间中的具体标记，如奎斯特所说的回廊标明了斜坡的各个不同层阶；最后一种，就是对话中经常提到的使用者的空间感受，也就是使用者在亲自使用这些组织空间之后，体会建筑物的特性和关系时，可能会有的体验和感受。

当奎斯特和佩特拉在评鉴设计内容时，他们使用了一些情感性和关联性的词汇，如"总部""沟层""庭园"和"柔性后方区域"等。"某种庭园"并不是指真正的庭园，而"柔性后方区域"也不是真的很柔软，但是"庭园"和"柔性"等比喻法，是用来表达某些特定的经验和价值。

做法的结果和因果关系往往横跨了多种设计词汇。把建筑物嵌入斜坡时，支撑墙是维持结构安全性的必备之物，但它们也标明了斜坡不同层级的正式界线。佩特拉认为"太酷了"的回廊，在内部流通上也出了一点问题。如果设计词汇如此模棱两可，它可能引起混淆，但也让人们注意到不同的结果。"阶梯""小坡道"和"墙"等词汇，不但可以指称特定的建筑元素，又能代表具体的功能，如"标明"和"连接"。"回廊"不但可以指代空间中的一种组织方式，也可以指前人的某种特定设计手法（"阿尔托也是靠这种方式来赋予某些秩序"）。熟悉设计语言的人要学会发现具有多重意义的词汇，也会利用前后文分辨特定的含义，并使用多种表达方式，以增加设计的多元性。

设计者的词汇库，在描述情境特性时，有结构上的优先级。在这篇师生对话中，经常提到空间组织的方式，尤其是主要建筑元素的方位，如体育馆、回转道、桥和幼儿园。另外也经常提到比例尺度、建筑元素、项目/使用和形状的多重意义。但是至于先例、结构/科技和解释，则各仅提过一次而已。成本和建筑风格在本篇对话中并未提及。这些设计词汇出现的相对频率，代表了奎斯特在这个设计阶段，赋予不同事物的优先顺序。

因果关系
Implications

当佩特拉说：

> 这是到这边来的道路，而我想回转道应该会在这一带……

而奎斯特后来说：

> 这个幼儿园可以到这边来——这意味着行政中心要在这里。

  他们两人都注意到了先前做法与之后做法的因果关系，依据一套规范系统，他们确立了主要建筑元素的相对位置。这套规范系统包括通道（行政大楼是中心，它能通往所有其他单位）、流动（游走于各单位之间的容易度及通畅度）和使用（"把整个空间打开了"）。因此，当设计者决定把一条道路或一所幼儿园设置在"这里"的时候，就意味着回转道或行政中心会设在"那里"。在这个意义上，设计就有了语言上的逻辑、一种"如果……那么……"的命题模式，此模式将先前做法的累积结果，与设计者现在面临的选择联系起来。

  由选址、计划、几何图形、使用空间感受、结构等词汇萃取而得的规范，在前后文上互有关联性，因此设计者在设计时，必须配合其中的因果关系。这就是所谓的准则。如果佩特拉"挑了这个选址，因为它可以连到那片草地……（而且）入口在这里"，那么"体育馆应该在这里"。不过，诚如奎斯特所说的，到后来还是可以把准则打破。通常应该是要延续先前的做法继续设计，但是只要做法得当，偶尔也可以打破这种准则。

  若把设计历程画成树形图，可以衍生出许多分枝，这使得问题的发现和先前做法的延续变得格外复杂。例如，谈到教室嵌入斜坡上而形成不同层级时，可以设置"一面墙或一些阶梯，就能连到下面了"，而位置可以"在这里或在那里"。这些是可供选择的点。设计者对目前这些由先前做法带来的情境进行"行动中反映"时，他不但必须考虑当前的抉择，还必须考虑下一步的做法，选择不同，结果不同，所产生的意义也不同。奎斯特的长处在于，他擅长分析极为复杂的设计树形图。但即便是他，也无法在脑海中将树状图无限延伸。到了某些阶段时，他必须跳脱"假如这样做会如何"的假设，而做出明确的决定；这个决定将成为设计上的重要环节，并关系到接下来的做法。因此，因果系统不断在演进，而设计者也在"行动中反映"。

局部设计的测试，和这个因果系统有一种若有若无的关系。奎斯特发现教室嵌入斜坡而产生的三个层级"最高可以有 15 英尺"，因此"间距可以有 5 英尺那么高"；而他从截面图检视这些空间时，也发现它们可成为"沟层"。他在这里做了一项局部设计，因为他发现可以利用这个情境，设计一点儿他喜欢的东西。在这个历程之中，他利用了自己对斜坡不同层级及其用途方面的知识。不过他进一步发现，嵌入斜坡的几何形状也支持了他的做法，因为他看到所得到的结果是"有点契合轮廓了"。他把教室的几何形状嵌入斜坡，一方面将此视为是局部实验，另一方面又将此视为是整体性实验的一部分，这都印证了他的做法。

先前的做法也会产生新问题，如从沟层衍生出来的"中庭"问题；他们还会激发新的创意，如让自助餐厅硬线条的造型能柔化一点，让它"到这边来，夏天时光线就能照到这里，冬天时到这里"。当设计者在和他的设计素材对话的时候，他的设计内容永远不可能完完全全符合自己的预期。他的素材不断在向他回话，使他必须考虑意料之外的问题及其潜力。当他评鉴着这些新的、出乎意料的现象时，他也在评估导致这些现象的前因后果。

因此，设计者以三个方式评估他的做法：首先是根据规范性设计词汇判断结果是否妥当，其次是看他现在的做法是否违反了或顺应了先前做法，最后设计者会评鉴这些做法所产生的新问题和其所创造出的潜力。

立场的转变
Shifts in Stance

我们只要观察奎斯特的设计树形图，就可以发现他的设计立场经历了一连串的转变。

有时候他谈到某些事情"可以"或"可能"改变，而有时候则谈到有些事情"应该"或"必须"这样做。起先他认为有多种可能性并有选择的自由，而后来基于某些选择的结果，便产生了一些必须依循的方式。他鼓励佩特拉自由地处理这个问题、放心地把她自己的建构架上去。假如缺乏了这种自由，"如果……那么"的假设也就不复存在了。不过他也很重视因她的做法所引发的后续准则。L形教室是一个必须要依循的几何形状。斜坡的不同层级，意味着使用这块选址时必会受到一些限制。与阳光照射角度、内部流动、界线划分、沟层、道路开设、比例尺度的协调性、通往体育馆或行政中心时的难易度、原本树木的命运等相关的后续做法，将因为一系列不太复杂的做法而存在风险。所以当奎斯特指出这样的因果关系时，他忠实依循了因自由选择"如果……那么"所决定的"必须如此"。

他也示范了牵一发则动全身的道理。一旦整体的新构思已经产生，假如行政中心的位置不佳，便可能毁了大局。因此设计者必须在单位和整体之间抉择，而且——如奎斯特经常提到的——他必须在融入和分离之间抉择。有时候，奎斯特是如此融入形状的局部进展，以致整个设计历程似乎是自行完成的。但是他也会从细节的使用者感受，跳回到元素之间的更大的关系，以维持整体构思的品质。

最后，奎斯特在一再回顾先前的做法，并评鉴所获得的结果之后，他从起先的假设性策略，转变成最终的定论。这种立场上的转变让他可以不用花那么多心思设计，也能简化设计的树形图，贯彻他的设计实验。

行动中反映的内在历程
The Underlying Process of Reflection-in-Action

佩特拉在解决问题时钻入了牛角尖。奎斯特批判性地反映她设立的问题，并重新进行框定，从而导致把新的几何形状加诸在这奇怪的选址上的结果，看看结果如何。接下来的历程便是一个整体性的实验，也就是关于重构后问题的行动中反映。奎斯特展开了一个做法的树状图，以多种不同的评估方式衡量各个做法，评估标准则是出自于他的设计词汇库。当他这么做的时候，便跳离了自由选择，而接受了因果关系；他也不近距离涉入局部单位，改由远距离地考虑整体；而起先的尝试性探索立场，也转变成决定性的立场。他从情境的回话中，发现了一个全新的构思，由此为之后的做法产生了一个新的因果系统。他的整体性实验也是一种与情境的反映性对话。

不难看到，不同语言或风格的建筑学派都不同程度地存在这种形式的设计历程。例如，设计者在不同阶段时，赋予各设计词汇的优先顺序可能有所差异。他们有可能像奎斯特一样，较不注重建筑的整体几何形状，而比较重视选址，或是材料的特质及其潜力。他们有可能让设计内容主要取决于建筑组件形式上的因果关系。他们有可能依据建筑特性来塑造建筑的形象，他们也可能允许特定先例更直接地影响他们为选址设计的秩序。但无论他们使用何种语言、优先顺序、形象、风格或先例，他们都会发现自己像奎斯特一样，置身于复杂而不确定的情境中，需要设定一种秩序。不论他们一开始是如何取得基本的准则的，他们都会以整体性实验的方式，处理准则和选址之间的关系，而这层关系在历程的初期阶段并不明显。他们必须去摸索出准则的结果及其因果关系。虽然他们评鉴这些事情的方式，可能和奎斯特有所不同，但是他们会像他一样，在塑造情境时和它进行对话。虽然他们的词汇库可能和奎斯特的不尽相同，但是他们依然可能从自身的改变中，找到新的、意料之外的意义，并根据这些发现重新调整自己的做法。而且如果他们是好的设计者，他们就会对情境的回话进行

"行动中反映"，从原先的"如果……那么"的假设，转变成决定性的立场；从单元性的涉入，转变成整体性的考虑，并从探索转变成下定论。

假如奎斯特的示范不是这么权威的话，这次设计的内在历程可能会更 *104* 加清晰。由于他的手法非常纯熟，因此我们看不出或无法纠正他本身的错误。他能迅速分析原始的草图，而且很快就做出定论性的决定。因为他的手法太流畅了，所以比较难看到一般设计者设计时反复评鉴、重新创造和重新绘图的历程。但这或许是因为他对他所谓的"这个问题的问题"，有着非常彻底的了解和深刻的情感。他之所以能这么迅速就决定好用哪种几何形状作为开始，或许是因为他之前已经看过不少这类情境，也尝试过很多种处理方式了。正如国际象棋高手对棋盘上特定棋子的局限和潜能会产生特殊的情感一样，奎斯特似乎对这种设计时的情境对话，也产生了一份特别的情感。他不需要把重新框定问题时可能衍生的整个树形图都描绘出来，就能知道采取什么做法最恰当。正因如此，他一开始便很自信地说出这块选址长得很奇怪，并且判定出无法根据它发展出协调的设计内容。或许他示范时的自信、直接性和简洁性，都是源自于此。不过奎斯特甚少对自己的"行动中反映"进行反映，因此学生或观察者便很可能忽略他卓越表现下的内在探索历程。

注释

1. 这个案例研究来源于我在 20 世纪 70 年代所参与的建筑学教育回顾。这个研究由 Andrew Mellon 基金会资助，麻省理工学院的建筑和规划系主任 William Porter、哈佛设计研究生院系主任 Maurice Kilbridge 负责。一些参与者和观察员的研究是在美国大学的设计室中进行的。我正是从中摘录了部分对话。这些对话由 Roger Simmonds 记录（他后来成了我的学生）。我非常感谢 Roger Simmonds 的帮助，也感谢 William Porter、Julian Beinart、Imre Halasz 和 Florian Buttlar 等人帮我说明了这个对话。特别是 Porter 主任，他帮助我进入建筑学的思维世界中。
2. 奎斯特和佩特拉都是 Simmonds 虚构的名字，指代设计回顾中的参与者。
3. "游戏语言"这一说法，来自 Ludwig Wittgenstein, *Philosophical Investigations*, New York, Macmillan Company, 1953.
4. Jeanne Bamberger 和我一起发明了这个概念，应用于"The Figural-Formal Transaction," Division for Study in Research in Education, Working Paper, MIT, 1978.

第4章 心理治疗：自成一体的病人
Psychotherapy：The Patient as a Universe of One

心理治疗实践的脉络
The Context of Psychotherapeutic Practice

19 世纪末 20 世纪初，心理治疗在医学领域里的地位，仍是相当模糊而不明确的。心理治疗师们的心思，主要是放在治疗精神病患者上。他们不太会去关注一般人的心理问题，后者通常是求助宗教、通俗的励志哲学，或是各门各派的心灵修养学说。心理治疗努力强调自己的科学根据，但并没有什么说服力。

然而，到了第二次世界大战结束时，心理治疗成为美国社会里的一股强大力量，它的势力范围超出了精神病院，甚至进入了宗教和通俗哲学的领域。诚然，心理治疗本身俨然成为一种新的哲学，至少对于主流的中产阶级是如此——以至于 20 世纪 60 年代初期，诺曼·津伯格（Norman Zinberg）医生在撰写发表于《代达罗斯》期刊的有关心理治疗行业的文章时，抱怨心理治疗的普及化，使得人们对它期望过高，让精神科医生成为其他医生质疑的对象。[1]

虽然这个变化的形成，有很大部分的原因，要归于心理分析理论在美国的兴起，不过这整个领域——套用莱斯顿·黑文斯的话来说——已经成为各个学派百家争鸣之地了。首先，认为自己隶属于医疗体系的那些精神病学家们，都努力回避那些非医生（如临床心理治疗师）的攻击。然而，第二次世界大战之后，这个领域跨越了医学的范畴，于是许多边缘的心理治疗理论便开始呈现欣欣向荣之势。在心理治疗自身的体系内，黑文斯列举出四个主要的学派：客观—描述治疗法、心理分析治疗法、人际治疗法、存在主义治疗法。[2]而在更广义的治疗体系里，也有各式各样的治疗方法，如团体治疗法、家庭治疗法、操作性条件反射治疗法、罗杰斯治疗法、完形治疗法、短期治疗法，以及沟通分析治疗法，这些还只是一些比较出名的。

这样的分门别类，引起几种不同的反应。心理分析师们试图保有他们的特殊地位，而希望待在医学大伞下的精神病学家们，则朝心理药物学的方向发展。各治疗学派的拥护者不断打口水战，明里暗里地较着劲。有些学派选择专攻某个特定的治疗方向，有些学派则提供多元化的方向，让学生从中选择。

同时，整个心理治疗实践在社会层面上也发生了重大变化。精神病院受到公众严厉地批判，并被斥为"龙蛇混杂之处"或"垃圾堆积场"。社会学者们质疑标签技术和社会控制技术——这种技术被精神病学家用于发展精神疾病的社会角色。这些重要的趋势促成了 1964 年"心理健康法案"（Mental Health Act）的诞生，它为减少精神病院的数量以及精神病护理的去机构化，提供了法律依据。许多社区的心理健康中心，开始把工作重心放在预防服务上。在 20 世纪 60 年代的全盛时期，有些精神科医生公然叛离自身的行业，投身于社区组织。

在 1965—1981 年的这段时期，对心理治疗法功效的质疑，甚至到对簿公堂的地步。美国国会要求将有效的治疗证明，作为第三方付费给执业医生时的条件之一。由于社会大众很关心医疗体制的成本，因此精神病院不断被解散。但心理分析学派看起来失去了一些支持者，各个学派百家争鸣的现象也依然存在，由于临床心理学的影响力加强了，以及许多新的专业工作者（如社会工作者）也加入了心理治疗的行列。因此，这显然并没有给予大众对心理治疗的接受度并没有造成负面影响。心理治疗原本专治严重病例或昂贵伤财的形象也渐渐淡化，转变成各社会阶层人士都能接受的平价消费。

　　许多互相竞争的学派，仍然继续替自己的主张辩护，这往往使得学生或病患难以从中做出选择。不过面对多元化的心理治疗法，有些人也持不同的看法。黑文斯曾尝试描述不同学派心理治疗师的实际做法，他视各学派为适用于不同类病患和问题的治疗技术资源。还有一些作者则曾试图描述各学派的治疗师，以及在进行咨询时的共通基础历程。例如，许多治疗师都认为应该把病患视为一个独特的案例——用埃里克·埃里克森的话说，就是"自成一体"（a universe of one）。不论这些治疗师所使用的语言或技术有多大差异，他们都有别于与把病患视为标准归类下的某个病例的那些治疗师。就行动中反映的探究角度来看，把每个病患视为独一无二的这种观点，特别值得深思。

　　在接下来的篇幅中，我将描述并分析一位精神科实习医生和他的督导之间的互动情形。我再次挑选了专业教育的事件，是因为在此情境中，实践者比平常更容易展露他的行动中反映。我挑选的这位实践者，他持有的是心理分析论的观点，同时还会借鉴卡尔·罗杰斯（Carl Rogers）、弗里茨·珀尔斯（Fritz Perls）或萨尔瓦多·米纽庆（Salvador Minuchin）等的学说。然而，在我看来，虽然心理治疗师们彼此之间有着相当大的差别，但他们总是会重新框定病患的问题，建构并检验自己对病患行为的诠释，并设计疗程来帮助病患。在下面的案例中，督导遵循的是他潜在的治疗模式，但他大部分的工作内容都涉及对独特个案的其他治疗法的探究。

督导历程
The Supervisory Session

　　这位治疗师是一名精神科三年级的实习医生。他目前的督导是一位心理分析师，也是他在这三年训练当中，所遇到的六十多位督导之一。实习医生每周会见这位督导一次，每次半小时，平均与病患的七八次会晤是一个督导历程。由于实习医生对他和这位督导之间的关系感到困惑，他同意将这个历程录音，并事后进行讨论，[3]希望从对录音的反映中有所收获。

一开始，他向督导谈到他的病人（一名年轻女子）经过了数个月的间断之后，又回来找他治疗。

　　实习生（下面简称实）：她认为她的疗程毫无进展，而我也同意我们几乎一而再、再而三地探讨一些相同的话题——而她最容易遇到障碍的问题，都是有关她当时交往了四五年的那名男子的事情，每当她有所进展，就会退缩，反之亦然。

　　督导（以下简称导）：她接受你咨询时所遇到的障碍，都是什么样的障碍，我的意思是，是她在那段关系中所遇到的障碍吗？

　　实：嗯，她好像觉得任何的启发，都无法让事情改变，而且我们双方都发现，就算她在治疗之外看出了她这段关系的模式，还是无法改善她的生活……而且她很难真正带着感情投入这段治疗中，因为她……相当不愿意谈论过去的伤痛以及对于它的失望。

督导问，这是否也是她和男友之间的问题。

　　实：对，她很容易在那段关系中隐藏自己的感受，尤其是关于爱的感受……以及悲伤的感受。

督导做出结论：

　　所以在这里，她相当快就说出她的这段关系不太顺利，而且不太能表达自己的感受……她困住了，她多多少少这么觉得——或许她的自信减少了，因为她困住了。

然后，他问：

你是否曾经跟她说过，她在与其他人的关系中所发生的事情，会在她和你的关系中再重演一次，但你的好处是，能够发现她是怎么困住的，而且努力一起想办法解决……

实习医生的回答相当马虎：

有呀，那是工作的一部分呀……

他继续描述病人重返治疗时的情形、费用的洽谈及约诊时间，并回顾先前的治疗。

她心中最渴望的是，希望能有个东西、一个可以依靠的东西，一种恒久不变的东西。或许当我在聆听她说话的时候，多多少少扮演起那种角色。在起初的几次治疗当中，她重复了很多她在情感上既有的模式……一直有困住的感觉……

导：（打断）她说的困住是什么意思？你自己的经验又如何？

111　　　这个问题促使实习医生举了一个很长的例子，督导又针对这个例子提出进一步的问题。

实：嗯……那很像是她刚来时，和我说她跟别人吵架的事情时的模式……总是围绕着某种误解。比如说，在第三次治疗的时候，她说他们又回到他们的老问题上……在来这边的路上，她问他是否有名女子打电话给他。这名女子是双方都认识的朋友，应该比较算是他的朋友……然后病人就认为这名女子应该是曾经和她的男友交往过。事实上，她知道他们曾经在一起过……

导：（打断）你说的"在一起"是什么意思？

实：就是他们曾经一起出现……她有些怀疑……然后她说后来他

们一直在吵架，吵架的内容主要是有关她心中的怀疑。那也是他们主要的问题之一。她说他会和别的女人外出，她无法忍受这种事情。而他不肯停止这种行为。她绝不肯善罢甘休，而且绝不妥协。每当他和别的女人在一起相处的时候，她就会感到受伤、生气和猜疑。同时，他也很不喜欢她和其他男人一起外出。

导：她会和别的男人一起外出？

实：不，不会……不过有一天晚上，他们吵了一整晚。他带她到一间餐厅用餐，她说，"他明明知道我不喜欢吃龙虾"。他替她点了餐，就是龙虾。

导：你说的他替她点了餐是指什么？你的意思是她就只是坐在那里，什么话也没说吗？

实：对呀，我是说很多时候都是他在做主。

导：你有没有问她，嗯，有没有问她怎么会那样呢？假如你不喜欢吃龙虾，你坐在那里的时候，有没有想办法自己点别的东西吃呢？

实：嗯，她说假如她和他争论的话，他们就会开始吵架，而那是很痛苦的事情。要么就是她顺从他的意思……然后就不用吵架。要么就是她提出自己意见或表示反对，然后大吵一架。后来她觉得不管怎么样都是输。假如他们吵架的话，最后一定是她吵输。

导：她怎么吵输了？

112

实：嗯，我觉得好像是因为每次吵完架之后，她的感觉都很不好。吵架时，他的言语攻击常把她斥成低人一等……那样让她感觉更糟。然后还有一个原因是因为她不想撕破脸。已经有很多次，她说永远不会再打电话给他了。还说她不要他再打给她了。然后通常过了一个月之后，她又反悔了……

于是，督导问：

那么，你觉得他们为什么会这样？你知不知道这些冲突可能的原因是什么？

实习医生的答案包括了一些先前并未提及的内容，但督导继续深究。

　　导：你知道吗？我不太明白你对她的感觉如何。从心理动力观点来说，你自己心里，会怎么描述她的问题？……我们对她了解得不多，不过就既有的线索来看，可以做怎样的判断呢？

　　实：嗯，就目前来看，我们可以做一些猜测。

　　导：好，假设一下。

　　实：一个就是她很难投入自己的情感，尤其是对男性……

　　导：这对她有什么影响？

　　实：我只能猜测这可能会让她觉得，她的自主权将受到影响，还有她自己做决定和做选择的能力也将受到影响。然后还有她的自我认同感。每当她和别人的距离很近时，尤其是在这种特殊的关系里时，她就会失去自我感。她必须通过另一个人来定义她自己。

　　导：她为什么要这样子呢？你认为她对于"谁是谁"（who is who）的基本问题，是否有些障碍？或者是有其他层面的问题呢？

　　实：嗯，我认为她自我的能力还挺强的，当她卷入不太深的时候，确实还具有自我感……可是当她和他人变得很亲密，而且非常依赖别人的时候——这也是她非常渴望的——那界线就瓦解了……

现在督导提出他自己的假设。

　　导：你可能是对的……你比我更了解她，我们必须再观察看看。我自己的看法是，她对于自己的攻击性感到非常困扰。我认为她无法自作主张，而且她甚至没办法自己去寄信。你知道吗，她变得依赖了，然后当你说，"嗯，你为什么要那样做……你为什么明明不喜欢吃龙虾，最后却还是吃了？"她会说，"可是，我又有什么办法呢？"然后她会说，"如果不吃会令我们吵架的话，我会很有罪恶感的。"然后她充满罪恶感，而她的这种罪恶感，使她接受男友对她的批评，并把这些批评当成是一种事实……

他建议实习医生在治疗时采用这个假设。

如果是我，我会试着让她对此感到好奇。比如说："你看，你似乎有能力自己做主，而且你也能得到你想要的东西（关于这一点，实习医生为了符合督导的假设，曾表示病人在学校和在工作场合上都是如此），但这个层面上，你好像确实是困住了。"但我认为她之所以不敢展现她的攻击性和不敢自己做主，至少有部分是因为她害怕分手……她害怕一个人……而且害怕自己可能无法照顾自己。

此时，实习医生又开始叙述病人的其他一些信息：她和酗酒父亲之间的关系，她对于母亲赶走父亲感到愤怒，她同意目前的这段关系和她与父亲之间的关系非常类似，她之前的那段婚姻"从某方面来说，还算平稳，但不刺激"。这使他做出新的诠释。

实：这是另一个主题了，她觉得这个问题很灰心丧气。她必须找个人，产生冲突的关系。
导：嗯，我不太……或许是她觉得没有答案。我还不知道……   *114*

督导没有因为实习医生开始描述病患的过去而走题，他也没有让自己被新的假设所束缚。他反而又回到目前病人与男友之间的这段关系上来（或许比起她那段"不刺激"的婚姻，这段关系更有吸引力），并提出他自己的新诠释：

"好好先生"对她并没有吸引力。假如男人要让她觉得够刺激的话，必须有点儿坏坏的。

这导致实习医生推断到，病人上次之所以中断治疗，或许是因为他"太像个好好先生了"。当她想要回来时，他已经变得比较"油条"了，还会要求她提高诊疗费——或许，正如督导所说的，他已"成为她所喜欢并期望见到的那种坏男人了"。

要不就是有时候你变得有点儿像他，要不就是你可能有点儿难缠而且缺乏效率。而我认为你们的关系将朝其中的一种方向发展。可是你看，你得问问你自己，"这样是不是会让她无法满足，因为她会有很深的罪恶感！"

于是督导又回到先前的想法上。

她经常让自己感到挫折……嗯，对于这种经常让自己感到挫折的人，有时候你不禁会想，他们到底是不是爱上了挫折感……还是因为当他们替自己争取权益时，会有罪恶感，以致他们老是必须搬石头堵住自己的去路。我不知道这两者是否一定是互不兼容的，但我认为她是个非常……

实：我认为在某种程度上是一体的两面。

导：对，对，对。

实：我的意思是，假如她有罪恶感，那么她就会想要受到惩罚。

导：对。

实：她并不是只追求快乐而已。

督导打开了一个探究的新思路。

导：她为什么需要惩罚呢？为了她那些具有攻击性的愤怒想法

吗，还是她的性需求呢？你必须去看看这些争吵是否妨碍了他们的性生活……

　　实：有时候它们反而有利于她的性生活。

　　导：我明白了。

　　实：有时候他们两人都觉得这样很刺激。

　　导：如果她被处罚了，那么她就可以享受了，或如果她享受了，那么就需要被惩罚了，等等。我认为她真的是一个非常具有罪恶感的女人。

　　实：嗯。

　　导：我们必须了解，她为什么会有罪恶感……而且要真的了解为什么那会经常妨碍她的自我满足，那也是她被困住的地方。

实习医生提出：

　　我认为她的罪恶感可能是来自于她对母亲的态度。她很生气母亲把父亲赶走。她是否认为自己也要为此负责呢？

但督导很谨慎地不在没有证据的情况下妄作推测：

　　嗯，这个嘛，我们还不知道……这些事情都还言之过早。

然后他建议再回顾一下病人的过去：

　　嗯，这个时候，我们或许可以再看一看她的过去，了解一下事情 *116*
的来龙去脉。

实习医生继续猜测病人罪恶感来源的同时，督导却反其道而行之：

我认为假如我们能够了解为何这名女子会有挫折感，还有她如何不断使自己遭受挫折……

话说到一半，他又把话锋转向实习医生与病人之间的关系。

　　实：她曾经说过类似"你这是在讲理论吗"的话。
　　导：嗯，对。她会想办法疏远你，就像疏远她男朋友一样。

有关治疗的"实践中的知识"
Therapeutic Knowledge-in-Practice

　　埃里克·埃里克森认为，心理治疗师的任务在于倾听病人的抱怨，分析病人的过去，并对病人的数据加以诠释，以及检验诠释的正确性。治疗的问题主要在于诠释的信度：

　　　　在面对病人纯粹的言语性和社会性表达，并缺乏非语言的辅助工具时，心理治疗师要如何使自己的所知和所想具有可信度呢？[4]

　　对埃里克森来说，这并不只是客观知识的问题，而是"训练有素的主观性"（disciplined subjectivity）[5]的问题。这是一种相互的义务，病人必须想办法用言语说明一切，而分析师为了能够发现病人潜意识的想法，并避免自己潜意识的偏见，必须以特殊的方式来倾听，等待传达病人信息的主题逐渐浮现。所获得的题材不应以现有的分类法进行归类。病人本身是"一个'连续的个体'，分析师必须了解他独有的生活背景"，[6]必须"抛开所有的预设，专注倾听，并检验逐一出现的诠释"。[7]
　　对于逐一出现的诠释，分析师必须先检验它们的合理性，以及它们是否有利于治疗。埃里克森认为：

治疗师无权去检验他所重新建构出来的问题，除非他在这尝试性的重新建构过程中，已经整合到他认为是对的合理诠释，并且在能够以适当的词汇表达时，让病人觉得那是对的。[8]

于是，也唯有在此时：

治疗师通常已能开始表达自己的看法，从而帮助病人以更容易沟通的方式，来表达他的情感和心中的意念，并传达他自己的感觉。[9]

诠释的正确性，并不见得一定取决于病人"立即的同意"，而是：

取决于病人与治疗师之间的沟通"能持续进行"，不断引发新的、令人振奋的洞察，和引发病人对自己更深的责任感。[10]

在检验诠释的时候，实际上在探究整个诠释性的过程时，埃里克森赋予"移情"（transference）现象一个很特殊的地位。病人"特别倾向于在现在重演过去的事情"，这导致他把"生活中其他情境的信息"转移到治疗的情境里。[11]这种倾向可能会阻碍病人配合治疗过程。分析师的诠释或许能让病人跳脱出来，配合治疗，但在这种情形下，治疗师必须先觉察并解释那些可能会使他无法适当倾听的反移情部分。移情最重要的功能是，通过它，让治疗对病人产生意义，病人会形成潜意识的动机和行为策略，并被进一步探讨。在治疗咨询的过程中，他在当前重演过去的动力也会增强，使治疗过程更顺利。

在刚才的例子中，督导所遵循的是埃里克森对于治疗实践描述的主要看法。他一面聆听实习医生重述病人提供的素材，一面建立和检验自己的诠释内容。由于他只有通过实习医生的描述来了解病人，因此他无法表现出分析师那种独特的倾听方式，也无法和病人建立相互的义务关系。但他建议实习医生该如何来处理这些事情，尤其是该如何利用移情现象。

在两人会谈的一开始，当实习医生说，他的病人和男友的关系陷入困境了，并且"疗程毫无进展"时，督导就问道：

　　她接受你咨询时所遇到的障碍，都是什么样的障碍，我的意思是，是她在那段关系中所遇到的障碍吗？

　　通过问题中的这个巧妙转变，督导便重建了疑问。他把重心放在"在那段关系中所遇到的障碍"和"被你咨询时所遇到的障碍"之间的关系上，把咨询的主轴放在病人的移情上，于是病人与治疗师之间的关系，就可被当成是窥视病人日常生活的一扇窗。所以，这个问题的重建，本身就代表着督导所熟知的一种调查方法。它激发并引导他作进一步的询问和推论。

　　因此，他立即转而询问实习医生，他认为病人所谓的困住是什么意思。他试图进一步了解病人的意思，而这样的询问方式对于厘清病情很有帮助。但他并不是被动地聆听实习医生对病人的种种描述。他会主动探索这些信息。例如，当他听到病人和男友之间吵架的情形时，便问，"你说的'在一起'是什么意思？""她会和别的男人一起外出？""你说的他替她点了餐是指什么？""她怎么吵输了？"这些问题都显示督导心中对这些故事自有一套大概的看法，并能通过这些问题厘清病人是如何受困的。男友替病人点餐这件事，揭示了病人的被动与依赖。督导的"怎么会这样子呢？"促使了实习医生描述病人的两难困境：她觉得不论是顺从或反抗男友的要求，最后输的人都还是她自己。督导的"她怎么吵输了？"引发实习医生谈到病人在这类争执后所产生的恐惧和焦虑，她害怕自己被抛弃，也觉得自己事事不如人。

　　这类问题说明，在督导的心中自有一套意义资料库和心理动力模式，但显然实习医生并不具备这样的资料库。督导利用他的资料库来推动故事的发展，直到他能够对它们加以诠释为止。当故事发展到这个阶段后，他

就会停止探索，相当突然地转而寻求解释：

那么，你觉得他们为什么会这样？你知不知道这些冲突可能的原因是什么？

通过这些问题，他不仅在寻求解释，也暗示了该朝哪个方向寻求解释。从病人与男友争执的故事中，不难看出病人本身有个无法解决的内在冲突。

当实习医生的响应方式，是描述出更多有关病人早年生活的故事时，督导却把话题拉回来，让他寻找解释：

你知道吗，我不太明白你对她的感觉如何。从心理动力观点来说，你自己心里，会怎样描述她的问题？

于是实习医生开始提出他的看法，他谈到了病人很难投入情感的问题，"尤其是对男性"。但督导对此置之不理。他有他自己的解释：

我自己的看法是，她对于自己的攻击性感到非常困扰。我认为她无法自作主张。

督导在提出自己看法的同时，也展现出一套独特的数据诠释方式。

而且她甚至没办法自己去寄信。你知道吗，她变得依赖了，然后当你说，"嗯，你为什么要那样做……你为什么明明不喜欢吃龙虾，最后却还是吃了？"她会说，"可是，我又有什么办法呢？"然后她会说，"如果不吃会令我们吵架的话，我会很有罪恶感的。"然后她充满罪恶感，而她的这份罪恶感，使她接受男友对她的批评，并把这些批评当成是一种事实。

121

这一段逐渐引出一连串的推论。从病人让男友替她寄信到替她点餐等种种事件来看，她显然无法自己做主。她变得很依赖了。由于她的依赖性，因此和男友吵架会让她感到罪恶（实习医生的"感觉很糟"变成了"感到罪恶"）。

督导现在把她的依赖性，联结到她的罪恶感和自卑感上，然后又用这一切来解释为何她倾向于把男友的批评当成事实。在这样浓缩的解释中，督导把零散的数据结合在一起，他把实习医生描述的故事中的信息，当成证据来支持自己的假设。相对地，实习医生却草率地提出"脆弱的自我界线""了无生气的感觉"，以及"觉得自己必须对父亲的离去负责"，他没有从病人的故事中找出对应的证据，也没有深入询问和检验自己的假设。每当实习医生的诠释开始跳开时，督导的回应都是"我还不知道……我们得再看一看。"

督导一点一滴建构出来的诠释历程，也让他观察到"好好先生对她并没有吸引力"。并从这里推论出"假如男人要让她觉得刺激的话，多少必须有点儿坏坏的"，以及"她经常让自己感到挫折"。但经常使自己感到挫折，也应该有个理由。督导提出了两种可能：

> 嗯，对于这种经常使自己感到挫折的人，有时候你不禁会想，他们到底是不是爱上了挫折感……还是因为当他们替自己争取权益时，会有罪恶感，以致他们老是必须搬石头堵住自己的去路。

实习医生说，这两种解释互不冲突，而督导也同意。"假如她有罪恶感，那么她就会想要受惩罚"。罪恶感会使她想受到惩罚，惩罚能使她感到满足。但惩罚是为了什么呢？这里又有两种可能性，"具有攻击性的愤怒想法"或"性需求"。为了找出哪一个才是答案，督导作了一个实验。他问惩罚式的吵架，是否会妨碍到病人与男友之间的性生活。当他了解到他们吵架有时反而有助于性生活时，他便推论惩罚是为了满足性需求，于是他提出一个新的假设：

如果她被惩罚了，那么她就可以享受了，或如果她享受了，那么就需要被惩罚了，等等。我认为她真的是一个非常具有罪恶感的女人……我们必须了解，她为什么会有罪恶感……而且要真的了解为什么那会经常妨碍她的自我满足，那也是她困住的地方。

重复出现的"真的"意味着一种结论，仿佛督导现在很满意，他起初的问题终于找到了答案。他建构了一套诠释，来解释病人如何受困于她与男友之间的关系，接着，他试图证明这正是她之所以在治疗过程中也受困的原因。在这个过程里，他邀请实习医生一起思考，实习医生是如何发现自己变成了病人想且需要他变成的那种人。

你开始发现自己变成了她所喜欢和希望看到的那种坏男人，以她的观点来说，就是纠缠在一起，很刺激却无法满足……要不就是有时候你变得有点像他，要不就是你可能有点难缠而且缺乏效率。而我认为你们的关系将朝其中的一种方向发展。但你看，你得问问你自己，"因为她会有很深的罪恶感，这样是不是会让她无法满足呢？"

这个诠释不但结合了病人之所以困住的两个原因，同时也是一种治疗策略。实习医生应该能看出自己是如何落入病人的移情之中。他不应该被牵着鼻子走，反而应该建议：

她在和其他人的关系之间所发生的事情，会在她和你的关系上再重演一次，但和你的关系的好处是，你能够发现她是怎么被困住的，而且双方可以一起想办法解决。

实习医生应该想办法，让病人对自己的自我受挫感到好奇：

我会试着让她对这部分感到好奇。比如说，"你看，你似乎有能力自己做主，而且你也能得到你想要的东西，但这个层面上，你好像确实是被困住了。"

督导通过一连串的推论来建构自己的诠释，以上的这些做法都能检验诠释是否正确。这将能让病人也进入一个类似督导与实习医生刚才的这种探索过程中。如果病人觉得新诠释合理的话，那么它就算正确了。不过假设检验的过程也是一种治疗过程。当治疗师与病人"一起检视她是如何被困住，并一起想办法解决"时，他们将发现她在治疗过程中，又重演了现实生活中很多的症结问题。

尽管督导心中自有一套假定的治疗策略，但却不会死守着自己的诠释不放。当实习医生忽然冒出一个对于病人罪恶感的解释时，督导保持谨慎的态度，他说，"嗯，这个嘛，我们还不知道……这些事情都还言之过早。"他反而回到一般性观察中，也就是回到他推论的起点：

我认为如果我们能够了解为何这名女子会有挫折感，还有她如何不断使自己遭受挫折……

督导虽然建构并检验了一套可能的答案，但他仍保持开放的心态，随时准备探索新的问题。实习医生应该利用这一可能的答案，来引导他和病人之间的对话，但他应该让问题保持开放。

通过和实习医生的这一整段对话，督导展现了如何运用病人的数据进行反映性对话。他重新框定了病人的问题，以便清楚认清此问题在移情现象中的位置。问题在于解释病人如何受困于治疗，以及受困于她与男友之间的关系。在接下来寻找答案的过程中，这两组数据必须整合为一。他们必须了解病人的生活经验与她和实习医生之间的治疗关系究竟有何关联。这两组数据是通过对话逐渐浮现的，督导对它们进行探究和发展，直到他心中逐渐形成诠释为止。诠释过程是逐步进行的。一开始是一般性的观察，只比口述的故事更深一步而已，接着督导建立了一连串的推论，这些推论和病人现实生活中的主要议题有关。然后他把这些推论融合成一体，产生一个诠释，以找出病人目前种种矛盾背后的内在冲突。这个诠释引发督导进一步追问（惩罚是为了什么），并使他做出更多的假设。为了检验这些假设，他以提问的形式，进行了一个重要的实验。得到答案后，他提出一个综合解释，解释了病人故事里的种种问题，进而说明病人在治疗中一再受挫的原因。推论至此，当他找到了可能使病人困住的原因后，他开始提出一套治疗方式，以检验他的假设是否正确。实习医生应该试着让病人，对于自身一再遭遇挫折感的原因感到好奇，并让她有意识地运用移情，以洞察了解自己的现实生活。

　　实习医生对于这样的示范有什么看法呢？在听完了这段对话的录音之后，他抱怨督导没有说出他想听到的话。然后，思考了一阵子后，他又说自己并没有问及他想了解的内容。他不认为督导是一个理想的学习范本。他觉得自己需要比这更多的帮助，但在寻求帮助时又感到愤怒。他觉得督导已经对他先存有负面的印象，但表面却不动声色，而且他试图用心理治疗取向的差异，来解释自己与督导之间的障碍："相对来说，他更多是心理分析，而我则比较重视有意识的层面。"然而他在交谈过程中，确实展现了参与的意愿，甚至试着挑战督导心理分析式的咨询。

　　从两人的对话以及从私下的访谈来看，显然实习医生认为督导的"实践中知识"，确实有值得学习之处，但当他试着掌握的时候，却遭到挫折。他无法理解督导咨询过程背后的那个理解系统。当督导表现出他自有一个足以作为诠释的蓝图故事时，当他剥离故事特别着眼于某些小细节时，他似乎是遵循着一个资料库在进行探索，而这个资料库包含了多种类型的故事、诠释式的解释，以及心理动力模式。他使用它们却不加以说明。他并没有告诉实习医生自己为何会特别注重某些细节，或如何判断哪些故事适合纳入诠释里。同样，他也没有说明自己会把实习医生提出的一些解释暂搁一旁，或为何他不断说，"我们还不知道，我们必须再观察看看……"他并没有解释引导他从这个探索阶段进入下一个阶段的想法和感受。他会在

125

126

行动中反映，却不会去对自己的"行动中反映"进行反映。

实习医生并不知道督导是否会愿意或能够把自己的"实践中知识"说清楚。实习医生没有问到这一点，而督导也没有涉及。正如实习医生相当愁苦地说道：

> 我没有明确向督导说明我要的是什么，而他也没有明确说明他要给我什么，于是事情就那样子了。

督导也没有试着了解实习医生对他示范的看法如何。他的教学方法包括示范和倡导一种治疗上的行动中反映，但这种方向也加深了神秘感和优越感。[12]他展现了自己在处理数据时的纯熟，但他何以达到这种境界却是个谜。

实习医生的学习方向恰好与之互补。他学习时既隐晦又被动。他隐瞒自己一切的不满及挫折感，就只是跟着督导的推理走，并设法跟上督导那些缘由不明的诠释。他并没有质疑督导，也没有针对自己想学习的内容而发问。

127令人惊讶的是，这两位治疗师竟然没有对两人的互动情形，互相加以反映。实习医生在某次访谈当中，发现了这一点。他兴奋地发现自己和督导之间的关系，类似于他与病人之间的关系，尤其是关于控制和合作方面。实习医生觉得自己的处境就像那位病人一样，虽然相信对方要帮助自己，但两人的关系却停滞不前，自己希望能得到更多的帮助，但每当寻求更多帮助时，又对自己感到愤怒。但这些议题并没有在临床督导的过程中进行讨论。如果他们这么做了，那么反映的范畴就能更宽广了，甚至包括了督导的示范意义。督导可能会开始对自己的"行动中反映"进行反映，而实习医生就可能得以逐渐了解督导达到这种境界的神秘历程。

注释

1. Norman Zinberg, "Psychiatry—A Professional Dilemma", in *Daedalus*, Fall, 1963.

2. Leston Havens, *Approaches to the Mind*, Boston, Little, Brown, Inc., 1973.

3. 本节中所讨论的对话最初是在 1978 年我负责的专业教育会议中，由两位学生研究员记录的。这两位学生（Bail Stauber 和 Mike Corbett）同这位实习心理医生一起工作，以便收集对话和访谈材料。他们都根据对话写了学期论文。虽然我的分析在许多方面都与他们的论文不同，但是我也非常感谢这些对话以及他们的想法。

4. Erik Erikson, "The Nature of Clinical Evidence," in Daniel Lerner, ed., *Evidence and Inference*, Glencoe, Ill., The Free Press of Glencoe, 1958, p. 74.

5. *Ibid.*, p. 75.

6. *Ibid.*, p. 76.

7. *Ibid.*, p. 89.

8. *Ibid.*, p. 83.

9. *Ibid.*, p. 87.

10. *Ibid.*, p. 79.

11. *Ibid.*, p. 80.

12. 这个说法最早由 David Bakan 提出，后来在《实践理论》（*Theory in Practice*, by Chris Argyris and Donald A. Schön, San Francisco, Jossey Bass, 1974）中得到发展。

第5章　行动中反映的结构
The Structure of Reflection-in-Action

导　论
Introduction

　　在前面两章中，我已经讨论过两种相当不同的专业领域的案例。

　　建筑学和心理治疗领域的差异非常明显，所以乍看之下，似乎找不到什么相同之处。首先，这两种专业领域的目标彼此似乎没什么关联。其中一个目标是在选址上设计出好的建筑物；另一个则是治疗心理疾病，或帮助人们处理他们在生活中遇到的问题。一个所使用的工具是素描簿、轮廓图、缩小模型等；另一个则是谈话。建筑师在工作室里工作，而治疗师则在诊室或办公室。而且这两个专业领域所牵涉的专业知识又相当不同。

　　不过这两个案例中也有其相似之处。当然，这一方面关系到我选择和研读的方法，一方面也关系到专业本身的实践内容。

　　在这两种案例中，实践工作者都把这个实践问题当作一个独特的案例。一开始他就反其道而行之，没有采取任何行动，好像他不具相关经验。他随时关注情境中的特殊之处。例如，奎斯特格外注意奇怪选址的位置，而督导则关注备受挫折的沮丧病患的特殊问题。他们都表现出正在寻找标准答案的样子。其实，每个人都在寻觅问题情境的独特性，然后从他们累积的发现中设计出解决之道。

　　不论是哪个案例，都没有固定的问题，或者应该说，学生所提的问题，被老师批评并且驳回，他变得困惑不知道接下去该怎么做。老师将学生的问题按照自己的方式重新框定，并试着重新理解这个经由他人转述的问题情境。这个情境是复杂而不确定的，在寻找问题的过程中又会有新的问题产生。

这些相似点创造了行动中反映的条件。由于每个实践者都赋予自己的案例以独特性，因此便不能沿用一般标准理论或技术来处理案件。在他与学生相处约半小时的时间内，他必须在发现问题的同时，建构出对这一情境的理解。而且因为他发现这情境的不确定，所以必须重新框定它。

从更深的角度来看，这些案例也有相似之处，因为不论是建筑学或是精神病理学，对其实践本质都存在争议。不仅对"什么才是最好的解决之道"有很大的争议，而且对"什么问题值得花力气解决"以及"实践者在解决问题时所扮演的角色"也是众说纷纭。我认为关注这两个案例中实践工作者的"行动中反映"，就能够发现各学派在不同设计或治疗主张下的基本结构。

最后，实践者在每个案例中都展现了一种艺术。他会以一个看似简单而自然的方式，回应令学生混淆的复杂问题。他的才华通过他对大量信息做出选择性管理的能力、找出一长串的发现和推论的能力，以及他同时以不同方式看待事情却不会干扰探究的流畅性的能力等展露无遗。

接下来我要比较和讨论实践者的实践艺术。在我看来，他们的实践艺术相当于一种行动中反映。尽管两个案例有相当大的差异，但奎斯特和督导在这个过程中隐含的基本结构是相同的：即对独特而不确定的情境进行反映性对话。

这个过程的主轴可以很轻易地描绘出来。事实上，从我之前描述的案例就能发现这个主轴。

在这两个案例中，即使学生已经准备好且试着去解决问题，却还是无法解决问题。佩特拉无法将建筑物的轮廓与斜坡的轮廓相契合；而那位实习医生也无法通过分析病患的交友情形，解开病患的迷惑。在两个案例中，老师都是通过说明及批评学生对问题的框定方式，来回应学生。这一

130

点他做得不着痕迹，学生只能从他重构问题的方式来推论他对旧问题的批评。佩特拉必须推论出，建筑选址不太协调，无法从中找出秩序。实习医生必须推论出，如果不检视他与病患的僵持状态，就无法理解病患与男友的僵持状态。

当实践者重新框定学生的问题时，他提供了一个打开新局面的方向。奎斯特鼓励佩特拉把 L 形教室排成的几何图形放在斜坡上。实习医生被邀请加入病人在治疗内外的两组生活经验中。实践工作者会要求学生融入情境，使自己成为其中一部分——在奎斯特的例子中，是要求学生将自己的秩序加诸选址上；在实习医生的例子中，是要求学生将他和病人的关系当成是病人治疗之外生活的缩影。

接着，实践工作者再以被重新框定过的问题制定实验，以探索据此会有什么结果及因果关系。奎斯特的整体性、借以测试建构的实验始于"你应该以一个准则作为开始"，结束于"有点契合轮廓了"。督导是从"她是怎么陷入困惑的"开始，以"她真是一个非常具有罪恶感的女人……那也是她被困住的地方"结束。

为了了解重新框定情境到底有何用处，实践工作者试着让情境融入其架构。他通过一系列的行动、发现的结果、因果关系、评鉴以及后续的行动来实现这一点。在一个较大的脉络中，个体的行动产生了可理解的现象、可解决的问题，或是可开拓的机会。奎斯特发现了可以用来做成沟层的空间，督导找到了回答"惩罚是为了什么"的答案。这些行动都是一个较大实验所涵括的局部实验。

不过实践工作者的做法也会产生一些意料之外的改变，进而赋予情境新的意义。情境会对此回话，而实践工作者则仔细聆听，然后他一边评鉴所听到的东西，一边重新框定情境。当奎斯特发现他的做法产生了一个"运用这一微妙的方式……成了整体设计的关键"的回廊时，他开始有了新的点子，并为之后的设计设定了新标准。当督导发现病人故事中的模式（也就是他所谓的"持续性自我挫败"的模式）时，他重整了问题的诠释架构，以引导他后来的咨询方法。

在反映性对话中，实践工作者解决重新框定问题的努力，将会衍生出新的行动中反映。这个过程即评鉴、行动、再评鉴等依次循环，周而复始。这个独特而不确定的情境会通过试图改变而获得理解；也会通过试图理解而发生改变。

这就是这个过程的主轴。它可能又引发出几个新的问题。

1. 实践者在重新框定不确定的情境时，就等于是在进行一项实验。但是如何去评估这样的实验呢？实践者是以客观功能来判断自己对问题的解决方法是否有效，但他该如何判断形成这个客观功能（objective function）的问题设定呢？

2. 当实践者很认真地对待这个情境的独特性时，他要如何利用在早期实践中所累积的实践经验呢？当他无法引用熟悉的理论或技术时，他要如何应用已有的知识来产生新的架构、理论及行动策略呢？

3. 行动中反映是一种实验，但是实践情境跟控制实验大相径庭！实践者要怎么跳脱或弥补控制实验的实践局限呢？现场实验（on-the-spot experiment）如果有其严谨性，那么是在何种意义上谈论这个严谨性呢？

4. 技术性的问题解决，涉及了研究时所抱持的立场，如客观性、控制和保持距离等观念。这些术语限制了奎斯特和督导所示范的过程的应用。无论如何，他们对研究所抱持的立场，深深影响了行动中反映的质量。我们该怎么描述它呢？

诸如此类的问题假若能进一步澄清，将有助于行动中反映成为一种实践认识论。可能有人尝试求助于探究的结构来解答这些问题，但是如果不对在行动中实践的熟手（胜任的实践者）的实际经验进行反映，我不知道这样的结构会是什么样子，或该怎么去发现它。所以我试图通过寻找隐藏在奎斯特的设计过程及督导诠释性探究过程中的答案，来探索这些问题。

问题设定的评估实验
Evaluating Experiments in Problem Setting

奎斯特和督导的做法，看起来像根据某些标准重新框定学生的问题。这些标准如下所示。

我能解决我设定的问题吗？

我喜欢我解决问题后所得到的结果吗？

我是否让情境变得协调呢？

我是否让它和我的基本价值、理论相符呢？

我是否让探索活动持续前进呢？

134　　虽然设定问题的实验无法以效果来判断，实践者还是试着去设定一个他能解决的问题。如果奎斯特和督导做不到这点，他们便会像学生一样陷入困惑。因此他们带着他们可以解决的问题进入情境。奎斯特选择了平行的几何形状，以便稍微契合斜坡的轮廓；他同时也设定了"稍微契合"的标准。督导根据既可以做探究策略，又可以做治疗方法的"移情"现象，框定了病人的问题。在重新框定的时候，实践工作者并不会知道问题的解决方式是什么，也不框定新的问题究竟能否解决。不过他对情境的框定，取自于他所信任的一个探究方法。

当实践工作者试着解决他设定的问题时，他会尝试去理解并改变情境。奎斯特的做法是：检视新的几何图形是否与斜坡相契合，与此同时，他们也把 L 形教室嵌入斜坡，在选址上形成了一个新的建筑图形。督导则操作了一个与病人拉开距离的动作，他通过实习医生的报告来分析治疗的情境；他在发现新的故事并深入了解的同时，也借此检验新的理解是否正确，并且发现了新现象，这些都会改变他对情境的体验。

实践工作者的做法常会造成一些意料之外的效果。奎斯特发现当他把教室嵌入斜坡时，会产生 5 英尺的间距。他发现回廊可以"延伸，并从这里往下看"，而且还可以跟教室形成对照。督导一连串的问题，意外而令人不解地揭露了病人和男友吵架的事实。实践工作者评估问题设定的方式，是遵循他是否喜欢这些意料之外的改变，或是否喜欢它们的潜力。奎斯特观察到 5 英尺是一个小孩子身高的极限，因此 5 英尺的间距恰好能做成沟层，延伸后的回廊"蛮不错的"，它使硬线条的教室成为一个"柔性后方区域"。督导则从吵架的故事中，发现了病人的被动和依赖性，而这促使他进一步地追问下去。

135

在这些例子中，实践工作者对问题的重新框定持肯定态度，因为他很重视他所做的和所发现的意外改变。奎斯特重视沟层、良好的景观以及柔化硬线条后的造型；督导重视自己做主、独立和钻出牛角尖的能力；这些故事透露出病人欠缺这些品质，并给了他一个可以寻求诠释的方向。框定实验（frame experiment）的评估是根植于实践者的评鉴系统之中的。

情境会通过行动的意外结果，回话给实践工作者。实践工作者会思考这些回话，也许会在情境中发现新的意义，而重新进行框定。于是他便凭借反映性对话的质量和方向，来判断问题该如何设定。这种判断至少部分是仰赖他对潜在一致性和协调性的知觉，他能通过进一步的探索来认识它们。

奎斯特把各个局部实验互相融合在一起，每次新实验都遵循先前的做法所产生的因果关系。他发现，将 L 形教室嵌入斜坡所创造出的空间，可以通往"中庭"，而这点必须被置于优先考虑的地位。他观察到中央有块区域被空出来，而且这块区域必须和整个几何形状相协调。一旦新的设计内容和轮廓稍微契合，回廊就成为设计的重点了。在整体性几何形状的层面上，奎斯特认为整体构想已经形成，因此他形容佩特拉行政中心的布局位置为"糟糕"，因为它将毁了整个构想。

136

而这名督导则逐渐从他对病人两难处境的知觉中建立了综合性解释，这个解释与他的基本价值观和理论相一致。他逐渐能做出局部的诠释，它和实习医生所描述的主要故事十分贴切。他参照心理分析治疗法中的"内在冲突"与"罪恶感"的观念，将其引入他对这个行为的诠释中。当他的综合解释已经完全成形后，他赋予先前完成的局部诠释新的意义，并使它融入心理分析理论之中。

因此实践工作者，不仅是通过解决他所设定的新问题的能力，而且还加上他对意料之外行动后果的评鉴，才得以在重新框定的问题情境中评估他的实验；特别是借由他与情境对话的能力，他创造了一个可理解的、和谐一致的构思。但是达到协调一致，并不表示探究就此结束。相反的，治疗者也需要遵循问题重整后的功能来评估它，按照埃里克森的说法就是，"要让探究活动持续前进"。奎斯特回顾他这些观点时，描述了所有设计所衍生的新问题——中间区域的大小、格子栏杆的口径和处理树木的方法。至于督导，他为了避免偏颇的结论，迟迟不肯下定论，最后在他的咨询记录中写道："要是我们能了解这位病人为何让她自己不断受挫的原因就好了……"一个成功的问题情境重新框定过程，将会使反映性对话得以流畅进行。

将过去的经验应用于独特情境
Bringing Past Experience to Bear on a Unique Situation

奎斯特发现佩特拉的情境里有许多他很熟悉的东西，并且把它们归纳在他熟悉的、已命名的类别中，例如，"平行""教室""斜坡""墙"等。同样，督导也会看到一些熟悉的问题。例如，"自我做主""依赖"和"罪恶感"。但是作为一个整体时，两位实践工作者便不再视之为熟悉的情境，而将它视为一个独特的情境，他必须为它构想出一套独特的诠释方式。

督导刚开始陈述病人的问题时，便首先询问病人是否有任何独特的生活经验。他或许曾遇过其他一些不断受挫的病人，但督导并不像内科医生诊断这是个腮腺炎病例或水痘病例那样，直接宣布这是个罪恶感的病例。相反，他会特别去注意病患之所以感到罪恶感的原因，以及罪恶感在她对自己的不满中所扮演的角色。这些罪恶感和自我挫折的说法，引导他试着去找出这位病人的个人经验与他人不同之处。

奎斯特见过别的许多更奇怪的选址，但他一开始就不把这个选址归于某种设计类别，进而套用标准的解决方案，反而去探索如何把斜坡上的这些特殊之处安排妥当，结果它们对平行的几何形状回应出意想不到的效果，也形成了一组特殊的问题，和一种特殊的协调性。

两位实践工作者就是依据各自问题情境中独一无二的元素，进行问题设定的实验。不过仅是这点就已经是个谜。探究者是如何将他们已有的知识运用到这个独特的情境中的呢？

138

奎斯特不可能从过去的经验中找出一个完全契合的规则，如他对不同坡度的斜坡的运用；因为如果那样，他就会忽略它的独特性，而是将其视为以往曾经处理过的熟悉问题。他也没有从中提出任何全新的说法来，从而不再参照过去所学的知识。显然，奎斯特和督导都运用了大量过去的经验与专业知识，因此所谓的即时产生的诠释，看起来是含混不清的。

我想要提的是：实践工作者已建构出一整个资料库，囊括了各种实例、形象、理解和行动。奎斯特的资料库遍布于各种设计词汇之中，包括他曾见过的各种选址、他所知道的各式建筑物、他所遭遇过的各种设计问题，以及他为解决这些问题所想过的解决方案。督导的资料库则包括了他曾经见过或听过的病人、他所听过的种种故事、相关的心理动力学分析模式、他曾经尝试使用过的治疗方式，以及当事人对这些治疗方式的反应。实践者的资料库涵盖了他过去所有的经验，而这些经验有助于他的理解和行动。

当实践工作者理解了这个被他视为独特的情境之后，他便把它看成是已存在于资料库中的事物。[1]把这个选址当成那个选址，并非要将前者分类到以往熟悉的类别或规则之中，而是要将不熟悉或特殊的情境，视为一个和熟悉情境相似、却又不尽相同的情境，即便无法脱口而出二者之间有何异同。熟悉的情境可以作为供参考的先例或比喻，或是——套用托马斯·库恩（Thomas Kuhn）的话——不熟悉情境的一个范例。[2]库恩原本指的是解决科学问题时的范例，但在此处也很适用。

面对一个问题时，（有人）会试着去寻找一个或多个以往遭遇过的代表性例子……他的基本标准是视其逻辑上和心理上的相似感更胜于先前用来做类似判断的众多标准……在适当的情况下……有一种找出数据间相似性的做法，此做法不一定和问题的优先答案有关，而是和"与什么类似"有关。[3]

如果认为这个情境和那个情境相似，一个人会在那个情境做出与在这个情境中相似的行动。当一个物理系的新生看待钟摆的问题时，就会联想到斜度的问题，他就会设定新问题进而解决它们，而在解题的过程中，他们采用的可能是与先前类似问题同中有异的问题解决方式。正因为他把新问题看成是旧问题的类似题，因此他的新解决办法也是旧解决办法的变体。正是由于他一开始无法勾勒出问题间的异同，因此也无法在一开始就勾勒出问题解决过程的异同。事实上，"相似地看待着"（seeing-as）和"相似地解决着"（doing-as）的整个过程全是在不知不觉中进行的。

另一方面，探究者会反映自身所觉察或行动时的相似与相异的地方。他会刻意比较两个情境，或隐蔽地参照另一个情境来描述这个情境。当奎斯特立即说佩特拉的选址很"奇怪"，她应该要在其上加一个可以后来再打破的准则时，我相信他一定将佩特拉的情境，看作他所熟悉的情境，并将过去使用过的解决策略，沿用在这个情境里。而当实习医生和病人之间的关系卡住时，督导问到病人是如何受困于她和男友之间的关系，我相信督导也有类似的经验。在这两个例子里，后来对情境的描述都是对最初无法

言说的异同之处的反映与详尽说明。

但就此认为探究者在这种过程一开始时就已能清楚知道他后来所推论的描述，这可能是错的。例如，认为奎斯特一定在一开始就隐约知道选址很奇怪，也知道平行的几何形状会很适合这里的斜坡斜度，这种看法是错误的。这么做等于是展现了瞬间的历史修正。也就是正如库恩所说的，奎斯特最初对隐含在情境中的异同特征的觉察，是一种在逻辑上和心理上的

直觉，在他可言说之前就已经发生了。

我们本来就有能力把不熟悉的情境视为熟悉的情境，并且在前者中运用在后者中使用过的方法，将过去的经验运用到特殊的案例中。"相似地看待着"和"相似地解决着"的能力，允许我们在面对不吻合已知规则的新问题时，有可以依循的感觉。

像奎斯特这样一位实践工作者的才华，得益于他资料库的广度和多样性，这样他在面对独特案例时有更多的选择。因为他能够把这些新事物看成是资料库里的元素，所以他便能理解它们的独特性，无需将之一项一项归纳到以往既定的标准类型之中。

此外，每一次行动中反映的经验都让他的资料库更丰富。佩特拉的案例可作为以后情境的范例。在特例中的行动中反映，可能也适用于其他的例子，这并非产生了一个普遍性原则，而是让实践者的资料库变得更丰富，以便在日后处理新情境时，创造出新的做法。

现场实验的严谨性
Rigor in On-the-Spot Experiment

然而仅"相似地看待着"并不足够。当实践者将一个新的情境视为他资料库中的元素时，他便能从一个新的角度来看待它，并且从中找到一个新的可能做法，不过他的新观点的适合性及效用，仍需行动才能印证。行动中反映必定牵涉一连串的实验。

诚然，如我们所见，奎斯特和督导都是不断在与他们的情境进行反映性对话，这些都是重新框定的实验。利用资料库中丰富的案例、形象、描述，他们（通过相似地看待着）发展出一套框定目前这个独特情境的方式。然后，他们尝试把这个情境塑造得与框架相符，并且运用我在本章前面提过的五个标准来评估这整个过程——他们是否能解决设定的问题；他们是否重视问题解决后的结果（或者他们能如何利用这些结果）；他们是否能让情境中的事物和构想相协调，并与他们基本的理论和价值观相符；他们是否能让探索活动持续前进。在较大的问题设定实验之中，还包含了各种形式的局部实验。

不过为什么说这一切是实验呢？

之所以如此提问是因为实验还有另一层意义，即找出作为科技理性的专业知识的模式，而这在奎斯特和督导的探索过程中几乎一点儿都看不到。在这个意义上，实验是指研究者证实或推翻一个假设的过程，其逻辑原则大致如下。[4]

142 研究者想要解释一个令人困惑的现象 Q。他会接受许多关于 Q 的假设，每个假设似乎都能够解释这个现象。也就是说，如果其中的某个假设为真，Q 亦为真。举例来说，假设问题是蚊子如何找到温血的目标。[5]此时一个研究者可能会接受三个假设：蚊子可能是受到对象身上的特殊气味、温度或湿度所吸引的。因此其因果关系应当表述如下："假如目标对象的湿度较高，而且蚊子会被这样的湿度所吸引"，则"蚊子会被这个目标对象所吸引（反之亦然）"。

但是研究者如何确定三个假设中，究竟哪个才是正确的呢？约翰·密尔（John Stuart Mill）所说的实验研究的逻辑原则对我而言是最有用的。他定义了三个基本的实验研究法。已知现象 Q，以及 A、B、C 三个假设，则：

　●求同法（Method of Agreement）是指，当 A（或 B 或 C）成立时，Q 就会成立。举例来说，当对象身上的湿度超过一定阈值的时候，蚊子就会被它吸引。

　●求异法（Method of Difference）是指，当 A（或 B 或 C）不成立时，Q 就不成立。举例来说，当对象身上湿度很低时，蚊子就不会被它吸引。

　●共变法（Method of Concomitant Variations）是指，当 A（或 B 或 C）产生某些变化时，Q 也会随之变化。举例来说，当对象身上的湿度改变时，蚊子被对象所吸引的程度也会随之改变。

有时候求异法在正确推论实验假设时是不可或缺的。因为当 A 和 Q 同时成立的时候，可能会有其他的因素——比如 C——也同时存在，而且是 Q 的成因。例如，如果蚊子被目标（如人的手）吸引时，特殊的气味总是伴随着湿度而出现的，那么研究者应该如何区分，蚊子究竟是被气味还是被湿度所吸引的呢？为此，研究者必须依据各个假设，设计一种情境，使他能选择性地控制不同变量的出现、消失或变异。例如，研究者设计了一个 *143* 人工目标物，可以分别产生气味、温度、湿度，并控制其强度。他们发现，当温度和湿度并存时，即使没有气味，蚊子也会被吸引；而只有人类皮肤的独特气味，没有适当温度和湿度，便无法吸引蚊子了。

实验假设的检验方法需遵守一个排除的过程。实验者尝试去创造一些与各假设相矛盾的情境，以证明各个假设下所推导的结果并非我们所观察到的结果。就像卡尔·波普尔（Karl Popper）所说的，[6] 像控制赛马一样控制着假设之间的彼此竞争，最经得起反驳的假设才能被他采用。然而，波普尔也指出假设都只是暂时性地被采用，很可能会找到另一个更经得起反驳的假设。例如，也许有一些尚未被发现的因素伴随着湿度和温度，如果没有这些因素，蚊子便不再被目标物所吸引。

实验者为了产生这种对抗性假设，在采用密尔的求同法、求异法或共变法的同时，必须要能根据各种假设达成影响因素到选择的变化。例如，他必须要能改变湿度，并控制温度和气味保持不变。他也必须要能将实验情境与环境中的干扰变化加以分离——例如，人体的气味飘进了仪器。这些是实验室研究的主要功能。如果实验室实验并不太可行，也不太理想，实验者可能得求助于他感兴趣的现象中大量自然发生的变化的相关记录。 *144* 他可以通过分析自然发生的变量之间的统计相关性，将共变法应用于这些记录上。在这里，他是在模拟或提供一个实验室实验技术的替代物。

这种控制实验的模式，还要求一种特定的研究立场。通常希望实验者能遵守"控制""客观性"和"保持距离"的准则。通过控制实验的过程，实验者能做到客观性，而其他研究者使用相同方法，也能达到相同的效果。到最后，他必须要跟实验现象保持距离，以免他个人的偏见和兴趣影响研究对象。

在日常专业实践的条件下，控制实验能完全达到准则要求的概率相当小。实践工作者通常无法保证他的实验完全不受环境中干扰性变化的影响。工作环境通常日新月异，可能和实验的环境相差十万八千里。变量间环环相扣，以致研究者无法分离变量。工作环境常常是不确定的，这意味着实践工作者并不会知道变量是什么，而仅用实验的做法，可能是相当具有风险的。

因此，根据科技理性模式，必须将研究与实践分隔开。这样看来，实践工作只能建立于可通过控制实验印证的科学理论的基础之上，而在实践工作环境中却无法严谨地操作控制实验。所以研究者和研究场所是发展基础和应用科学的，而实践者和实践工作场所则是应用科学理论以达成实践的工具性目标。

照这样看来，行动中反映并不是真正的实验。

那么，奎斯特和督导的实验到底存不存在？他们所使用的实验推论的逻辑到底是什么？实验严谨性的意义又是什么呢？

让我们退一步来想，实验的意义到底是什么？我首先想说明每个实验都有它自己的逻辑和成败标准，而假设—检验的实验只是多种实验的其中一种。因为在实践时，各种实验都混在一起进行，实践工作环境中的实验准则和单纯研究环境中的实验并不会相同。

通常认为实验的目的，是为了了解行动会带来什么结果。实验最基本的问题是"如果……那么……"

假如采取行动只是为了看看这样做会有什么结果，不带任何的预测或期望，我将之称之为"探索性实验"（exploratory experiment）。这就像是婴儿会去探索他周遭的世界；画家将颜料混在一起，看看会产生什么效果；一个刚搬到陌生环境的人，会四处逛逛他的邻家环境；科学家在第一次发现新物质时，也会进行详细的调查研究，来看看它会有什么反应。探索性实验对科学而言是必要的，它不会出现在科学期刊中，因为这样的实验已被排除在科学家的实验结果报告之外（也许是因为它并不符合控制实验的标准）。我们通过具有调查性、好玩的探索性实验活动，来获得对事物的感受。它的成功之处在于，让我们发现生活中的某些事情。

为了了解发生了什么事，我们有时会另辟蹊径：为了产生有意的变化*146*而采取行动。如木匠为了让结构变得更牢固，在角落钉上一块板子；国际象棋手会移动。他的兵以保护王后；父母给孩子钱让小孩不哭闹。我将这些称为"移动—探测实验"（move-testing experiment）。在这个意义上，任何深思熟虑、胸有成竹的行动都是一个实验。在最简单的例子中，没有意料之外的结果，一个人要么得到期望的结果，要么没有得到。那么我便认为，这个产生预期结果的行动是得到肯定的（affirmed）；若没有产生预期的结果，那么行动则是被否定的（negated）。然而，在更复杂的案例中，行动会产生意料之外的结果。我们可能得到意外的惊喜，但也可能在实现目标的过程中，出现了一个相当不好的事情。肯定行动所进行的检验，不只是"你得到预期中的结果吗？"还包括"你喜欢所得到的结果吗？"以下棋为例，当你意外发现可以将对方军时，这行动是好的，而你不会因为这个结果是非预期的，就收回这步棋吧？另一方面，给小孩钱除了会让他停止哭泣，也教会他借着哭闹来赚钱——这个非预期的结果似乎不怎么好。在这些案例中，可以这样较好地表达行动探测实验的逻辑：将行动的结果看作一个整体，你喜欢这些结果吗？如果你喜欢的话，那么这行动便是得到肯定的；如果你不喜欢，这行动便是被否定的。

第三种实验是我已经描述过的"假设检验"（hypothesis testing）。假设检验实验的成功之处在于，它会使彼此矛盾的假设之间，产生我们所预期的区分。对一个给定的假设而言，如果它的预测结果刚好符合我们的观察，而另一个假设的预期与观察相冲突，那么我们便可以说第一个假设已被肯定，第二个假设被证明无法成立——或者，依照波普尔更精确的说法，第*147*一个假设对反驳展现出更强的抵抗力。

在实践中，实验假设可能隐含于某人的行动模式之中，如积木平衡实验中的几何中心理论和重力中心理论。在行动中反映现场实验的特性中，假设检验的逻辑必须与其研究脉络一致。如果一个木工自问，是什么使得这个结构变得牢固呢？并开始通过实验寻找答案——试一下这个，试一下那个——那么他本质上其实跟科学家在做相同的工作。他先提出一个假设，然后在实践脉络的限制条件之下，试着从中区别出它们——假如无法获得预测的结果，则假设不成立。他实验推论的逻辑，和研究者的逻辑是相同的。

那么，在实践中进行实验的特点究竟是什么呢？

实践的脉络在许多重要方面上都跟研究的脉络有所不同，而这些重要方面全都涉及改变事物和理解事物间的关系。实践者会有兴趣把原本的情境改变成他比较喜欢的状况。他同样也乐意去理解这情境，但先决条件是他对改变有兴趣。

当实践者在他认为是独特的案例中进行"行动中反映"时，并注意到既有的现象及以他的直觉去理解它们时，他的实验同时是探索式、行动探测式和假设检验式的。这三种功能通过同样的一种行动来完成，而且从这个事实便能看到在实践行动中进行实验的不同特征。

148　　让我们从这个角度来看一看奎斯特和督导的行动中反映。

当奎斯特把平行的几何形状套用在奇怪的选址上面时，他也采取了一连串的做法，有意地使情境契合那个几何图形。他的行动探测实验成功了，因为他解决了他设定的问题，而且除此之外，他也很满意自己创造出来的结果。

督导的情境是一个经验情境，是他通过实习医生的报告得知的情境。在他框定情境问题的过程中，他着重于两组经验的衔接——病人在治疗内和治疗外的经验——并在解决问题的过程中，把两者衔接上了。

在这两个案例中，整体性的做法都是被肯定的。

实践者的行动也是用来探索情境的方式之一。他们的动作激发情境的回话，使得他们以新的看法去评鉴这个情境，超越了一开始的看法。奎斯特知觉到一个全新的构想，意外地创造出回廊，使它成为整个设计的关键。对督导而言，他意外地发现了病人跟她男友吵架的故事，显示出病人的被动及依赖性，也使他的咨询方式产生了新的诠释方向。在这两个案例中，探索式实验存在于实践者和情境的对话中，也就是在他所激发与评鉴的回话之中。

在这两个案例中，实践工作者更进一步地重新框定了情境的问题，这个问题同时伴随着对该情境的假设。他指出了一个与学生框定问题相关的现象模式，而且推翻了它。他提出了一个新问题，而且伴随着那个问题的是一个新的现象模式，他把这个模式当成一个可被检验的假设。

149

在奎斯特的案例中，他的假设是可以让斜坡和平行几何形状彼此契合。在督导案例中的假设是该病人的移情会显现出她是如何受困于治疗中的，就像她受困于与她男友之间的关系一样。

当我们把实践工作者的假设-检验实验，与控制实验的方法做比较时，仍然会发现许多显著的差异。

实践工作者会让他的假设成真。他的做法仿佛是把假设设为祈使句。[7]他确实会说："假定 X……"然后塑造出这种情境来使 X 成真。奎斯特把几何形状嵌入斜坡里；而督导则是把自己的探究导向一些故事，这些故事暗示了病人的移情现象，且激发出一些适当的信息，来解释移情现象。实践工作者的假设检验，包括改变现象，使假设得以成立。

实践者违反了控制实验的准则，即客观性和保持距离。在控制实验中，研究者应该尽量避免让自己的偏见和兴趣干扰研究情境。他应该避免人们经常会产生的"霍桑效应"①。[8]在实验室的研究中，实验者确实应该操纵实验中的现象（就像研究者操纵蚊子，使它们受人造目标物的吸引一样）。但是他们实验的操作对象是某一种自然发生的现象，他们通过实验室的人工情境对此进行研究。他们操纵人工情境，但是仍然让自然发生的现象不受干扰地按原来方式呈现。此外，在实验方法的规定下，通过影响实验的情境而迎合假设，是被禁止的；相反，他们反而应该努力去证明假设不成立。

150

---

① 原文为 Hawthorne Effect，指因知道自己正在被研究或观察，于是尽力表现从而造成实验结果失真。——译注

在督导与奎斯特的例子中，身边的独特情境就是其探索的范畴。当探索者影响情境时，他们其实也就影响了他们整个研究对象。而且他们试图以这种影响力验证他们的假设，而不是反驳它。

然而，情境并非完全能被操纵的。情境可能会抗拒研究者对它们的塑造，而在这个过程中，可能会产生意料之外的效果。奎斯特可能会发现斜坡无法嵌入平行的几何形状，因此他可能会转而尝试别的几何形状。正因如此，他制定了一个新的标准，就是"稍微契合"便已足够了。督导可能也会发现，无法证明病人的生活模式与治疗关系之间有任何移情现象——虽然他为了找到这方面的证据，已经竭尽所能地做了一切该做的事情。因此，实践者的假设-检验实验并不全然是自我验证的（self-fulfilling）。

他们的假设-检验实验是一种与情境的游戏。他们试图使情境符合他们的假设，但仍然对假设不成立的可能性持开放态度。所以他们的假设-检验行动既不是自我验证式预言——这确保它们免受被推翻的风险，也不是控制实验的方法的中立假设检验——这要求实验者应避免影响研究对象，并且支持证明不成立的数据。这个实践情境既不是一个可任意雕塑铸造的黏土，也不是一个独立、自足、让调查者保持距离的研究对象。

151　　研究者与情境之间是交互作用的关系。[9]他会塑造这个情境，但也与情境进行对话，因此他的模式与评鉴也都是由情境塑造而成的。他所希望了解的现象，有一部分是他自己创造的；他置身于他想了解的情境之中。

换一个说法，他检验假设的那些行动，也是他达成情境中预期的改变的做法，或是他用来探索情境的一个探针。他通过尝试改变该情境的历程，来了解这个情境；并且不将行动所产生的变化结果视为实验方法的缺陷，而将之视为到达成功前的必经之路。

这个事实和实践工作者对以下这个问题的答案有着密切的联系：我该何时停止实验呢？

根据波普尔的主张，在控制实验的脉络下，实验者可以无止境地实验下去——只要他能够创造出新的、合理的假设，并且比先前的假设更能经得起反驳。但就奎斯特和督导的实践情境而言——他们的实验行动既是一个行动步骤，也是一种探索，探索者对于改变情境的兴趣，更胜于了解该情境的兴趣——假设检验势必受限于评鉴。这个实验起于察觉到某件令人困扰或令人感兴趣的事，而止于产生整体上令人满意的改变，或发现了一些新的现象，赋予情境新的意义，并改变了所探讨问题的本质。这些事件会使假设检验的过程终止，即使探索者心中仍有着许许多多其他合理的假设。

以奎斯特的例子来说，他让平行的几何形状稍微契合斜坡。但其他的几何形状可能也能达到这一效果。他为什么就此打住呢？因为他已经产生了一些令自己感到满意的改变，也创造出一些出乎意料、但令他喜欢的结果，而且他无意中添加的一些东西，反而引导出一套新的想法。

以督导的例子来说，其他的诠释方式，可能说明了为什么病患使自己不断受控的倾向。她对惩罚的需求，可能不仅源自于愤怒的想法和性需求，也源自于其他的因素。为什么督导不寻找或检验其他不同的假设呢？因为他已经建构出一套诠释的方式，这方式能印证和串联他所引出的那些故事。他创造了一种一致性，既能吻合他的理论，又能经得起治疗的检验。

的确，当更进一步的探究继续往这些发现的更深处推进时，它的方向亦被这些发现所设定。但是实验者唯有在他的行动中得到印证，或对情境有新的评鉴时，才必须对各种不同的假设加以区辨。因此假设检验的实验在实践中的功用，比它在传统研究中要有限得多。正因为这样，控制实验在实践情境中受到的限制，以及对探究所造成的破坏，比在其他情境下要少。

另一方面，实践脉络对假设检验的要求，在传统的研究情境中并不存在。在实践情境中，假设检验行动的相关实验必须融在每一步行动当中。对无法立即转化成设计的假设，奎斯特一点都不感兴趣。对于不能立即转译成诠释式咨询，并通过治疗来检验的假设，督导也一点都不感兴趣。

实践中的这些不同的实验方式，本身具有不同的严谨规范。行动中反映的探究者，会和该情境玩一场游戏，在这个过程中，密切关涉三种实验阶段——探索式、移动-探测式和假设检验式。探究者最重视的就是改变情境。但如果他忽视改变时的阻力，那么就会落入自我应验式预言的陷阱。探究者非常严谨地进行实验，努力使情境符合他的期望，同时也不排除失败的可能性，他必须通过对情境阻力的反映，来得知自己的假设是否不适当，以及如何不适当；或他框定问题的方式是否不适当，以及如何不适当。此外，他的游戏有一个不断变动的目标，因此所发生的现象也随着他的实验不断改变。他是否应该在行动中反映，以及他进行实验的方式，都将取决于他先前做法产生的结果。所有改变的情形，不论是否符合他的期望，也不论是否出乎意料，都可以归纳在表 5-1 中。

表 5-1

是否预期的结果； 从是否预期来论结果	所有结果的满意度，不论该结果是预期的或非预期的
1. 意外的	令人不满意的
2. 意外的	令人满意或无所谓的
3. 不意外的	令人满意或无所谓的
4. 不意外的	令人不满意的

第一种情形是行动中反映的典型情形。该行动未能产生行动者所预期的结果，而它的结果不论是否在预期之中，都是令人不满意的。该行动受到否定，其相关的理论也不被采纳。探究者通过对它背后的理论进行反映，来回应行动的被否定。

就这个历程来说，我们不妨以佩特拉为例，她之前谈到关于教室单位的实验。

我有六个这种单位的教室，可是它们在比例上都太小了，运用方式有限。（如图 5-1）

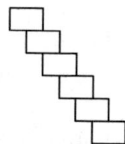

图 5-1

所以我把它们调整了一下，改成这种功能比较
强的布局方式（即 L 形）。这样一年级就能接到二年级、
三年级就能接到四年级，而五年级也能接到六年级，这
样比较符合我对教育的期望。我在这边的这块空间，有
点儿像是一个总部。（如图 5-2）

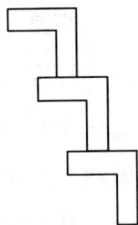

图 5-2

这是两个实验的序列。在第一个实验中，佩特拉的行动理论可描
述成：

假如你希望一个令人满意的教室安排方式，你可以
这样做。（如图 5-3）

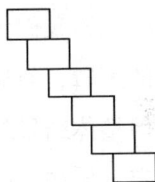

图 5-3

但她觉得那样的安排方式不够好，并把原因归咎于每个
单位"在比例上都太小了，运用方式有限"。事实上，她的意思是：

我原本以为用那种比例的单位应该可以有所作为，但我错了。

于是她发明了一种新的布局方式，并认为它（而且她似乎也如此预期）
"功能比较强"。她显然也发现了额外的、在预料之外的好处：新的布局方
式能让各年级互相连接，并形成一个她称之为"总部"的半开放空间。

这两个实验由一个学习的序列过程串联在一起。佩特拉的第一个行动
未能产生预期的结果，并造成一个无法令她满意的情境。她直面使她做出
错误判断的理论（此处所指的理论是教室单位的适当比例），建立了一个回
应错误的理论。她批评且重建她的理论，并通过创造排列更紧密的 L 形单
位，来检验她的新理论。她得到了她想要的结果；因此，她的新理论没有
被推翻。此外，她也得到了一些意料之外的结果，这些意料中的结果加上
意料之外的结果，整体上被视为是令人满意的；她的新行动于是受到了

155

肯定。

当某个行动未能达到预期的结果，并造成整体而言令人不满意的结果时，探究者会直面该行动中运用的理论，批评它、重新建构它，并通过创造一个和它一致的做法来检验它。这个学习的过程，始于某个受到否定的做法，止于当新理论引导出新做法并受到肯定之时。

从印证（confirmation）的逻辑观点来看，实验的结果仍是模糊不清的。其他的行动理论或模式，也可能导致先前行动的失败及后来行动的成功。但在实践的脉络下，关注重点在于改变，因此也在于肯定（affirmation）的逻辑上。而正是肯定的逻辑设定了实验严谨度的界线。

当我们考虑模型中的其他实验结果时，肯定和探索的逻辑优先于印证的逻辑，便显而易见了。在第二种情形中，探究者的期望未能获得满足，但整体结果却被视为是令人满意的。相关的理论被推翻了，但行动受到肯定。比如，佩特拉也可能把回廊设计成通道；然后她可能会决定它不太适合当作通道，但至少发挥了正式功能，因而印证了这一功能。在这种情形下，佩特拉并不需要对她行动背后的理论进行反映。按照肯定的逻辑，该行动是成功的。佩特拉或许会纳闷为什么她的回廊未能表现得如她所预期的那样。但她不需要反映这件事，除非她希望把这个例子，当作是未来会出现的其他有关动线问题的例子的前置准备。

在第三种情形中，该行动达到了预期的结果，而且其整体结果被视为是令人满意的。这里不需要进行行动中反映，除非探究者——再一次要把目前的例子，当作是未来例子的准备——想要自问目前成功的原因是什么。

在第四种情形中，该行动产生了预期的结果，不过也造成了非预期的改变，且这种改变整体而言是令人不满意的。例如，佩特拉把体育馆放在她想要放置的地方，以便可以直接通往草坪。但她发现她的体育馆排列方式，限制了该空间的使用，并破坏了选址上整体建筑的几何排列。在这里，她会反映关于该行动的理论，但所反映的内容将着重于理论的适切性，而非真实性。当她了解到她未能考虑到自己这一行动的后果之后，佩特拉或许会考虑新的理论，并将这些因素一并考虑进去。在她接下来的学习过程中，她的新理论不仅会考虑到通道、空间的开放性，而且也会考虑到选址上建筑的整体几何排列。

因此，先前行动所产生的改变，决定了行动中反映的需求和适当的方向。现场实验的逻辑具有三个层面（肯定、探索和印证），而假设检验中的严谨性则服务于肯定或探索。

虚拟世界
Virtual Worlds

重要的是，奎斯特和督导的情境并非真实的。奎斯特并未真正在选址上大兴土木。督导并非真正地和病患交谈。他们各自都处在一个虚拟的世界里，是真实实践世界的一个被建构出的表征。

这一事实对实验中的严谨性问题而言非常重要。在虚拟世界里，实践者可以处理假设检验实验中某些在真实世界里固有的限制。因此他建构及操控虚拟世界的能力，便是他能力中重要的部分，这使他不仅能在技术上有所成就，也能严谨地进行实验。

对奎斯特和佩特拉来说，草稿上的画图世界，就是他们在行动中反映的媒介。在那里，他们可以利用空间行动的语言，描绘和谈论他们的做法，留下一些表示选址上的建筑物的图像。由于绘图的过程中，会产生一些之前不曾想过的优点和关系，因此这一行动可被视为实验。佩特拉发现她的建筑形状无法嵌入斜坡，而且教室在比例上太小了，运用方式有限。奎斯特发现在间隔的区域可以形成沟层，而且也看出他的几何排列略可契合轮廓。观察他创造的回廊时，他发现"这里这个东西一直重复，而这个却不是重复的"。

在现实世界中局限或阻碍实验的各种限制，在绘图的虚拟世界中大幅减少了。

绘图的动作可以是迅速而即时的，但画出来的图像却相当稳定。设计者可以从容不迫地检测它们。

　　设计者可以随意调整行动的步调。他可将步调放慢，想一想他正在做的事情。此外，那些在真实世界需要耗费很长时间的事情——在斜坡上空出一块空地、修剪树木——在草稿上则可以立即"发生"。

　　没有什么行动是不可复原的。设计者可以尝试、审视，然后换一张纸之后，又可以重新尝试。如此一来，在这个学习过程中，他可以从中修改错误，并把先前未预料到的结果一并考虑进去。佩特拉可以探索教室单位的比例和形状，以及行政大楼的摆置方式。奎斯特可以建议她"多画几次"来决定格子栅栏的比例，想一想如何处理"中间区域"和"修剪树木"。在真实世界中必须耗费巨额资金的做法，在绘图的虚拟世界中几乎不用去承担任何风险。

　　若要去除环境中可能破坏或阻碍实验的改变，也是有可能的。在草稿上，不会有罢工、设备损耗，或无法打地基的土质条件等因素。

　　一些在真实世界中环环相扣的变量，在草稿上却可以事先互相隔离。在草稿上，我们可以恣意探索选址上整体建筑物的几何排列，而不需考虑任何的建构方法。考虑建筑物的形状时，并不需要考虑这种形状的组成材料。

　　为了把绘图当成一种实验的工具，并从中获益，设计者必须具备一定的能力和知识。他必须先学过与绘画媒介有关的一些惯例、语言和符号。以奎斯特为例，他具有一整个资料库，使他能够按照所面对的现象来选取最适合的绘图系统。画草稿让他能够探索整体的几何形状；跨区域的绘图，让他能够检视三维空间的效果；依照比例绘图，让他能够对空间的设计进行实验；制作模型，让他能够检视建筑实体、相对体积、阳光和阴影之间的关系。他会依照不同的议题，选择不同的媒介，而在不同的设计阶段里，赋予这些议题不同的重要性。

　　奎斯特也必须先学过如何灵活地使用绘图语言。当他使用一组同心圆线条来代表选址的轮廓时，他能通过它看到斜坡实际的形状，正如同娴熟的读者能通过纸上的字母，看出词句和意义。因此他在草稿上，可以犹如在真实选址建筑物之间移动，像个身历其境的使用者般地感受建筑物给人的感觉。

但绘图的虚拟世界之所以能当成实验的工具，其前提是实验的结果必须能够转移到真实世界才行。转移的效度，取决于以绘画世界来代表真实世界时的信度。当某位建筑师的经验，让他得以在绘图与真实之间切换自如时，他就知道他的绘图如何能"建立"和发展出精确演练的能力。他也知道以绘图为工具时，其限制在哪里。比如说，他知道绘图无法捕捉材料、表面和技术的某些特质。他将会留意到绘图无法表现地质、风向、物材和劳动力成本、设备的损耗，以及环境中人为造成的改变。绘图之所以能成为实验的工具，正是因为它能让设计者先撇开真实世界中可能会混淆或阻碍实验的那些因素，但当设计者要诠释自己实验的结果时，他就必须要重提那些先前被去除了的因素。

督导通过和实习医生的互动，建构了一个对话的虚拟世界，呈现出治 160
疗师与病患的真实世界。讲故事代表并替代了第一手的经验。

督导通过挑选过的问题和专注的态度，塑造出实际的情境，以进行诠释式的探索。他和奎斯特一样，能够使情境中的某些因素维持恒定。他们一旦听完了一个故事，就能把这故事当成一份数据，储存起来，并惬意地思索它的意义以及它和其他故事之间的关系。在时间上相隔遥远的事件，如今可以稳定地拿来互相比较，以便了解这类现象究竟是起源于依赖性或是罪恶感。有些故事可以被跳过，或被当成无关紧要的细节，有些故事则要详细深入追究。通过挑出一些被认为是关键的因素，督导可以拉出整个故事的主轴，而不受其他被认为是杂音的因素的影响。而当他结束询问或注意时，他便能着手建立一套数据，作为诠释实验的材料。一会儿尝试某种诠释方式，一会儿又尝试另一种诠释方式，他可以让他的实验步骤复原，并设计出他自己的学习历程。

但在临床治疗的脉络下，实践者的世界是虚拟的，这包含了两个意义层面。实习医生的故事，可被用来呈现治疗过程的互动，而治疗上的互动可被塑造，以呈现病人在治疗之外的正常生活。事实上，督导正试着让实习医生做到这一点，他建议实习医生告诉患者说，"在和你建立的这段关系里，她能发现出了什么问题，而且你们可以一起想办法解决"。移情的力量就在于它能够以虚拟世界的方式，呈现出病人的其他人际关系。在这样的一个世界里，当事者能够把一些稍纵即逝的现象减缓下来看清楚。许多无法倒带重来的行动，如今却可以被重新检视，更被深入探讨并重新尝试。一旦移情变成了一个共同探索的目标之后，治疗者就能通过一些做法进行实验，而不致激怒或疏离病人。

治疗者运用移情的虚拟特性的能力，取决于他阅读其迹象的能力。他必须学着从病人的言辞当中，听出哪些是她在正常生活中所使用的做法。如督导所说的：

> 然而她仍会想办法疏离你，正如她疏离她男友一般。

此外，治疗者应该学习把他和病人的关系，转换成一个探索的世界，在其中，思想和感受可被视为新发现的源泉，而非行动的启动器。治疗者达成这个目标的能力，既取决于他反映与病患相处的经验的能力，他对于自身反移情的察觉能力，也取决于他赢得病人信任的能力。而这反过来又取决于他与病人共情的能力、建立并遵守彼此相互义务的规范的能力，以及帮助病人获得对思想和感受的洞悉力，认为双方在这段特殊关系中所付出的努力是值得的能力。创造与维系治疗的虚拟世界，既是一种探究方式，也是一种治疗策略。

但是虚拟世界呈现的可信度，也有其限制性。实习医生可以猜测，但无法确知病人在治疗过程中心里抱定的主意，即希望他成为"她所需要的那种坏男人"。他无法确定，她在治疗过程中不断使自己受挫的态度，是否和真实生活中相同。治疗者唯有通过和病人进行更进一步的实验，等她进一步投入这段治疗关系之后，才能考证这些想法和臆测。

治疗者所使用的移情和建筑师的草稿，都算是一种虚拟的世界，而各行各业都有其仰赖的虚拟世界。雕刻家通过手中的模型，拿捏他即将建造的大雕像。工程师经常使用缩小比例的模型、风洞和电脑进行模拟。当乐队在排练时，指挥者会分别以节拍、分节法和乐器平衡器来进行实验。所谓的角色扮演，是一种即兴游戏，参与者学着发现某段人际关系中的特点，并在行动中反映他们对此的直觉性反应。在即兴活动之中，不论是音乐或戏剧创作，参与者都能进行现场的实验，由于即兴的想法必须立即表现出来，虚拟和真实世界之间的界线就可能变得比较模糊了。

虚拟世界是一种实验的工具，在这样的背景下，实践工作者可以调整或控制日常生活中的某些限制，以进行严谨的行动中反映。虚拟世界所呈现的实践世界是具有双重"实践"意义的。而这种建构、维系和使用虚拟世界的实践，可以发展出行动中反映的能力，即我们所称的艺术性。

探究的立场

Stance toward Inquiry

实践者对于探究的立场，就是他对于真实世界的态度。

根据科技理性的模式，存在一种客观可知的世界，它毫不牵涉实践者的价值观和观点。为了获得它的专门知识，实践者必须让自己和探究目标之间有着清晰的界线。为了能运用技术控制它，他必须观察它，并和它保持距离——如培根所说的，征服大自然的方式就是服从它。他探究的立场就是旁观者/操纵者(spectator/manipulator)的立场。

当某个情境被实践工作者认为是独特且不确定时，他就会像个中介/实验者一样与情境进行反映性对话。[10]通过与情境的互动，他塑造它，并使自己成为其中的一部分。因此，他所赋予情境的意义就必须包含他自己对于情境的贡献。不过他也认识到，该情境本身就具备了与他意图无关的步调，所以可能阻碍他的计划，并带来新意义。

从这一矛盾的根源，引申出探究立场的多种特性，这些特性——作为现场实验的规范以及虚拟世界的运用——都是行动中反映所不可或缺的。

探究者必须设定自己的游戏规则，与情境互动时应该是跃入而不是被扯入。因此督导试着让实习医生认识到自己是如何令患者陷入困境，并让他看到如何把移情当作咨询和治疗工具的。因此奎斯特试着让佩特拉看到，选址本身并不协调，而必须靠设计者去规划。但探究者也必须对自己所设下的规则负起责任。当奎斯特画草稿，以及当督导询问实习医生的故事时，他们都是在自己选择的框架之内，进行系统的探索。

当探究者在自己的框架内努力塑造情境的同时，他必须随时准备接受情境的回话。他必须愿意进入新的困惑和不确定性。因此，他必须接纳一种双重视角的观点。[11]他必须按照自己所采纳的观点来行事，但也必须了解到，他随后随时都可以再把它打破，甚至是必须把它打破，以便让他与情境的互动产生新的意义。随着历程的演进，这会变得越来越困难。他的抉择造成的影响会越来越深远；他的每个步骤变得越来越难以复原。不确定性的风险越来越高，探究者也越来越倾向于把观点现实化。尽管如此，假如探究者仍保持他的双重观点，那么即使他在一个选定的框架内，越来越加重这个选择的分量，他也还是越来越有机会将现实和虚拟深入且广泛地结合在一起的。

探究者这方面的能力，取决于某些相当恒定的元素，其不管在何处都是恒定的：一个涵盖层面广泛的理论；一个评鉴系统；一个行动中反映的立场，这个立场对某些实践者来说，或许会演变成探究时的伦理观。

科技理性和行动中反映的比较
Technical Rationality and Reflection-in-Action Compared

我们描述了奎斯特在设计时，以及督导在进行治疗咨询时的模式和原理的相似性，同时还描述了行动中反映的认识论，这一认识论影响到独特且不确定的情境的艺术性。从专业认识的角度来看，当探究者与其情境进行反映性对话时，技术性问题解决所占的分量相当有限；科技理性模式似乎在根本上就不够完整。

实证主义者实践认识论主要包含了三种二分法。若已知解决方法和目标为两个独立的因素，则工具性问题解决可视为一个技术过程，其效果以其达成预设目标的程度来评估。若已知研究和实践为两个独立的因素，则严谨的实践可视为一种对"基于研究的理论和技术"的工具性应用，这些理论和技术的客观性和普遍性，源自控制实验的方法。若已知"知"和"行"是两个独立的因素，则行动只是技术决策的一种实施和测试。

在奎斯特和督导的反映性对话中，这些二分法并不成立。对奎斯特和督导而言，实践就是一种研究。他们在设定问题的时候，解决方法和目标是互相依赖的。而他们的探究是一种与情境的互动，他们的"知"和"行"是密不可分的。

这些探究者所面对的问题情境，促使他们必须重建真实情境。他们在框定情境的问题时，也必须决定要考虑哪些因素，和该在这个情境上设定哪些规则，以及他们该朝哪些方向改变它。在这个过程中，他们既会找出所追寻的目标，也会找出需运用的解决之道。在接下来的探究里，情境中的行动和决策是合为一体的，而问题解决也属于问题设定的大实验中的一部分。举例来说，奎斯特应用他的黄金定律，将斜坡依不同的坡度做不同的使用，这只是他尝试把平行的几何形状嵌入选址这个大实验的一小部分。他的框定实验设定了要解决的问题，而问题解决方法则是他测试这个框定实验的一个元素。

奎斯特和督导会在学生们对现象产生直觉性理解之前就进行反映，并建构新的问题和模式，这个过程并不是通过应用基于研究的理论，而是通过他们资料库中熟悉的例子和主题。通过"相似地看待着"和"相似地解决着"，他们可以对情境提出新的模式，并检验这些模式。但他们通过绘图或说故事等虚拟的方式所进行的现场实验，也具有行动和探测的功能。假设检验在某种程度上，能让他们完成令人满意的步骤，或让那些使他们必须重新框定情境的现象浮出台面。

控制、保持距离和客观性这些价值观，是科技理性的核心，但在反映性对话中都将呈现出全新的意义。探究者在虚拟世界的范围之内，尝试控制假设–检验实验中的一些变量，但他的假设是关于情境是否能够转移到真实世界中，要检验这一假设就必须进入情境。他将制造出一些客观的知识，所谓的客观是指他也能否定这些知识。他能够发现自己并未达成预期的改变，或自己必须采取不同形式的改变方法。但他的知识也是个人的，受限于他所承诺的评鉴系统和通盘理论。只有对那些共享这些信念的探究成员来说，这样的知识才会令人信服。[12]

　　在接下来的章节中，我们将探讨其他一些实践中认识的例子，如同我们先前已经看过的奎斯特和督导的例子，它们多多少少会呈现反映性对话的历程。我们将审视行动中反映是如何因专业领域的脉络和知识的不同而有所不同，我们也将探讨，究竟是哪些脉络因素限制了行动中反映。

注释

1. 在此，我思考了 Wittgenstein 对"相似地看待着"的用法（见 Ludwig Wittgenstein, *Philosophical Investigations*, New York, Macmillan Company, 1953）。根据一些事例，如"把这个图像看作盒子"和"把鸭子/兔子的图像看作兔子"，Wittgenstein 指出"相似地看待着"是立即发生的、模糊的边看边想的过程。

2. Thomas Kuhn, "Second Thoughts on Paradigms," in *The Essential Tension*, Chicago and London, University of Chicago Press, 1977.

3. *Ibid.*, p. 307.

4. 对理论探测实验逻辑的这种解释，是采纳了 Karl Popper 在 *Conjectures and Refutations*（New York, Harper&Row, 1968）中提出的概念。

5. 这个例子取自 J. C. Jones 的论文，"Feeding Behavior of Mosquitoes," *Scientific American* 238, 1978(7), pp. 138–140。

6. Popper, *Conjectures*.

7. 在 *Experience and Reflection*（Philadelphia, University of Pennsylvania Press, 1959）一书中，E. A. Singer 提出科学假设应该理解为"祈使句"。

8. 见 Ehon Mayo, *The Human Problems of an Industrial Civilization*, New York, MaeMillan, 1933.

9. 理解者之间是一种"互动"的关系，这一观念来自 John Dewey 的著作。见 A. F. Bentley and John Dewey, *Knowing the Known*, Boston, Beacon Press, 1949.

10. 这个用语来自 Geoffrey Viekers, anpublished memorandum, MIT, 1978。

11. Lisa Peattie 向我介绍了这一说法。

12. 见 Michael Polmayi, *Personal Knowledge*, Chicago, University of Chicago Press, 1958.

第6章 科学立基专业的反映性实践
Reflective Practice in the Science-Based Professions

何谓科学立基专业
What are the Science-Based Professions

医学、农学和工程学都是基于科学知识的专业原型。还有许多其他的专业，如牙科医学、眼科医学、气象学、护理学、管理学、森林学等，以格莱泽的话来说，都是：

> 直接立基于科学上，或者在其专业教育中有高比例的科学立基的严格科技知识。[1]

在科技理性的模式下，这些专业的实践者被视为技术问题的解决者：内科医生以疾病生理学为基础，运用各种诊断与治疗技术；农学家依据研究所获得的理论与技术，解决农业生产力、土壤侵蚀、植物病虫害及昆虫控制的问题；生产工程师运用统计分析与最优化技术，解决产品质量与生产效率的问题；土木工程师基于地质条件与建筑物结构的分析研究，选择地基的施工法与地基形态。

依据科技理性的模式，问题的解决就是在可控的限制条件下，通过对既有技术的选择与操作来达到目标。用西蒙更复杂的语言来说：存在着一个借以界定与衡量绩效的目标、一组可能的行动策略和一组执行技术；而策略与技术的选择则是依据其成本与目标达成的有效性来评估的。当一个职业接近问题解决的技术理性模式时，它就从一门工艺变成了一种专业；当它的技术来源于基础与应用研究时，它就变成了以科学为本。根据 20 世纪初维布伦的交换关系理论，实践工作者向研究者提出问题，而研究者则给实践工作者提供新理论与技术。

科学立基专业的实践工作者，其现场的探究常被认为很有局限性。实践工作者会问：我是否从我所知道的问题中，选择了一个正确问题？我是否由我知道的技术中，选择了一个解决问题的正确技术？实践者进行了一个三重图解（a threefold mapping）的工作历程，将现场的迹象转换与图解为已知的问题与技术。例如，近年医疗诊断的研究发现，医疗人员这样的转换与图解历程非常复杂。一些研究者尝试以人工智能模拟这一历程，将精熟临床工作者描述和诊断疾病时使用的经验与智慧程序化，其程序中将包含大量的事实、推理规则与经验法则。[2] 然而，由于它们的复杂性，这些研究仍然将临床诊断视为将现场情境的征兆转换与图解为疾病的临床理论和治疗方法的历程。

如果我们并不局限于科技理性模式，而是直接面对科学立基专业工作者的真实实践，那么，显然"解决技术性问题"就仅仅是对工程师、医生等专业工作者的一种非常不完全的描述。这些专业工作者的确在解决技术问题，但他们还做了其他的事。

当专业实践者面对一个新的或独特的问题时，也就是说，不在既有的分类之中时，他们的探究就不再仅是三重图解历程，而是一种艺术性的设计历程，其本质和前文所述的反映性对话具有相似的结构。当科学立基的专业实践者尝试将其探究纳入更大的背景脉络时，只有少数元素是可控制的，他们必须从问题情境中建构出一个"可处置的问题"（manageable problem）。这时会有两种可能：第一种情况是，问题虽然是属于常规的技术范畴，但是对专业实践者而言却是新的，他须对其进行"行动中反映"；第二种情况是，问题包含在专业界限以外的较大情境范围，其会对专业实践者的活动造成冲击，他须对这一较大情境进行"行动中反映"。

工程设计的艺术

The Art of Engineering Design

论及"技术性问题解决"与"行动中反映"之间的关系时，工程是饶富趣味的一个领域，因为我们已经目睹在第二次世界大战后，重新界定工程为应用科学的努力，但旋即又发现这一界定的不足。

在第二次世界大战后，人们在庆祝因工程而取得的胜利的同时，认识到物理学贡献的功不可没。稍后在苏联人造卫星发射的阴影下，工程科学的提倡者成功地将工程课程转变为应用物理教学。然而 20 世纪 60 年代后期，一些位居领导地位的实践工作者与教育者开始有了不同的想法。哈维·布鲁克斯(Harvey Brooks，哈佛工程学院院长)率先指出，全然基于科学的工程学图像有其缺失与不足之处。他在 1967 年所写的《工程教育的两难》(*Dilemmas of Engineering Education*)一文中表示，[3] 被期望要在迅速变化的知识与急速变化的社会期待之间发挥桥梁作用的工程师，需要将工程视为一种艺术。但是，工程学院的科学化，却一直企图将工程由艺术移向科学。

1953—1967 年，在公众对科学的巨大支持下，工程学院越来越将工程科学定位成"生产新可能"，而不是生产有用事物的"设计能力"的取向；随着重心转移，学科专家变成了工程学院中最有权力的成员。布鲁克斯指出 这样的"专家"自有其一整套的价值观与态度，但却不见得与专业工作者"计划要奉献自己于为大众服务"的价值与态度彼此兼容。格莱泽也持相同看法，他发现如果"专业学院中，若专精式科学家的智性地位显著高于原来代表该专业的专业人员"时，问题就更严重了。当教授的最高级别是工程科学家时，实践工程师就不再是强有力的角色模式了。在这种状况下，工程学校面临着新的问题，即"训练专业工作者时，如何处理科学与艺术之间的关系"。然而，到了 1967 年，工程设计(engineering design)已从课程中完全消失，科学与艺术之间关系的话题，已不再为人所提及。

布鲁克斯想要将这个话题重新提起，他认识到工程设计的艺术性展现了一个教育的两难。而若这种艺术性并不属于已知或不变的知识范畴，那它又怎样才能得以传授与教导呢？

我要提出的是，工程设计是可以被当作与物质情境反映性对话的历程来理解的，它和我们在心理治疗与建筑专业中所观察到的相类似。虽然不能被化约成概化的规则或理论得以应用，但是，它的主要特征是稳定的、可以被描述的。

让我们由一个相对较单纯的工程设计实例开始，我从大学的机械工程实习课中，选择了一个技术上相对较为简单的实例，而它的设计过程的轮廓也相对较容易辨识。

173 数年前，我参与了一个工程教育实验计划。在这个计划中，学生们在教授的督导下，试图解决现实世界中的工业问题。在我和他们的讨论会中，我们回顾了一项由枪支制造商提出的项目，问题大致如下。

> 我们的产品是手枪，我们沿用已有150年历史的制造程序来生产具有柔和冷蓝和铜绿光泽的撞锤与扳机。在金属热溶制程中我们使用了阿根廷母牛骨头，然后再入水冷却。虽然我们并不知道为何会产生此光泽，但这个制程一直是有效的。然而，最近我们知道母牛骨头的货源将要枯竭，我们想请您来帮忙发展一个可精确重制出原有光泽且品质稳定的新制程。

这个项目交给了手边没事的一个学生小组，厂商的工程师无法提出一个具体的攻坚计划，但他们提议或可对金属表面的化学物质进行研究，但这样的说法似乎也意味着答案有可能藏在他们一无所知的地方。

学生小组快速地发现"这里有许多变量"，由于原制程中金属被加热到1600华氏度，因此学生决定先专注于温度与加热时间这两个变量，以试图了解氧化层的金属热力学反应。这需要一个漫长的系统性实验，但是随着绩效压力日益增高，学生开始采用"篡改变量"（fiddle with the variables）与

"靠猜测来决定飞行方向"的操作策略。其后，他们发现将金属放在开放熔炉中加热煮 7 分钟后，再迅速以水冷却，所得到的颜色也相当不错。但这个结果却带给他们一个新的疑问：新方法与原方法到底是如何发生作用的呢？

正如一名学生所说"我们知道并不单是母牛骨头这个因素"，原制程中工人将金属与牛骨放在密闭容器中一起加热；之后，以水冷却时，金属便因暴露而开始产生"溶入氧气"的作用。或许，牛骨的作用像是"牺牲元素"（sacrificial element），它先夺取金属表面的氧元素，而或许这种缺氧状态在着色过程中扮演着重要角色。然而，第一个学期结束时，学生仍无法对这两种制程的原理提出可靠的解释，而新制程也证明是不稳定的，各个扳机的颜色仍然有所不同。

其后在第二个学期中，一名厂商工程师来访并问："你们到底做了些什么？"这刺激了学生去买仪器来测量氧化度，以便自我说服"溶入氧气"是一关键变量。如同一名学生所说"直到那个时候，我们都没有对自己的想法采取行动。当所有变量看来都同等重要时，你就去做最容易的那一个"。

现在，他们仍面对某些不可控的变量，但他们认为对问题的了解已足够开始建立一个原型，以检测他们的概念。他们设计了一个应该具有高生产率与低不良率的熔炉，并决定该熔炉应当是连续与自动化的制程。但接下来，他们立即遭遇了一组新的困难，其中一个特别的困扰是熔炉边缘的热气流会干扰实验。于是，他们决定回头使用批量生产①的蒙烊炉（muffer）。当我问他们是否考虑尝试再设计一个连续制程的熔炉原型时，负责的学生说："我尽力给厂商那些他们所想要的！"指导教授则解释道："连续制程熔炉是一个不同实验情境的设定，而该情境条件又是相对不稳定的，那么为何要继续呢？"

在批量生产的蒙烊炉中，学生已经能够排除早期的某些麻烦，热紊流问题消失了，金属表面起泡的现象也已经解决。但是，学生发现他们只能

---

① 原文为 batch tyye，相对于连续式生产。——译注

在金属的一面生产出想要的颜色与硬度。

下一个问题便是如何在金属两面都得到相同结果。他说，"如果你能使金属垂直地落下，就可以了"，所以他们开始设计一个垂直式熔炉。

回顾这整个过程，我们可以看到，学生是由解释"为何原生产方法有效"这一问题开始。他们首先试着建立了一个金属表面化学变化的理论，但是实验结果是模糊的。而在承受客户要求快速得出结果的压力下，他们达成了一个不需依靠稀缺物质（指牛骨）的新制程，但是他们仍然无法有效地解释新制程与旧制程的原理。

就"如何解释原理"这个新疑问，他们发展了"溶入氧气"的假设。现在他们有一个不依赖牛骨的制程，也拥有看似合理的解释，但是产品质量不稳定。那么现在，他们应该在什么脉络下，进行改善品质可靠度的实验呢？是在原先的批量生产蒙烊炉的实验设定下呢，还是一个"完全不同情境"的连续式熔炉？他们对生产熔炉的选择，也意味着选择了随后的一组新问题。

这整个探究过程可以表征为一个与物质情境的反映性对话，但在这个例子中，反映性对话编织着其前进的方式，如图 6-1 所示，经历了诊断、实验、原型测试以及生产设计的阶段。

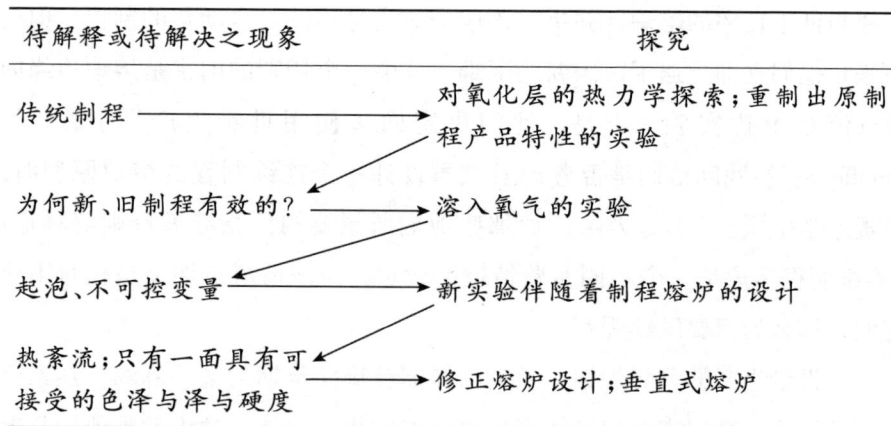

待解释或待解决之现象	探究
传统制程	对氧化层的热力学探索；重制出原制程产品特性的实验
为何新、旧制程有效的？	溶入氧气的实验
起泡、不可控变量	新实验伴随着制程熔炉的设计
热紊流；只有一面具有可接受的色泽与泽与硬度	修正熔炉设计；垂直式熔炉

图6-1　工程设计的阶段：以反映性对话表现

此过程的每一个阶段，学生都面对和他们既有知识分类不相符的困惑和问题，不过他们隐约感觉到，某类理论（表层化学、热力学）可能可以解释这些现象。他们以其理论直觉来指导实验，但在几个关键点上，他们的行动也产生了令其困惑的结果——起作用的制程，以及顽固的缺陷——然后他们再据此反映。每一次这样的反映都再次促发了新实验，产生了新现象——不论是令人困扰的，还是令人期望的——而这又再次引发了更多的反映与实验。与前文中奎斯特不同的是，这些工程学生能够较自由地使用研究理论与技术，但他们对科学研究结果的应用，则是镶嵌在反映性对话的情境中，这情境类似于奎斯特设计历程的概念化草图。

科学研究的艺术
The Art of Scientific Investigation

前一节的设计实例可被视为工程学生们初试身手、不太纯熟的一次探究，现在我要引用一个令人振奋的实例。在这个例子中，技术发明与科学发现相互交织成晶体管的发展。发展晶体管的案例，也是在通过实验检验一组特定假设或达到特定技术效果的过程中，不断出现非预期的现象，而这些现象又带动新的假设、目标与问题。同时实验也检验技术行动，分辨状似合理的科学假设，并探索令人困惑的现象。在这个过程中的某些点上，一个科技的努力行动产生了激发科学发现的现象。在其他的案例中，则是从科学解释中推论出发展新技术的可能性。在这两种案例中，我们对"科学"的异议是，"科学"并不是像科学期刊上所呈现的是在"事实"之后的那类知识，而是在"事实"之前无序的研究，这种研究有时被形容为"科学研究的艺术"。[4]

20 世纪 40 年代中期，约翰·巴丁（John Bardeen）、沃尔特·布拉顿（Walter Brattin）与威廉·肖克利（William Shockley）[5] 在贝尔实验室发展晶体管的历史就是一例。理查德·纳尔逊（Richard Nelson）指出早在第二次世界大战前很久，科学家就熟悉了现在名为"半导体"的物质，科学家发现这种物质具有不可思议、无法言说的属性。早期的收音机工业广泛使用"猫须半导体"①作为整流器，然而由于当时对真空管的功能和可能改进方向都比半导体深入成熟许多，因此，半导体的应用处于真空管的阴影之下。仍有许多科学家在思考如何制造半导体放大器。科学家这个想法看起来是被对真空管的简化类比所激发的：

真空管可以整流，也可通过线路放大。半导体可以整流，那么似乎半导体也应该可以用以放大。[6]

某些研究者提议插入线路制成半导体二极管，但因为整流区域极为细小，所以无法那么做。

与此同时，A. H. 威尔逊(A. H. Wilson)在1931年发表的固体半导体量子机械模式(quantum mechanical mode)，似乎可以对半导体的部分特性做出解释。威尔逊将半导体比作晶体，其内含两种带电粒子——电子(带负电)与电子核(带正电)——两者同时存在并传导电流。而晶体的温度与纯度，则会影响这两个粒子承载的电流。当晶体中所含的"杂质"为锗时，则可制造一个锗晶体(N型，或负极，半导体)，在这种晶体中，电子是多数，电子核则是少数。在混入另一类如硼的杂质下，则成为硼晶体(P型，正极，半导体)，正电电子核则多于负电的电子。P与N结合的晶体，则在电量流通的作用上容易朝向一个方向，因为晶体N面中大多数的带电粒子为负电，而P面多为正电。这样，威尔逊就得以解释P-N晶体是如何发生整流作用的了。

威尔逊模式对了解与解释P型与N型半导体的部分特性，包括微小带电粒子的存在，提供了一定的基础。但科学家仍然疏忽了某些关键点，一直到肖克利(Shockley)、布拉顿(Brattain)和巴丁(Bardeen)在贝尔实验室中的努力才再次得以突破。在这项科学工作的初期阶段，也就是第二次世界

① 其有三脚形似猫须。——译注

大战之后，肖克利对半导体放大功能的想法，开始由以往对真空管的模拟，转移到对电场的利用，并提出由外部——而未实质触及材料——来影响半导体中可移动电子数量的想法。但是，根据这想法所装置的设计，却产生了未料想到的结果。有时，实验效果的迹象并不明显，或即便有正确的反应方向，但其扩大效应却只有预期的千分之一。

为了要解释这一负面结果，巴丁提出的说法是：在电场中的电子陷在"表层状态"（surface states）的表面，因此不被电场所影响。为了检验这个理论，并试图找到一个方法来中和表层"陷阱"的影响，研究者进行了一组新的实验，以纳尔逊的话来说：

这些实验的确观察到电场可引发放大效应。但更为重要的是，在一个实验中（如图 6-2 所示），两个接触点在锗晶体上十分靠近。为什么当初要如此靠近，无须多言，但重要的是，这样的设计产生了放大的结果，电池 A 的联结放大了电路 B 的电流。这是晶体管效应的第一个迹象。

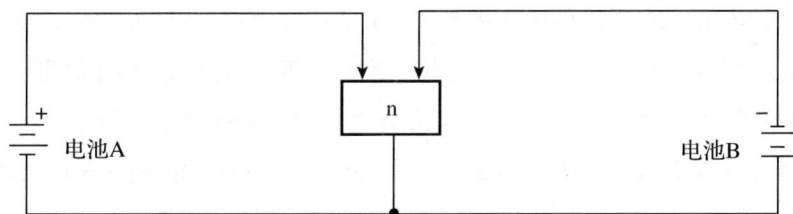

图 6-2　点接触型晶体管[7]

原本是作为测试场域效应放大器（a field-effect amplifier）的实验，结果却引发出另一种完全不同作用原则的放大器——后来被称之为"点接触型晶体管"（point contact transistor）。肖克利后来解释到：B 电路的电流的增加，是因为"电子核"（holes）由左上接触点流动到了右方接触点。关键的概念是"少数带电粒子的流动，N 型锗晶体中的电子核"。[8]正如纳尔逊所言，"点接触型晶体管"仍然并非是真正适当的量化理论。然而，原本的放大实验的非预期结果，却显示了另一种与原先设想截然不同的设计，而这个新放大器则或许可以用"少数粒子"的概念来解释。

肖克利接着继续发展半导体电流中"少数粒子"角色的理论，根据这一理论，他得以有意识而精心地去设计了现在称之为"面结型晶体管"（junction transistor）的装置，如图 6-3 所示。

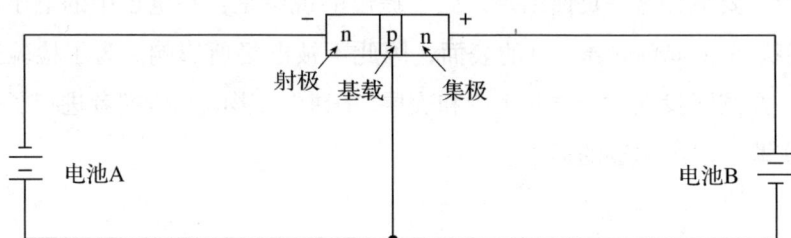

图 6-3　面结型晶体管[9]

面结型电晶体由锗或矽晶体构成，以 N-P-N 组成（或称射极 emitter、基极 base 和集极 collector）。两个 N 区被一个薄的 P 区所分隔。肖克利指出，当 A 电路的电压增加时，将会增加射极与集极间的电流以及流经中央的 P 区的电流。在适度的电压差异下，此晶体管将产生放大效应，即 A 电路的电压改变，将引发 B 电路的更大改变。面结型电晶体的发明仍基于"少数粒子"的概念，而此概念则是来自之前的点接触型晶体管实验。

通过贝尔实验室对半导体的探究结构（the structure of inquiry），如图 6-4 所示，我们清晰可见两种行动以及介于期间的反映。第一种行动，对理论的反映，引发出实验。第二种行动，则由对非预期实验结果的反映，引发出理论或发明。令人惊讶的是，在理论建构与发明两者的交织中，实验同时发挥了证明与证伪的作用，并确认或否定做法以及探索出一些现象。在原来只是为了设计的一个过程中，却不断发现了新假说；而假设-检定的实验，也一再地引发了发明。我们不应简单认定"表层状态实验产生了面结型电晶体"，而应当这样认识，即"在这些实验前，通过少量粒子与面结型电晶体管来放大的路径，全都是模糊不清的"。[10]

理论	实验、现象、发明

第二次世界大战前的
半导体模型 ────────→ 类比于真空管的半导体设计之初步尝试

肖克利的电场理论 ◄──────── 电场效应实验
　　　　　　　　　　　　　　非预期的预测失效

巴丁的表层状态理论 ◄──────── 新实验、发现点接触晶体管的效应

少数载子理论 ◄──────── 交错电晶体的设计

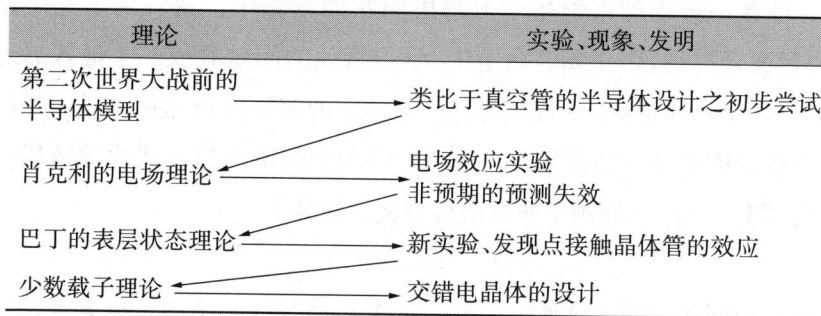

图6-4　晶体管的发展阶段

在晶体管的发展中，实验有时是被设计来验证假设的，现存理论则有 *182*
时是用来解决已知问题的。但假设检定和问题解决都从属于一个与情境反
映性对话的过程，在这个过程中，假设与问题都自然地重新框定了。

对"相似地看待着"的反映
Reflection on Seeing-As

前面描述的案例都有很重要的一步，这一步通常被称为"创造力"或
"知觉"。在手枪着色的案例中，机械工程师设计了一种新的加热/冷却过
程，和有关金属着色中溶氧角色的新假设。在晶体管的案例中，研究者提
出了几个新理论，还设计了几个新装置。当面对预料之外的困惑现象时，
探究者做出初始或暂时的"描述"，而这一描述引导了他们进一步的研究
工作。

这些描述从哪里来的？至少在某些事件中，这些描述是对知觉到的相
似性进行反映的结果，这个过程就是在前一章中，我称之为"相似地看待
着"的过程。在一个人说"和什么是相似的"之前，对相似性的知觉，以及
随之进行的对这种相似性知觉的反映，对于工程设计艺术与科学研究艺术
来说都至关重要。

托马斯·库恩(Thomas Kuhn)在物理理论的发展中确认了这个过程。

例如，他在一名物理系学生学习解决问题的方法中，就发现了这一过程（本书后面会提到）。正如这名学生"学习将他的问题看成一个他曾遇过的问题"，科学家通常会"模式化地将一个问题的解决之道运用到另一个问题上，而较少依赖符号的通则化，将一个问题的解决之道模式化地运用到另一个问题上"。[11]库恩的例子非常值得全文引述如下。

　　　　伽利略（Galileo）发现，斜面滚下的球，将会获得足够速度，以到达另一个斜面的同等高度，而且不论此第二斜面的角度为何，都是如此。伽利略学习到：这个实验类似于单点质量（point mass）的钟摆运动。惠更斯（Huyghens）则想要解决实体钟摆的摆荡中心问题，他将问题想象成伽利略的单点质量摆槌，并附带一个随时可以放开的钟摆链条。当链条松开时，单点质量摆槌将自由地转向飞出，但是飞出后的最大高度与中心点，则如伽利略的实验，受限于万有引力所决定的另一钟摆弧线。最后，在仍然没有牛顿定律的帮助下，丹尼尔·伯努利（Daniel Bernoulli）发现水箱出孔的水流现象类似于钟摆。先决定瞬间水箱水的重心位置以及喷射口位置，接着想象每个"部分水"在喷出水箱时如钟摆一般，所喷弧线的"上升"高度将与其当初"落下"高度相当。由此角度来看问题时，"流速"立刻显现了。[12]

在《科学中类比法的作用》（*The Role of Analogies in Science*）一文中，罗伯特·奥本海姆（Robert Oppenheimer）曾讲过一个有关波理论演变的相似的故事。物理学家将水波理论移植到声波理论，而其他物理学家继而将声波理论运用到电磁波理论上。[13]

库恩称这些过程为"由范例中思考"，一旦一个新的问题被视为和一个已解决的问题类似时，"一个适切的形式主义和一个将其符号性后果附着到其特性的新方法便随之产生"。[14]"随之产生"是指，从较早知觉到的相似性的反映而来。当这两件事十分不同，但却被经验范畴视为相似之事时，那么"相似地看待着"就是一种我称之为"概化比喻"（generative metaphor）的形式[15]。在这一形式中，"相似地看待着"可能在发明与设计中扮演关键角色，就像下面的例证所显示的。

数年前，一组产品研发的研究人员努力研究如何改进一种以人工鬃毛做成的画笔。[16]和旧式自然猪鬃制作的画笔相比，新产品画起画来，笔墨时断时续且浓淡不均。研究人员尝试了好几种改进方法。比如说，他们注意到，自然猪鬃毛的笔尖有分裂的毛尖，而人工的则没有，所以他们试着将人工毛尖也弄分裂，但并无明显改进。他们也做了不同直径大小的鬃毛，但均无效果。

之后，有人观察到，"你知道吗，一支画笔是一种抽水机！"他指出当一支鬃毛画笔被压向画纸或布的表面时，颜料被强压至鬃毛间的空隙，再到画布或纸的表面上。颜料流经鬃毛所形成的"管道"，而当画笔鬃毛弯曲时，这些"管道"则会变形。他注意到当画家绘图时，有时会振动画笔，用来促进颜料的流动。

于是，研究人员将画笔想成是抽水机，用自然鬃毛与人工鬃毛进行了不同的实验。他们发现当画笔被压向画纸表面时，自然鬃毛会变形成一个圆缓的曲线，而人工鬃毛画笔则变形成一个近似于角度的形状。他们推测这个差别可能是导致人工鬃毛表现出黏稠效果的原因。那么，他要如何才能使人工鬃毛画笔的弯曲形状变成一个圆缓弧状呢？

这一思路促使研究小组进行了各种发明。不同的纤维可能产生出不同的密度，可能纤维的不同束紧方式也有不同影响。一些发明随后变成了试验，而这些试验的确生产出了更为柔顺流畅的鬃毛画笔。

"画笔像是抽水机"是我所指的概化比喻的一个实例。我们也可以说这个制造比喻过程的特点在于，这位研究者先是以熟悉的方式来描述绘画开始，然后以一种娱乐方式来命名（抽水机）替代绘画的过程。在这种关于绘画的再描述中，他们对现象的知觉与先前对绘画的描述均被转化了。是什么使得这个比喻的过程不仅仅是一种描述而已呢？这是因为这一新的想象性描述，原来就属于虽熟悉但却是不同的一件事情；因此，每个人原先对"抽水机"的了解，都潜在地被带入到关于绘画的再描述中。这些研究者都

185

涉入了"看 A 像是 B"的重构过程，而 A 与 B 原本是被知觉、命名与了解成两件不同的事情的——它们是如此不同，所以平常你若张冠李戴地描述它们反而是一个错误。这是对现象 A 与 B 知觉的重构过程，这种重构使我们能将在其他情境下称为的"错误"称为"比喻"。

并不是所有比喻都是激发性的。例如，在研究者们讨论鬃毛画笔的问题时，他们也谈过绘画像是"绘画布戴上面具"。但是这一比喻并无法带来对画笔新特性的知觉，也没使大家能以新眼光看待它。"画笔像抽水机"之所以是一个激发性的比喻，那是因为它使研究者产生了新的知觉、解释与发明。

很重要的一点是，研究小组在能够说出画笔确实和抽水机有怎样的相似处之前，他们就必须先看到画笔像是抽水机。一开始，他们并不太清晰地知觉着两者的相似性，但他们借此邀请其他人用同一视角来看，或者形象地用"挤"或"用力压迫"，来传递他们捕捉到的绘画过程中与吸、放水相似性质的行动。稍后，他们在已掌握的相似性上努力往前，建立了更细且明确的分辨与描述，这些描述在后来演变成了"吸/放水通过"的概化理论，这一理论把画笔、抽水机、抹布和拖把一起都纳入同一个技术分类范畴。

如果认为在建构概化比喻时，研究者最先就注意到了"画笔与抽水机之间特定的相似性"，这就是一个严重的误导了。因为概化比喻的建构是一个发展的过程。它有一个生命周期。起初，只是看到或感觉到 A 和 B 是相似的，但尚不能说出是什么方面相像。稍后，研究者反映自己所知觉的，逐渐能够描述在"A 与 B 的重构知觉"中，存在的元素及其之间的关联；所以是对这些元素间的关系先于分析所发生的察觉，使一个人能描述 A 与 B 的相似性。之后，他可能建构一个概化的模式，在此模式下对 A 和 B 的重新描述就可被视为是示例了。这个新的模式是对所知觉的相似性进行反映后的产品。将这个模式移植到过程的开始来解读它，可以说就涉及一种历史的修正了。

因此，在科学研究和科技发展中，探究有时可以搞清楚如何解决独特的问题，或是通过把不熟悉的现象类比到熟悉已知的现象上，来理解令人

困惑的现象。根据被看作相似的两个事物的初始概念化的相似性或距离、 187
熟悉性，来发挥示例或概化比喻的作用。在前面两个案例中，通过对先前
知觉到的相似性，在行动中进行反映，探究者得以对现象发展出一个新的
描述。对相似地看待着的反映，在库恩科学历史的例证中和我所述的抽水
机-画笔的故事中均清晰可见，读者同时也在前一节工程师的发明案例中
看到同样的历程。在这些案例中，我们无法告诉你研究是基于什么资料来
做出这样的一个解释的。然而对相似地看待着进行反映，的确暗示了一个
探究的方向与历程，这样的历程过去人们是以"直觉"或"创造"来笼统总称
的，而我则将这些历程置放在行动者与情境反映性对话的概念框架之中。
这一点我在前面的工程设计和科学探究的艺术性中已有所提及。

科学立基实践的脉络
The Context of Science-Based Practice

到目前为止，我一直尝试展示行动中反映是如何在探究中扮演一个重
要的角色的，而它非常吻合科学立基实践的狭窄定义。现在，我要转向科
学实践工作者较狭窄的技术活动与他所无力控制的较大社会脉络之间的
互动。

当一名都市工程师忧心地思索要建什么路而不是如何去建路时，他所
遭遇到的是土地话语的政治和社区组织的抵制。他所对抗的是该条道路会
触及那个地区的经济、社会与政治生活。当他已设计好一条道路，开始将
设计转换成现实时，他触及的设计之外的问题包括：市政府预算的限制、
劳工组织的反应和土地签约者可能的政治计谋。工程师会将这些乱糟糟的 188
因素置于其专业生命之外；他可能倾向于较窄化地界定专业，想清理出一
块专业工作的空间，而视其余的情况为必要之恶（a necessary evil）。或者他
可能受到来自较大情境影响力的干扰，把其纳入专业考虑的范畴，将自己
放到复杂、不稳定和不确定之中。

正是在技术问题的环境中和在其解决方法的实施中，科学立基的实践

者经常直接面对"严谨还是适切"的两难。因为，不论是问题情境或问题的落实解决都无法遵循科技理性的模式，而且在处理这些问题的过程中，工程师所遭遇的问题情境类型也正是那些次要专业工作者（如规划师、社会工作者或行政管理者）在日常实践过程中所遭遇的。不过，他可以将这一堆问题带到科学立基实践者的思维资料库中去。

很幸运，我认识并与这样一位工程师一起工作过。他绝对不是一位典型的专业化工程师。他所选择专注的问题与他所建立的实践风格都使他和他的工程同行们有所不同。但也正是这个缘由，他的实践显得饶富趣味，因为它彰显了技术性问题解决和在行动中反映如何与专业生涯相结合，而这一结合使其生涯超越了科学立基实践通常所设定的界线。

这位工程师的名字是迪尔·威尔逊（Dean Wilson），他曾在一个防卫系统实验室中学习，主要研究雷达及某些计算机的早期应用问题。20世纪50年代，他成为密歇根大学工业工程系的一员。与某些专家一样，他相信系统工程的方法可以由工业防卫用途转到民用上；但不同的是，他以企业式的路径实现这个想法，而且在其他专家放弃的情况下，仍坚持不懈。20世纪60年代初期，威尔逊和他的几个学生组成了一个小组织，开始将系统分析应用到社区的机构上，如图书馆、医院。60年代中期，他成为哥伦比亚卡利（Cali）的瓦列大学（del Valle University）的洛克菲勒专任教授。

在威尔逊早期的工作中，他发展了两个对他日后实践工作深具影响的、有力的指导思想[17]。第一个是程序流程模式（process-flow modeling）；第二个是齿轮实验法（cogwheel experiment）。

作为一位系统工程师，威尔逊一直置身于材料处理与沟通的输入-输出模式中。在这些模式中，输入被视为一系列操作的流程，而且以效用与损益来描述它们。通过对这些变量的正式描述，在既定的目标功能下便可计算出最好的流程设计。对威尔逊而言，流程设计早已提升到概化的高级层次上［他对肯尼恩·布丁（Kenneth Boulding）在一次演讲中的说法印象非常深刻：这个世界上任何事物皆可以流程来理解］，他自己还建立了流程模式（process models）的复杂理论与技术。

威尔逊在"防护系统实验室"工作期间，学习了齿轮实验法。这个实验方法是兰德（RAND）系统研究实验室发展来训练美军团队防御敌人攻击的训练方法。30—40个空军飞行员模拟空中防御的实验，他们在每一轮（每一轮约200小时）实验中要侦察和摧毁敌机，模拟敌机的符号以1分钟300架的频率出现。很多的训练方法均无法令人满意。然而在齿轮实验法中，参与实验的飞行员即使在空中航行流量3倍于平均流量时，仍持续保持了高效能的防御能力。在这个实验中，团队不受所有标准的程序的限制，并可独立自由地发明新战法。他们不时且迅速地得到别人对团队表现的反馈。在实验中，主屏幕上给每一位飞行员一个图表，图表上给出的是组织对其任务的反应方式。在这种情况下，团队发明了简化的方法（例如，以手势替代复杂的通信设备，这样每个人都可以立刻看见）。而且，他们学习使用较少的信息，到实验结束时，他们所使用的信息比一开始时少了一半。威尔逊将这一实验推广运用到最大的可能范围，而且他喜欢援引一位学生的观察，即"……每个问题均应该遵循齿轮实验法"。

从威尔逊在哥伦比亚早期工作的一个实例中可以看到，他以这两个指导思想来框定新情境的问题的能力[18]。

他曾被要求协助解决卡利一家教学医院中发生的问题。医生们发现医院的药品管理发生错误的比例很高。医生指责护士，并相信将她们都送到专门的训练课程接受培训是解决之道，但他们知道这样做耗时耗财。于是威尔逊便图解了从医生指令转换到病人领取药品的管理"流程"。他发现与美国其他医院5%的平均错误率相比，这个流程错误率高达33%。应用折半研究法①后，他发现错误十分平均地分布于整个流程中。

威尔逊在医生、护士与勤务人员列席的会议中报告了这些结果，并询问与会者减低错误的方法。他还在走道墙壁上，贴上了一张呈现前一周整个流程不同阶段出现错误的图表。当参与者发现可以减少错误的方法时，

190

191

---

① the method of binary search，在流程的中点测量失误率，然后再于剩余半段的中点检验一次。——译注

就在表上作下记录。逐渐地，3个月后，错误率降到全国平均值。威尔逊以流程观点来框定这个问题，再以齿轮实验法来解决问题。在这个过程中，医生和他们的部属——依照更传统的路径，其是问题社会脉络的一部分——发挥了问题解决和执行解决方法的双重功能与双重角色。而这样的双重角色，就不需要担心专家单方面提出的解决方法在执行上的抗拒问题。

接着，威尔逊采取了一个相似的路径，去解决卡利地区营养不良的问题。

哥伦比亚6岁以下儿童广泛存在着营养不良的问题。在卡利周边考卡山谷（Cauca Valley）地区，鼓胀着肚皮、细瘦手臂和缺乏蛋白质的浅色头发的儿童随处可见。随着威尔逊对营养不良的认识，他发现许多研究者早已有所研究。大家对这个问题的迫切性均有共识，但却对营养不良的界定存在着意见分歧。代表不同专业与信念的研究者，以众多相冲突的观点来探讨这个问题。

某些营养学者，如赫伯特·西蒙（Herbert Simon）在"食物问题"中，寻求通过由市场上已有的食品中选择最佳的食品，来减轻营养不良的问题。但威尔逊指出，当哥伦比亚全部的营养品被全部人口分配时，每人每天能获取的蛋白质将低于最低标准。在全国营养水平存在落差的情况下，所谓"营养不良"的问题远不只是可摄取的食物的最佳选择方案这一问题。

在哥伦比亚建立过农业研究工作站的农业学家，则视营养不良问题为农作物生产率的问题之一。他们尝试研究与推广高氨基酸玉米与高蛋白稻米和大豆的品种。但是在某些农村地区，由公共医疗所实验的结果则显示：当营养不良的儿童被照顾并摄取了增量的蛋白质与卡路里后，他们仍然营养不良！这些儿童营养的流失是因为肠内寄生虫引起的腹泻，公共健康专家于是想到改善水质，以现代水管取代井水，并在家庭教育中增加卫生教育科目。

某些经济学者想的又是另一番景象。他们探察到导致卫生系统欠佳与低蛋白质食品的唯一原因即为贫穷。贫穷家庭必须要先具备生产力以提高其收入水平，才能达到得以实行"减低营养不良计划"的经济水平。这些经济学家所设想的是训练、兴办乡镇企业，以及将工人安置到高就业率地区。经济学家声称：只有在低国民经济增长率的国家中，才有营养不良问题，所以唯有有效的经济发展政策才是解决之道。

其他的观察者注意到在考卡山谷地区，非常肥沃可种植大量农作物的土地上，土地拥有者为了出口种植了甘蔗和牧牛，而贫瘠山区的农民却为了生计竭力维持着小农场。哥伦比亚需要土地和财富的重新分配。在这样一个5%的人口消耗了80%农产品（几乎所有的肉类产品）的国家里，最好的土地被用来出产农畜产品，营养不良是一个政治经济问题。更加激进的成员对传统的政治方案彻底绝望。他们期望革命，指出斯特罗所领导的古巴是拉丁美洲营养不良的一个闪亮耀眼的特例。 *193*

具历史视角的研究者指出，从国家层次来说的营养不良是近年才出现的现象。20年前，哥伦比亚的农业总产品足够分配给全国人民使用，但20年来人口的快速增长，超过了农业产能。哥伦比亚全国蛋白质的不均与不足是公共卫生干预策略成功的结果，特别是20世纪50年代来自世界卫生组织为根除疟疾所施行的强力介入。在他们看来，营养不良问题实际上是人口控制问题。

在上述对问题界定的罗生门中，每一个专业都依据自己的专业知识、意识形态和利益去框定营养不良的问题。

作为一个系统工程师，威尔逊想通过在一较大系统内命名许多不同因素的方式来协调相冲突的观点，这个系统流程的产出便是儿童的营养状况。他所想象出来的是一个营养输送的流程，这一流程始于农田，终于儿童的身体。他想要发明一个方法，这个方法可以使他估算在流程的每一阶段所遭受到的营养流失。弄清楚了每一阶段的"营养落差"（就像他对药物管理的行政流程所做过的失误测量一样），他就可以了解到在哪个点上应进行介入，以减低营养不良的问题。

图6-5是该"营养流程模式"的简化版本。 *194*

威尔逊力图使用这种模式去计算出整个区域、村庄和个别家庭的营养

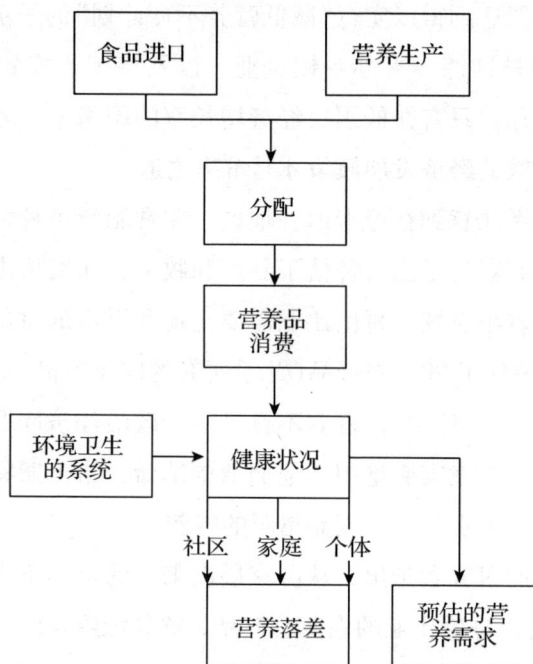

图 6-5　营养流程模式

落差。他的介入由社区层面开始，他是这么说的："怎样能在几年内以最经济、务实的方法来最终消除营养的落差?"他组织了一个项目团队，成员来自他在哥伦比亚与北美的同事与学生，并在考卡山谷地区的六个社区里得到支持以实验他的营养流程模式。但这个模式的方法论问题却难以解决。对营养不良如何测量、营养落差的计算，甚至是对"营养分配"与"家庭"这些基本概念的分析，都出现了严重的问题。例如，在某些村落中，儿童每日最主要的一餐不是在家中而是在非正式的托儿所(当父母都在田中工作时)。每家的营养落差，有赖于对家庭消费可信的测量，但这却极难获得。结果变成了家庭成员为了符合他们在观察者标准中的形象，提升了他们的消费水平。

195　　一系列的方法论问题使得人们质疑在一个模型内是否能够包含所有营养问题的相关变量。同时，威尔逊也意识到执行这个模型的难度。谁来执行社区级的干预呢?如果是外界专家，将会使社区被动性依赖外界人士的

趋势更加恶化。已经有许多案例都是因外界刺激或是人为操控的干预，最后在执行后期宣告失败。除此之外，我们缺乏能够推广到所有社区且可靠的干预技术。威尔逊越来越觉得营养循环链模型并不是一种让外界专家使用的一般诊断技术，而应作为分析框架提供给社区居民，由他们自己分析并解决自身营养失衡问题。

当威尔逊与他的同事被邀请参加一个离卡利两小时车程的布宜诺斯艾利斯村的教育计划时，一个将他们的想法付诸实际试验的机会出现了。威尔逊在瓦列医学院的同事是一位在这个村庄长大的医生。他当时正在位于村庄外围的霍格住宿学校，与农场的学生们一起工作。霍格①是哥伦比亚为农村小孩设立的200多所中学中的一所，没有这类中学，农村小孩将无法获得小学以上的教育。大约100位13—19岁的学生，在一个农场工作，自力更生，同时接受普通中学教育。霍格提供了威尔逊一个他一直在寻找的机会。而其后的几年，威尔逊一直在布宜诺斯艾利斯村给农民的孩子教系统工程。

196

威尔逊与一位曾参与和平组织的基普·艾克罗德（Kip Ekroad）一道，花了很多时间在霍格认识那里的儿童与工作人员。每周三下午，当学校没有日常课程的时候，他们会与学生见面。

正当他们不知道如何将营养不良、营养循环链以及实验等问题介绍给学生时，威尔逊突然想到，他们可以利用测试不同饮食习惯效果的实验鼠来引起学生们的好奇。老鼠的笼子按矩阵形状排列，这样大家能够从上左方到下右方明显看到老鼠因不同的饮食而导致其尺寸与行为均有所不同。这种展示通常都能够吸引参观者的注意力，因此也应该会在布宜诺斯艾利斯村产生同样的效果。

第一个周三，教师带来9只老鼠并告诉学生："我们希望留下这几只老鼠，当然你们需要喂它们食物，你们建议喂什么？"

学生们无法就老鼠的食物达成共识，三个最主要的建议是：丝兰与大

---

① 原文"Hogar"在西班牙语有"家庭"的含义。——译注

香蕉（两种当地普及的食品但都没有蛋白质）、学生们在霍格学校常吃的食品，以及标准的实验室老鼠食物。威尔逊与艾克罗德建议，"那就将老鼠分为三组，每组三只，每组喂不同的食品，然后再观察它们是否会有不同的效果。"

学生们开始执行实验。他们很热心地喂食与照顾老鼠，并且每周称他们的重量。一周以后，初期的结果令学生吃惊。吃霍格饮食的老鼠体重大幅增加，而吃丝兰与大香蕉的老鼠体重大幅减轻。四周以后，学生们担心这些老鼠可能死去，于是他们展开了广泛讨论。他们决定改变老鼠的饮食习惯，然后将变化画出来。结果两条曲线交叉相遇了。

由这个简单的实验出发，发展到针对老鼠的饮食做更复杂的实验（其中一项包括研究维生素的神奇特质），进而探讨人类的营养失调问题。

在第一次的实验进行后，他们给学生们看一群 7 到 8 岁小孩的相片，然后问他们："你们看到了什么？"

学生们发现一些人个子小、一些人个子大，还注意到，"个子小的很沮丧"，"他们没有肌肉"。工作人员没有用"营养不良"的字眼，也没有问学生有关这些小孩的饮食。他们希望能够引出小孩自然的反应，来测试学习迁移（从老鼠到人）是否成功。但是，学生们并没有什么反应。

一些住在霍格附近的学生，每个月都能够回家一次。几周以后，他们要求这些学生回来的时候提供家属的资料，包括姓名、性别、年龄及关系，并且要求他们获得他们兄弟姐妹的体重资料，然后将数据显示在点状图上。工作人员对这些资料进行独立分析，发现几个轻微与严重营养失调的案例。学生们对于资料没有太多意见，他们还没有足够的知识来做这样的分析。

当体重的资料在图表上画出后，他们告诉学生们可以从图表看到自己兄弟姐妹的营养情况，但是无法辨认营养失调的绝对程度。然后告诉学生们要进一步地了解他们家人的饮食习惯。当学生问如何进行时，他们指示学生首先要"问你们的母亲"，然后"称食品重量"，这是诊断历程中两种主要的方法。

其中一位学生，艾达(Aida)，写下了她在实验初期的观察。

> 我渐渐深信大香蕉与丝兰并不是我原先认为的那种好食品，它们并没有提供正常发育需要的营养。我感谢这个试验，不是因为有趣，而是它让我发现什么是好的营养品以及它的成分。
>
> 在课堂上，我们被要求称量5岁以下的小孩的体重，然后跟老鼠一样，孩子的身材与年龄告诉我们他是否营养均衡。在到各家称量我们的小弟弟妹妹之前，我们先跟一些住在学校附近的女孩学习如何称量儿童。
>
> 然后我们到自己的家中称量弟妹们的体重。我们称量了许多小孩，带回许多资料来测量营养均衡或失衡的程度。
>
> 这种教学系统对我很有帮助。我很喜欢这种实际的方法。因为我们比较容易忘记别人说的话，但是很难忘记我们自己做过的事。我学到每个人需要分析自己的问题，然后寻找方法来克服问题，而不是期待别人来帮我们解决问题。
>
> 我期待学习如何能够解决我们国家面临的营养失衡的问题。 *199*

当学生们被问到他们在家里发现的"问题"时，他们很困惑。他们无法找出"问题"，可能很难将他们平时的习惯形容为"问题"。但是他们开始关注他们兄弟姐妹的饮食习惯。这也导致他们开始探究有关高蛋白质食品，特别是大豆的种植与食用的相关问题。几个月后，学生们开始研究农业生产率的问题。他们开始在霍格的农场上的小山丘上开展实验，讨论增加生产率的办法，并且像他们渐已习惯的那样，通过更多的实验来解决他们之间的意见分歧。

他们第一个类似的实验包括测试三块玉米田，一块不施肥，其他则分别使用天然与人造肥料。一位霍格的学生向参观者说明，这与老鼠实验一样。当参观者不理解时，学生说："你没有发现吗？这跟喂养老鼠相似，只不过我们是在喂食植物而非老鼠！"

学生们最后发现长得最高的玉米并非在任何三块玉米田上生长的玉米，而是在被冲到山丘下的土地上长出的。发现这一现象后，他们的研究从肥料转移到土质侵蚀问题，这个问题一直困扰着考卡山谷附近的农夫们，他们一直努力在该区类似黏土的红土上耕种。威尔逊与艾克罗德则开始给学生教导有关土质侵蚀与控制的知识，之后学生们开始进行试验。他们在测量土质侵蚀程度时，一位学生设计了一个简单却很棒的工具，在山丘底部植入一个中空的圆筒，圆筒上所累积泥土的高度，将可以显示土质的侵蚀程度。

与此同时，这些学生的父亲开始对孩子在学校里的学习感到好奇，这些憔悴而有尊严的男人，为了支付生活所需，经常需要骑着驴子，从一个村庄走到另一个村庄，到处挣钱，不过他们并不对学校的学习漠然视之。他们观察孩子的学习并且互相讨论，其中几位决定在他们自己的田里种植大豆，一部分的人则开始尝试灌溉和土壤侵蚀控制的实验。

这个课程对于艾达与其他学生，开始产生了其他影响。当布宜诺斯艾利斯的市长从市政当局拿到一笔钱并且宣布将会用来修路时，一群学生决定挑战他。他们质疑为什么当村子里并没有任何人拥有车子时，居然要把钱用在修路上，而不用在改进已被严重污染的水源上。市长困窘地一下子答不上来，最后终于采取学生的建议。然而这个事情被当地支持霍格发展的咖啡种植者知道了，他们的反应就不这么仁慈。他们认为霍格的设计，应该用来培养好的工人，而不是使孩子起来反抗既有的秩序，所以他们取消了对霍格的支持。好在霍格还有其他的投资者，这所学校才得以生存下去。

在整个布宜诺斯艾利斯的教学项目里，威尔逊和艾克罗德发展出一套他们想得很多却很难说清楚的工作模式（他们比较看重自己的实践，不太在意表述），他们早期的老鼠喂食实验是最好的范例。他们找到具体的、足以引人注意的内容让学生感兴趣，同时让学生从其中了解到类似于人类营养的模式。他们试着创造情境让学生自己去发现关联性。例如，他们自己的饮食习惯与年龄-体重比例的关联。同样，学生也经验一种不同于局限于教室的学习设计，在没有可清楚陈述的原则下，进行某种实验与行动。威尔逊和艾克罗德设计实验让学生去检视他们的假设，同时也欢迎任何意外的发现，如被冲到山丘下的土上长的玉米长得最高。

至于学生在学习什么，就像艾达所说的，学到主动寻找方法解决自己的问题，同时对外在的权威保持质疑，用实验来处理不同意见。然而他们学到的可能不止于此，有些学生能从喂养老鼠的实验了解到肥料的实验，有些学生则看到山丘下的植物长得最好而注意到土壤侵蚀的现象。在某种程度上，这些学生似乎都能用熟悉的框架来理解不熟悉的框架，同时当自己的行动带来未曾预期的现象或改变时，重塑自己的问题。

类似的过程也曾发生在威尔逊营养失调的项目上：一开始他想象有一个营养循环链模式能够包含所有的相互冲突的研究营养不良问题的相关变量，期望外界专家可以据此诊断与治疗个别社区的营养不良问题。然而，当他发现方法论上有建构和不易执行的困难时，他决定重新思考自己的干预方式。要让社区居民（而不是外部专家）用营养循环链模型来分析与设计他们自身营养失衡问题的解决方式。这种转变，使得社区居民的学习和降低营养失衡的议题一样重要。如此一来，社区居民——这些人一般被认为只是技术实践的社会脉络的一环——成为解决问题的参与者。当威尔逊寻求建立霍格实验的情境来探讨营养失衡，他必须框定和反映新的问题，这其中他必须引进和引导社区居民来共同探寻。他的工作既是个系统工程师，也是个老师。

202

某种程度而言，布宜诺斯艾利斯项目产生的结果模棱两可。虽然它促使部分居民对生产和食用大豆进行实验，不过对于营养失衡的现象并没有很明显的效果，至少在项目执行的前几年是看不到的。的确，未来是否会对营养失衡的现象产生影响仍不清楚，因为大部分居住在霍格的儿童，毕业后可能移居到邻近的市镇（根据一项报告显示约五成）。然而这个项目的确引起有兴趣的人的想象。哥伦比亚资助霍格的组织对于布宜诺斯艾利斯的实验很感兴趣，并且将其做法复制到别的地方。观察这一项目的专家们，对于运用教育实验性方法来处理居民营养失衡现象的成果也感到振奋。

布宜诺斯艾利斯项目显示出威尔逊身为系统工程师不寻常的一面，也同时概括了本章的主旨。工程师与科学家有时将行动中反映带入工程设计和科学研究中。威尔逊已经将它应用在自己的工作中，并将技术上的分析和社会性的干预融为一体。科学家或工程师学习用熟悉问题来理解不熟悉问题，通过对知觉但难以言说的相似性的反映来试图建立新理论。威尔逊的个案建立了一个有力范例，说明其是如何感知这一独特又复杂的社会-技术情境的。他并非在实践中删去了技术性的解决方式，而是将其深深镶嵌于关联的、自成一格且严谨的行动反映之中。

注释

1. Nathan Glazer，"Schools of the Minor Professions," *Minerva*，1974，p. 348.

2. 见 William Schwartz and Stephen Pauker et. al.，"Foward the Simulation of Clinical Cognition: Taking a Present Illness by Computer," *The American Journal of Medicine*，60，1976(7)，pp. 991—996.

3. Harvey Brooks，"Dilemmas of Engineefing Educatiorl," in *IEEE Spectrum*，1967(2).

4. W. I. B. Beveridge，*The Art of Scientific Investigation*，New York，Random House，1957.

5. Richard Nelson，"The Link Between Science and Invention: The Case of the Transistor," in *The Rate and Direction of Inventive Aawity Economic and Social Factors*，Universities-National Bureau Conference Series，No. 13，Princeton，Princeton University Press，1962.

6. *Ibid.*，p. 557.

7. *Ibid.*，p. 562.

8. *Ibid.*

9. *Ibid.*，p. 563.

10. *Ibid.*，p. 567.

11. Thomas Kuhn，"Second Thoughts on Paradigms," *The Essential Tension*，Chicago and London，University of Chicago Press，1977，p. 305.

12. *Ibid.*

13. Robert Oppenheimer，"Analogy in Science," *American Psychologist*，11，1956（3），pp. 127—135.

14. Kuhn，"Second Thoughts," p. 306（"both an appropriate formalism and a new way of attaching its consequences to nature"）.

15. 见我的文章"Generative Metaphors in the Setting of Social Policy Problems," in *Metaphor*

and Thought, Andrew Ortony, ed. , Cambridge, Cambridge University Press, 1979.

16. *Ibid.* 画笔的例子最初曾在我的著作 *Displacement of Concepts*（New York, Humanities Press, 1963）中描述过，其发生于我在剑桥的 Arthur D. Little 公司任职期间。

17. Dean Wilson, unpublished project report, 1977.

18. 来自 a report of the Community Systems Foundation, Cali, Colombia, 1978.

第 7 章 城镇规划：行动中反映的局限
Town Planning：Limits to Reflection-in-Action

规划实践的演化脉络
The Evolving Context of Planning Practice

在格莱泽的次要专业社群中，城镇规划处于基本的位置。规划实践的体制脉络的变动不定是出了名的：专业内部百家争鸣，对规划的角色、对有用的专业知识体系，每派的看法都不相同。以目前的情况为例，规划人员承担的功能五花八门，设计者、计划制订者、评论者、特定利益倡议者、执法者、管理者、评价者及中介者等不一而足。每个角色都与特定的一些价值观、策略、技术和知识体系相联系。随着时间的推移，规划的角色形象已在相当短的时间之内，发生了很明显的演化。这个专业始于 19 世纪与 20 世纪交替之际，之后几十年间，与此相关的不同规划理论与实践都流行了起来。这些发展，部分原因是为了回应由规划者自己所形塑出来的脉络变化。规划角色的演化历史，可被理解为规划专业与其所处情境之间的全方位对话。

20 世纪初，随着城镇规划运动的发展，规划人员开始受到关注，也开始拥有权力与专业地位。在美国，大规模的规划方案逐年增加，地方性的规划委员会也普遍设立；与此同时，城镇规划支持联盟也在英国形成了。[1]到了第二次世界大战之后，也许是受到战争期间军事与经济规划的影响，集中式规划的观念先是要求在城镇规划时应全面考虑，应有可控性；之后，这种观念又扩展到其他领域，诸如：都市更新、都市与区域交通、健康医疗服务、大众教育、心理健康，以及刑事犯罪司法体系等。

在这种集中式规划过程中，核心规划者坐镇在由不同政治势力联盟，并通过立法程序合法创立的机构中，以此作为他面对错综复杂工作及指挥的基地。核心规划者，将自己置身于他所规划的整个系统的核心，在规划执行人员和将由此规划获利者之间扮演中介的角色。规划专业实践中的知识系统，要处理许多问题，诸如：框定目标、想象理想的未来、描绘基础状况、辨明各种替代性的行动策略、界定出需要回避或清除的障碍、找出需要花力气去影响的系统所在，以及预估行动的各种后果。此后，这些规划人员还得考虑到实际执行规划的可行性，以及"推广"此计划时的各种政治性难题。

在整个 20 世纪 60 年代中期，集中式规划都以此模式进行着。其运作建立在两个主要预设上：

1. 对于公众的利益有可以运作的共识，而这种共识，足以设定规划的目标。

2. 的确存在一个知识系统，足以建构集中式规划。

这两个预设是否为真，并不重要。它们曾经被广泛地接受，也为规划专业建构出许多文献与术语。然而，到了 20 世纪 60 年代中期，这两个预设都遇到了麻烦。

社会大众，包括规划人员自己，都越来越觉察到这些集中式规划的结果达不到预期，不但出现了不想要的结果，更出现了破坏性的副作用。原本规划来解决问题的计划，却引发了更多的问题。有些知名规划专家，急于想要发挥作用，然而贫穷、犯罪、都市的拥挤或衰败，这些原本该被改变的现象，却顽强地抗拒着各种干预行动。被最广泛相信的一些预期（如学校的入学率），却被证明是错的。原本企图对社会现象建立正式、量化数学模型的努力，结果却淹没在复杂的现象之中。原本企图进行的社会实验，结果却被社会脉络中不可控制、不可预期的变化给混淆了。而规划人员，也有意或无意地违背了当初信奉的价值理念，反而服务于某些特定的利益。社会批评与愤怒的政治压力团体的涌现，正说明了当初认为是有意义的规划，结果却完全违背初衷。随着规划工作所面临的范围与复杂度的增加，规划人员发现他们原有的理论模式与技术不足以分析、诊断与预测他们所面对的工作任务。原本规划所力图明确界定与解决的所谓"问题"，目前却变成由许多矛盾的价值观、利益与意识形态组成的两难困境。

到了 20 世纪 60 年代中期，大众不再相信有所谓的社会大众的共识这回事了，甚至怀疑建立大众共识的可能性。伴随着集中式规划与政府行为所带来的恶果，围绕社会不公、受灾、被忽略等议题形成了各种特定利益团体。到了 20 世纪 70 年代，围绕公众利益并没有形成全国性的共识。整个社会迈向了多元化，各种特殊利益团体纷纷出现，诸如：少数族群、妇女团体、环境保护团体、消费者保护团体、工作安全与保健团体、残障团体、教育改革团体、社区保护团体、学校社区化团体、能量节约团体、倡导人口零增长率团体、堕胎的支持或反对团体、宗教与道德的基本教义派团体、枪械管制与自由开放的团体、预防犯罪的团体、倡议精神病院与监狱去制度化团体，等等。具有选举权的公民们，开始自觉地组织起来，将他们各自关心的议题，主动搬到社会大众的舞台上公开辩论，甚至采取政治行动，将他们关注的问题纳入立法与司法议程中。

在这种众多特殊利益团体并存的情形下，冲突是难免的。有时，对立双方的团体之间直接且公开地展开冲突。有时一开始冲突并不明显，直到有一方成功之后，另一方的诉求受挫，冲突才逐渐白热化。也有这种情况，大家所诉求的目标一致，但资源有限，从而形成了彼此竞争的关系。

整个 20 世纪 60 年代，一群新兴的社会规划工作者开始形成，并批判当时既有的规划机构粗暴地践踏了弱势者。在众多的都市更新领域的学习者之中，赫伯特·甘斯（Herbert Gans）、简·雅各布斯（Jane Jacobs）、弗朗西斯·皮文（Francis Piven）和马克·弗里德（Mark Fried）揭露了都市规划工作是如何假借为大众利益之名，以搬迁穷人与弱势族群为手段，而行房地产开发商和大财团获利之实。[2] 这些具社会批判与倡议精神的规划工作者，他们的工作场域，就在寻求他们帮助的民众所在的社区、他们所要抗争的机构、他们试图影响的媒体、他们为受难者争取赔偿的法院，以及他们努力修订的立法机关之中。他们所具有的实践中的知识包括：为弱势代言，或协助弱势为自己发言；揭露集中式规划专业的神秘面具；团结具有共同利益的盟友；说明政府与财团的行动如何影响弱势；促成保护弱势的政策与方案，并明确界定实施的细节；构思为弱势群体获取曝光率，并且在政治舞台上发声；与立法者、执法者及相关行政人员建立关系，等等。

这些批判人士、社会倡议与组织工作者，不是仅喊口号而已，他们的确能将理念落实且加以宣传。他们成功地影响立法，有的促使对既有机构的行动加以规范，有的促成了对特定利益团体的服务方案或财务方案的支持。由于他们的成功，这种强调社会脉络的规划，形成了一个真正能满足不同利益与理念的体制化工作场域。通过立法建立的规范性系统，可以用来监督与控制各种机构（如企业、学校、医院、大学、房地产开发商等）。而法院也被要求承担更多的角色，譬如，嫌疑案件的仲裁者、法律解释者、违法惩处的衡量者，甚至有时没有法源凭借时，担任直接督察或体系管理者的角色。

在这些体制化的工作场域内，这些新兴的规划工作者不再像以前那样采用集中式规划模式。他们与兴起的各种特殊利益团体，以及各种规范体系直接建立关系，并由此发展出各种新的或修正过的角色。他们可能作为规范过程中的发言人、策划者或技术顾问。他们还可能担任"看门狗"的角色。例如，监看与评估土地开发对环境影响的说明书，或查验政府部门行动的计划书等。他们也可能将自己置身于规范者与被规范者之间，协调不同的利益团体，协助彼此的沟通与了解，寻求彼此的共同利益，达成彼此可以接受的妥协等。

这些新发展出的角色，跟以前集中式的规划角色截然不同，反而比较像传统的律师角色。这种新角色，需要发展出新的知识，才能面对如下的种种难题：了解现场中各个行动者，以及其各自所追求的利益的满足、挫败、相克、相成的各种可能性；形成针对特定议题的协商与调节、探究的目标；创造有效控制或回避控制、成功协商或建设性探究的有利条件；设计干预行动并评估其效果；建立并维持作为一个中介者所依靠的合法性与可信度等。

下面我将介绍一个案例，一个最近发生的规划实践案例。在此案例中，我们将看到扮演中介协调角色的规划工作者，如何逐渐演化出足以面对如上各种难题的实践中的知识。此外，也借此案例，探讨专业知识共通的一些特征。[3]

专业角色的核心在于要求专业工作者做出实际的行动，在此限制之下，每个工作者将会发展出属于自己的角色风格。不论他是选择在既有专业谱系上的某个角色位置，或是全由他自己形塑出自己的角色样貌，他的专业知识都会具有某一系统的特性。他所设定的问题，他所采用的策略，他所选择面对的相关事实，以及他行动时所采用的人际关系理论，这些全都彼此纠缠，形成了属于他的角色样貌。在下面的这个案例中，我将描绘这样一个实践中认识的系统。

然而，这样的系统难逃自我增强的倾向。他的角色、他行动中的人际关系理论，都是由他自己建构且演化而成的，因此他作为一位反映的实践者的深度与广度，势必有所限制。在下面的例子中，我也会呈现出，这位实践工作者在进行行动中反映时所面临的限制，这些限制是如何被建立，又是如何被维持的。

规划者知道什么
Some of What One Planner Knows

在这里，我们即将检视的是一位城镇规划者的实践工作，他所关心的焦点是其所服务的这个城镇的硬件发展。然而，他并不做整个区域的全局性规划，也不会对邻近地区有所设计，而是检视私人开发者向地方法规机构提出的建设计划。他将自己定位为一个中介协调角色，试图通过与私人开发者的建议与协商，来影响他所关注的这个城镇的硬件发展的方向与质量。以前的集中式规划者掌控全面的规划，他不一样，他是以接受委托的方式来进行所谓的规划。

既然如此界定其在这个城镇中的角色，这同时也就伴随着两难的处境。他一方面要给私人开发者提供建议，与之协商；另一方面他又要维持他面对各方立场的信誉，在他的行动中学习着如何实践平衡。

下面呈现的原始会议记录，是这位规划者在办公室与私人开发者开过的诸多会议中的一次录像文字稿。这个私人开发者针对他与他的叔叔共同拥有的这城镇上的一栋公寓，在会议中提出了重新整建这栋公寓的草图与计划。依据这个城镇的区域发展法规，每个计划送交分区申诉委员会（Zoning Board of Appeals）审查之前，必须先经过专业规划者的审查。

一开始，专业规划者卷起他的衣袖，查看他的笔记，并侧身朝向另一头的开发者与他的建筑师。

规划者：我先回顾一下。我想我们应该以几周前的几次讨论中的内容为基础。你们已经有了计划，我建议我们将我们的计划与相关的法规做全面的核对，看看是否符合。看来，建筑物规划、结构本身等这些方面都没问题。我想依据这些法规，位置规划倒是我们得仔细研究的地方，你们认为呢？好，目前，嗯，关于这建筑物，我想我们可以与建筑督察一起将这些必须符合规定的细节弄清楚。

建筑师：对！

规划者：……这其实也是你一直都在花工夫的地方……

规划者界定了这次会议的目的，也就是去查看开发者的计划是否符合相关的法规。他将规划区分为两个部分，一部分是法规可以接受的部分（也就是建筑物本身的结构部分）；另外一部分是可能有问题的部分（也就是位置的规划）。由此，他将进一步检视位置规划的细节。

首先，由确认开发者是否熟悉相关法规开始。

> 规划者：……但是，汤姆，你看过城镇发展的法规吗？
> （开发者眼光转向建筑师）
> 建筑师：嗯，我大略看过。
> 规划者：那我们看一下这土地部分怎么样？
> 开发者：我们已经全面跟你说过了。
> 建筑师：那空间太小了，你几乎不会注意到。

此时，规划者聚焦在他一系列问题的第一项，也就是这块土地的大小上。

> 规划者：依据现有的法规，你必须要有 20000 平方英尺的土地，然而你目前只有 14341 平方英尺。你知道的，目前又不可能有更多的空间。
> 开发者：嗯，哼。
> 规划者：现在，你的想法是要增加这栋公寓的单位数目。这就需要有些调整……因为你要在原有的一栋公寓中，增加多家庭住房的数量，然而土地又不够大。所以你必须调整你的空间大小——同时，你必须取得特别的许可，因为你要处理的是公寓的结构，这一问题倒是可以解决。在我看来，先不看位置规划的细节（然而这些最后还是要整合在一起来看），唯一需要变动的就是这个土地空间，其他都没什么问题。

213　　然而开发者仍然坚持初衷，他怀疑他的计划是否被误解了（似乎认为若能被理解，问题也就没了），他质疑他的计划是否真的违反了法规。

> 开发者：我不知道。我认为我们可以看得更远一些。我不觉得我

们违反了太多的法规，只要在前面改掉一小部分，就应该不会有问题。

规划者只顾着解释要在土地空间上稍作调整，却忽略了开发者含蓄的意见。开发者认为不需要如此。

规划者：显然你的地板面积没有问题。

开发者：没错。

规划者：你若以每个居住单位来计算土地面积，是没有问题，但是你得通过分区申诉委员会，这是你不能回避的。你不但没有20000平方英尺的土地，你甚至无法达到分区法规的起码底线，因为你处理的是一栋现成的建筑。

规划者没有暂停下来听听开发者的声音，他继续指出更多法规上的要求。

规划者：新的分区法规要求要有两种开放的空间，这是与以前的法规不一样的地方。第一个是，你要有景观空间，该空间是全部楼层地板面积的10%，不是土地面积的10%，除非你有全部建筑物25%的可使用公共开放空间。现在，我们得仔细看看法规中对这些项目的定义，弄清楚何谓公共开放空间？什么又是所谓的"可使用"？

开发者：嗯，哼！

规划者：大体说来，你的景观空间可以是在这里，或是沿着侧面这边。

开发者进一步澄清什么是所谓的"可使用的公共开放空间"。 *214*

开发者：你说"可使用"，是不是指那些铺设好的停车位？

建筑师：不是。

开发者：不是！那就不只是这些了。

规划者：所以指的是没有铺过的空地。

建筑师：对，没有铺过的。

开发者：没有铺过的？

规划者：没有铺过的！

在这样如多声部合唱般地"没有铺过的"中就确认问题的存在，建筑师进一步就如何解决问题提出建议。

建筑师：你拆掉那座门，就能解决这个问题。

然而，开发者却对他的建议没什么兴趣。他将注意转向了另外一个焦点，这偏离了规划者很慎重地准备要和开发者面对的一系列可能违反规定的问题。

开发者：你知道，我叔叔是这栋房子的另外一个拥有人，上次与你开完会后我去跟他讨论这件事，他说了一些还蛮有道理的话。他说，假如非要拆掉那个储藏室，假如我们违反了规定（所违反的也只是那条 20000 平方英尺的鬼规定，没什么大不了的——不过你是规划者，你当然比我们内行）。假如我们违反的只是那条规定而已，为什么我们不可以要求多几间公寓？我们为什么只设定在 11 个公寓单位？因为这样我们可以做其他事，甚至还可以保持原来的建筑结构。这是他的疑问啦！我也不知道要怎么回答他。

215　　假如唯一的变项是土地的大小，那在这块土地上增加公寓间数的可能性如何呢？规划者是这样回答的。

规划者：目前，我不会跟你说是或不是。

开发者：好。

规划者：因为我认为在这块土地上最多也只能放上这么多了。

开发者：对。

建筑师：依照规定来说。

规划者：那就是标准。目前，我也不知道间数该是9、10、11、20或50。但是目前我能说的是，只要你面对的是现有的这个建筑物，我想14000平方英尺或许不会是个大问题。但是我不是申诉委员会，他们才能做此决定。假如你在这块土地上盖太多的东西，那你又要遇到公共开放空间的问题。

开发者：我们不想变成那样。

规划者：对呀！所以我们不得不担心的还是土地变项问题。

解决了开发者的疑问后，规划者继续他所预备好的下一个问题。

规划者：第二个问题，我想你需要仔细看一看的就是停车空间。新的规范跟以前的有一点不一样。在这种公寓式房子，一居室要有一个停车位，两居室要有一个半停车位，三居室与四居室就要有两个停车位。我不清楚你们现在到底有多少个停车位。

开发者：对，我想可能有17个吧。

但是规定中还有两个条款使这个停车场地问题变得更为复杂。

规划者：在停车场地这一节，请看看第8条的第12项，规定了停车场地要有后退的空间，我们得给土地边界留有一段距离。现在，你的土地使用上又增加了一些限制。

216

建筑师：你是说这侧面与后面。

规划者：请再把设计图拿出来。目前这只是其中一种设计的可能性。我相信，一定还有其他方式。

建筑师：哦，每减少一个项目，就会更好些，这当然是没有问题。现在，落实到20000平方英尺还有停车场地这两个变项，这倒还不糟糕！

规划者：好的，但是需要将设计图考虑在内以决定你能做什么，不能做什么。这些停车场加进来时并没有考虑新的比例要求。我们仔细研究过它，我认为我们已找到四处额外的空间。

建筑师：是的。

规划者现在转向最后的结论性建议。

规划者：当你确实要向申诉委员会提出变更的申请并接受公众听证时，一定要事先充分准备好下列的问题。我无法保证他们一定会问什么，但是有一个问题他们会问：就这块房地产而言，你们究竟遇到了什么困难？为什么你们需要做这些变更？

开发者：好的，根据我告诉你的那些情况，算不算是够迫切？

规划者：我说过，我预先不做判断。

开发者：不?!

规划者：这当然有经济上的考虑。你的情况是拥有这个房地产已经很长一段时间了，你需要做点什么来增加这个房子赢利潜力……

开发者：没错。

规划者：但是他们会问得更仔细些，我想你应该在这个方向上的思考要多下些功夫，好吗？

此时，建筑师提出了一个新的可能性。

217　　建筑师：既然他反正要作变更，如果弄个全新的建筑的可能性有多大？

规划者：我想你会遇上麻烦，因为你要求了一个新的变动。假如你要求盖一个新的房子，来取代目前这栋拥有 8 间公寓的房子，我真的很怀疑会被核准。地方政府非常清楚地规定，若要盖新的公寓，土地面积就至少要有 20000 平方英尺。我没见过任何一个土地少于 20000 平方英尺的盖房申请是被核准的。

在接下去的几分钟，开发者同意放弃他原本不切实际的想法。

在这个讨论中发生了什么
What Happens in the Protocol

在这个会议中，可以看到规划者很努力地谨守他安排好的议程：首先，他仔细看过开发者提出的计划书，从中检视是否有违反规定的地方。然后他依次提出三大问题，也就是土地面积、开放空间以及停车空间。开发者与建筑师随即响应，追问何谓"开放空间"，也提出种种问题可能的解决方式。在两个不同时机，开发者与他的建筑师提出了构想，而规划者的回应则有些类似交涉协商。在这次会议的前一阶段，开发者引用他叔叔的话，提出既然因为那"20 000 平方英尺的鬼规定"，他们势必要做调整，那为什么不能同时调整增加公寓的间数？规划者的回应是"目前，我不会跟你说是或不是……"接着他明确地说出什么因素会主导申诉委员会的反应，在那时候，他谨守本分，绝不扮演权威给予答案（"我不是申诉委员会"）。到后面，建筑师提出为何不改建成全新的公寓，此时规划者的回答非常坚定，"我没见过任何一个土地少于 20000 平方英尺的盖新房申请的个案，是被批准的"。

另外，他帮助开发者准备如何面对申诉委员会，就好像在帮学生准备大考一般。他提醒哪些问题会被问道，也告诉哪些答案才可能被接受，还给了家庭作业要他回去加强准备（例如："……你们究竟遇到了什么困难……为什么你们需要作这些变更……"）同时，他还尽量避免给人留下他就能作决定的印象（"我说过，我不做预判"）。

由此，可以看出这位规划者承担了三项主要任务。他审查计划书，提出可能犯规的地方，并就如何调整提出建议。他也对开发者进行预习备考的辅导，以准备好去面对申诉委员会。另外他也与开发者协商，很谨慎地回应开发者提出的方案，以寻求申诉委员会通过的可能性。

可以认为，这位规划者与开发者之所以召开这次会议，是希望解决他所设定的三个任务。

当他在审查规划案时，非常仔细，一丝细节都不放过。对于他的评估，他不辞辛劳地提出论证资料（"不要忘了这些条目……当你进行位置规划时，假如你需要，我会给你一份复印件"）。同时，他不时表示他的权威性的限度，不断地声明，他只能揣测委员会的意向，他终究不是做决定的人。也就是说，他相信事先规划案的准备工作要做得非常严谨，自我检查要很严格，因为规划案送到委员会时，常常都会被误解。

219 偶尔，他还会提醒哪里可能会违反规定，提供看来相当负面的信息与开发者沟通。每到这种时刻，他尽力避免令开发者丧气：

> 在我来看，先不看位置规划的细节（然而这些最后还是要整合在一起来看），唯一需要变动的就是这个土地空间，其他都没什么问题。

这里，他强调只有一个变量，并指出他虽然没有看到最后的位置规划，但认为位置规划的问题应该不大。当他指出这方面可能有的问题之后，同时提出可能的补救办法，而且看来并不困难：

> 目前这只是其中一种设计的可能性。我相信，一定还有其他的方式。

当他在提供负面信息时，同时也透露出许多"好消息"，让人容易接受。

看来，建筑物规划、结构本身等这些方面都没问题。我想依据这些法规，位置规划倒是我们得仔细研究的地方，你们认为呢？好，目前，嗯，关于这建筑物，我想我们可以与建筑督察一起将这些必须符合规定的细节弄清楚。

这位规划者淡化处理负面的信息，把需要补救的工作也说得轻松，并在提供负面消息的同时也提供一些好消息。

在帮开发者准备申诉时，他会建议什么样的答案才可能被接受，但同时他也很清楚地说明他终究不是真正的决定者：

我无法保证他们一定会问什么，但是有一个问题他们会问：就这块房地产而言，你们究竟遇到了什么困难？

他小心地提醒开发者自己得在细节上花工夫。 *220*

规划者：你需要做点什么来增加这个房子赢利的潜力……
开发者：没错。
规划者：但是他们会问得更仔细些，我想你应该在这个方向上的思考要多下些功夫，好吗？

这位规划者的麻烦在于：他一方面不能抢了委员会的决定权，一方面又不能替开发者做他自己该做的事。但同时他又必须要确信开发者能答出正确的答案。

当他在回应盖个全新建筑的提议时，他的表现再次显现了其两难的处境，他一方面要阻止开发者提出会被委员会否决的提案：

……因为我认为在这块土地上最多也只能放上这么多了……那就是标准。

然而，对开发者提出的可能被委员会接受的提案，他也避免去扫他的兴：

> ……只要你面对的是现有的这个建筑物，我想14 000平方英尺或许不会是个大问题。

在传递出这种能预测并影响委员会的印象之后，他同时给自己的权威性设定了限度：

> ……我不会跟你说是或不是……
> ……我不是申诉委员会……他们才能做此决定。

221　　　总而言之，这位规划者的工作是：审查开发者的提案、帮开发者准备好未来申诉委员会的审查，以及与开发者协商，他努力做到平衡。他试着在批评开发者提案的同时不扫他的兴。他在审查提案时很严格，同时也给予希望。他试图引导开发者走向正途，但同时不减少开发者自己该负起的责任。他表现得很有权威性，但避免自己成为一个权威。

角色与情境的框定
Framing the Role and the Situation

由这位规划者为自己所设定的问题，我们可以理解他的行为；同样，也由这些问题，以及这些问题所导致的平衡行动，我们可以看出他为自己界定的角色是什么。

当他开始为这个城镇工作时，他就知道自己有好几种可能的角色。他可以像他的先辈一般，做个规划案的起草者，在工作室的墙壁上挂满图表。他也可以做个社区组织者或社会运动工作者。然而，他选择扮演中介协调的角色。

他试图建立什么是对这个城镇有益的专业形象，然而他处于被动，不能主动发起。如同劳资协调人员、婚姻咨询和经纪人所扮演的角色一样，他必须激发并回应别人的主动性。他只能间接地进行规划工作，通过影响别人的规划案来达成他的目的。在这种中介协调的功能中，他、私人开发者以及法规与权力之间相互依存。开发者若是没有规划者的咨询与指导，就无法了解要得到开发许可，会遇到什么障碍，以及如何跨越或协商以克服这样的障碍。规划者若是没有开发者的提案，他也无法落实他心中关于这个城镇发展的理想。规划者若是没有官方申诉委员会，他就发挥不了功能。而委员会若是没有规划者事先过滤与剪裁这些开发提案，也无法达成城市规划的任务。

这种多重的相互依存关系是规划者与开发者间玩"审查游戏"的基本条件。开发者主动向规划者寻求指导，并请他帮忙审查提案，而规划者也借此与开发者讨价还价。开发者为了成全规划者实践其城镇理想形象而做些让步，而规划者也投桃报李地帮助开发者向委员会争取他想要的。就像规划者在访谈中所说的：

> 当有人提出变更案或是特殊的区域个案时，我立刻意识到，这是一个协商的机会，是一个借力的机会，在适度范围内要放弃一点儿，但同时也为这个城镇争取到一些。

规划者在玩"审查游戏"时，一方面从开发者那里争取出一些让步，另一方面也帮助开发者通过委员会的审查，由此努力赢得这场游戏。而开发者对规划者做些无伤大雅的让步，也赢得此游戏。规划者在两种情况下会输掉这场游戏：一种是他允许烂计划通过；另一种是让好计划没有通过。而开发者也会在两种情况下输掉：一种是计划根本没通过；或是通过了，却付出太高的代价。

为了有能力玩这个"审查游戏"，规划者必须在公（官方申诉委员会）与私（开发者）之间，维持他的信誉。他必须下很大的功夫，形塑双方对他的态度与期待，才能维持其中介协调的功能。一开始，他必须在体制安排上下功夫，让他的角色合法化。这位规划者解释说：

223

> 在旧的法规下，不要求我们（规划者）呈送意见报告，那时我们就主动承担了这项工作。后来，我们发动草拟现在的新法规，规定的标准比以前更严格。我们仍然承担事前审查的使命，继续呈送意见报告，但在不同的个案里，将会凸显每个个案的特殊性。这些目前在法规中已有明确规定。

同样，他还得去创造、发展出开发者和委员会所期待的沟通网络。委员会成员要学会尊重他（规划者）的专业性，开发者同样也要学会尊重他（规划者）对委员会的了解与影响力。这些期待必须成为一种常规，而且一旦常规化了，就必须持续地强化下去。

因此，这位规划者就要承担双重的目标。为了改善这个城镇，他必须赢得这场"审查游戏"；同时为了发挥他的功能，他又必须要维持他的信誉。这两种要求，相互矛盾，也就成了他必须进行平衡行动的根源。

当他在审查开发者的提案时，必须找出提案与法规之间不符合之处。针对每个不符合的项，他必须预估委员会同意或否决的可能性。他必须花工夫以预防负面结果，并且预测这些预防性努力会带来什么反应。他的"实践中的知识"要足以应对这所有的行动。同时，他又得避免让人觉得他抢了委员会规范裁决的位置。因为如果他被人看作是抢了委员会的位置，开发者与委员会双方都不会再把他当作中介协调者。另一方面，若他被认为缺乏知识或影响力，他的协商也不会成功。同样，他还必须足够强硬，能将不能被接受的提案给筛选掉，否则他会失去在委员会中的信誉。然而同时，他还不能否决掉那些可以被接受的案子，否则他就阻断了提案的流动。

224

当规划者在为开发者准备备考时，必须能预期委员可能想问的问题，区分出问题的轻与重，并确定可接受答案的方向。他还要能揣测开发者对问题的理解程度，区分什么是他自己能做的，什么是他自己做不到的，而且要激励开发者做好自己该做的功课。在这同时，他又不能过度认同开发者的提案，否则他又会丧失自己中介协调的功能。

这位规划者在与开发者进行讨价还价式的协商时，大致依循了一个熟知的模式。这里有两方人士，双方经过互动后，都有各自想要的。彼此要沟通各自想要的，了解对方想要的，形成提议，并认识到对方会有反应。各自都要放弃一些以得到一些，也都试图以最少的代价获取最多的收益，而这个过程会一直持续到双方都接受为止，或是一方放弃为止。为了使这个协商有效率，规划者必须清楚知道开发者所关心的利益与代价是哪些、委员会对其所提让步的可能反应，以及这些让步对这个城镇建筑质量的影响。与此同时，规划者还不能表现出要强夺委员会的姿态。

规划者为自己界定的问题，也就成了他要在种种限制中保持平衡的问题。为了审查的效率，同时保持作为中介的信誉，他力求周详且明确，同时坚持他的审查只是预备性的。为了确认可被接受的个案会被核准，并兼顾他的中介地位，他努力确保开发者确实知道如何回答委员会的问题，同时保持他自己与开发者提案之间的距离。为了协商有效率又不会妨碍提案的流动，他传达负面的信息并努力让人能接受；同时他也传达他有能力在协商中进退有度，而又努力不丧失他法律上的权威性。

225

在这样的协商过程中，特别是规划者的平衡行动，常导致一些奇怪的结果。显然，规划者与开发者相互攻守协商。私底下，规划者立场清楚。但在公开会议上，他们却给人一种要掩饰他们在做什么的印象。

当开发者想要得到一些让步时，他利用了间接的方式，说是他叔叔说的。而规划者的回答是：

（我不觉得这）会是个大问题，但是我不是申诉委员会。

开发者迂回进攻，说是他叔叔要求澄清有关的规则，而规划者的回应也很迂回，说他只能间接地猜测委员会的反应。

为什么要如此的迂回，如此的间接？似乎这场游戏要成功，就要显得不像在玩似的。就规划者来说，他的双重目标所造成的冲突性要求，造成了他的处境：他必须与开发者协商。为此，他必须含蓄婉转地说自己有能力影响委员会接受变更的要求。但如此一来，他就陷入了危险，开发者会把他放在委员会的位置上。而委员会的人可能因此憎恨他的越位与越权，而开发者也可能因此说法而增加压力，甚至于铤而走险去行贿。正因为如此，规划者在他婉转表示他的权威性的同时，仍不断地表明，"我不是委员会"。

在开发者这边，他表现得同意规划者的无权威假定，与其共谋，好像规划者没有权威性。假如规划者显得没有权威性，那开发者就必须表现出没有企图要求让步的样子。

但是，这样的共谋让"审查游戏"变成了一种"公开的秘密"，让原本暧昧的"审查游戏"又加上了一层暧昧不明。在这个审查游戏中，每个可能的违规都是可能的协商点。当规划者挑出这样的点时，他可能提出协商的邀请，也可能不提出。再加上假如双方无法认真玩这场游戏，那层层不穷的暧昧将彼此呼应，含糊的邀请和含糊的反应将永远无法被公开澄清。

实践中认识的自我增强系统
The Self-Reinforcing System of Knowing-in-Practice

规划者的平衡行动源自他以一种特殊的方式界定他的中介协调角色。的确，这种双重的目标注定了冲突性，他必须一面与开发者协商，一面又要避免侵犯到委员会的权威；但是，这还不足以创造出他平衡行动的条件。他用来设定与解决他与开发者和与委员会之间互动问题的行动理论才是根源。

这位规划者所采用的行动化人际关系理论，符合克里斯·阿吉里斯与我所提出的第一型（Model I）行动理论。[4] 一个符合第一型行动理论的个体，他的行为依据了一套典型的价值观和行动策略。他的价值观如下。

- 按照我的定义去完成任务。

- 当与别人的互动是非输即赢时，努力求赢，避免输。

- 避免负面的情绪，如生气或怨恨。

- 保持理性，意思是：保持冷静，要有说服力，使用理性的论证。

而他用来满足这些价值观的策略有：

227

- 单方面地掌控工作。

- 单方面地保护自己，而不检视是否需要如此。

- 单方面地保护别人，而不试探别人是否希望被保护。

当好几个立场不同的人在互动中都按照第一型行动理论行动时，其后果可以想象。行为世界——被经验到的人际互动世界——倾向赢输。能够感受到参与者的行动具有防卫性。对他人的诠释是隐而不宣的，因为公开澄清会有受伤害的危险。因而，归因的方式是自我封闭的，个体不能得到与他想法不符的信息。个体倾向于使用隐秘与掌控的策略，企求掌控情境，同时竭力隐藏自己的想法与情感。

这位规划者在此次与开发者的会议中，是以第一型的方式界定问题的，也是以第一型行动理论解决问题的。他视自己与开发者面议的"审查游戏"是个赢输游戏。他设定与解决问题的策略是隐秘性与掌控性的。

例如，他事先决定开发者需要知道什么。为了确信开发者不会误解他的意思，他在他自己的工作室开会，并请建筑师也在场，因为他相信建筑师可以帮助开发者更专注于发生的事情。他一开始就说明了他的议程，并且严格地遵守议程。他大力凸显他认为重要的信息，并使用他的专业（如停车位事件）加强他的掌控策略。

228

为了避免开发者对负面信息反弹或防卫，他使用了各种技巧来掩饰或转化他对原提案的批评。他要求开发者将提案看作是自己的，同时，他为开发者准备备考以应付委员会。还有，他以自己并不认同的权威性，去与开发者讨价还价地协商，同时引导开发者自己表现出那并非是在妥协。

中介协调角色本身，完全不需要这些行动策略，然而这位规划者所框定的中介角色的确需要这些策略。那些平衡的行动源自规划者将中介角色带来的冲突性需求先按捺住，企图以单方面地掌控他在别人心目中的印象来处理它。因此，他对角色的框定、他对会议问题的设定，以及他的第一型行动理论，共同构成了一个自我增强的系统。可以说，是他框定出角色与问题，以符合他的理论与行动；也可说，是他演绎出一个行动理论，以满足他所框定出的角色与问题。

行动中反映的局限
Limits to Reflection-in-Action

这位规划者，是个很喜欢反映自己实践行动的工作者。参与我们的研究，对他并不具任何利益与好处，只是出于兴趣，但他仍然主动加入我们的研究。然而他只局限在反映他的单向控制策略。在一次访谈中，他提到自己花了许多工夫实验如何运用遣词用句、声调，甚至眼睛接触等这些技巧。他反映了自己试图在他人心中建立理想形象的策略，可是，他没有对角色的框定、问题的设定或其行动理论等进行反映，而这些却恰恰导致了他努力创造某种形象。

的确，他的平衡行动以及他隐晦与掌控的策略在实践中认识的系统中相互纠结，以几种方式自我免疫于反映行动。由于这位规划者在做某件事时好像是在做另外一件事，这使得他不容易将他的预设公之于世，以进行公开的检验。他对脆弱相当敏感，因而妨碍了他的反映。而且，他太忙于指挥他的平衡行动、操弄他给人的印象、防卫他的脆弱被暴露，这使得他很少有机会对问题的设定进行反映，然而这些正是他行为表现的源头。还有，基于同样的原因，他不太可能觉察到他解释上的误差，而只有这种觉察才能加深并扩展他的反映。

在我们的讨论对话中，就有这样一个例子。

就在他与规划者开完那次会议之后，那位开发者与我们谈话，透露他之前就决定不要呈送这个项目规划了，因为他只能申请做一种变更。他说自己当时还有其他的投资项目，他不想把精力耗费在这个耗时又麻烦的申诉上。而且他是在与规划者会谈的时候，就做了这项决定，但当时并没有说出他的选择。

当规划者知道开发者的这项决定时，非常震惊。他的策略是基于让变数达到最少，而他原本假设的是一个单纯、可能达成的土地变更，应不会妨害这个计划才对。

230

然而对开发者而言，单一的变更反倒幽然浮现了更巨大的阴影。然而他的反应，一如规划者的策略般却是隐秘与掌控的。他私下衡量了这计划的可能性，当他得到的是负面的评估结果，他也单向地决定放弃这个计划。

规划者与开发者的行动理论共同建构了一个行为世界，在这个世界里，各自都保留负面的信息，私下检验假设，寻求并维持对对方的单向控制。在这种氛围之下，开发者无法说出他负面的决定。规划者引导他进入一个"审查游戏"，这游戏隐含的"公开秘密"的规则，此时被破坏了，那是原本需要相当程度的信任才能玩的游戏，但在这第一型的行为世界里，实在不太可能。基于同样的原因，规划者也不太可能公开检验他对开发者的预设。

结果，规划者没有意识到，在他付出这么多的努力之后，却在开发者知道他只能寻求一个变更之际，全都变得白费力气了。这一核心的预设遭到开发者的质疑，而他却一无所知。

假如，事情不是这样，规划者的确意识到他的错误，那他的探究可能会导向什么方向呢？这应该是个有意思的问题。

这个问题的特别之处在于，为了能察觉到这个信息，规划者的行为必须依据完全不一样的行动理论，一种能将隐晦不明的预设公开来检验的行动理论。阿吉里斯与我曾提出过这种行动理论，我们称之为第二型（Model

Ⅱ）行动理论。依此观点，上述的问题就会改为：假如规划者采用的是第二型行动理论，那会发生什么？

一个遵循第二型行动理论的个体，他会致力于追求下列价值的满足。

- 传递并获取有效的信息。
- 向别人寻求，也提供别人直接、可观察的数据与正确的报告，如此才能达成有效的归因。
- 创造条件以便在信息充分条件下自由选择。
- 为了自己，也为了别人，致力于创造出对决策中冒险性价值的觉察、对个人能力限制的觉察，以及对那些超出个人控制的、非理性心理防卫的经验区域的觉察。
- 加强对所做决定由内而生的内在认同。
- 为了自己，也为了别人，致力于创造出各种条件，使一个人坚持其实践行动，而这种坚持又来自其内在的满足。这不同于第一型行动理论，因为第一型的满足是来自于外在的奖赏与惩罚。

其中的三个主要价值通过多种方式相互关联。有效的信息是形成抉择的基础。自由抉择，又仰仗个人选择目标的能力；而目标的选择则挑战个人坚持的能力，这些能力又都以有效的信息为基础。个体对于自由抉择才更有可能产生由内而生的认同。

下文内容是达成这些价值的策略。

- 双方共同决定并管理决策环境。这样，在同一情境中的各方人士，都能自由抉择且产生由内而生的认同，由此而彼此协同工作。
- 彼此共同参与，保护自己或别人的运作。这样，彼此不会隐瞒负面的信息，双方会公开检验对对方的认定或看法。
- 说话直接且明白，将推测的信息来源公开，如此也才能被公开检验。

● 表露私下经验到的两难，这样两难的前提假设才能被鼓励公开讨论与检验。

采用第二型行动理论进行互动的几方，其心理防卫减小，乐意开放地学习；他们忠于自己的位置，同时也开放地接受公开挑战与检验；讨论是开放的，而且相互探索具冒险性的想法；预设是被公开检验的，因此不会走向自我封闭；学习是一种动态性的循环，不仅是达成目标的手段，同时也包含了想要达成目标的愿望。

假如当初这位规划者采用第二型行动理论，他就不会将精力花在维持他对议程的单向控制上，而会努力引出开发者的设想。他会去试探开发者对于寻求一项变更的信息的反应，因此也就会发现这样将会增加开发者对此计划丧失兴趣的可能性。

假如他察觉到了这一负面的信息，或许会让他对中介角色所带来的冲突性需求进行反映。例如，他可能会问，为什么他明明处在一个必须与开发者协商的位置上，却要装作不是这样会更难获得关于开发者真正意图的重要信息。但这种情况又是因他的种种平衡行动所滋生的，平衡行动则是 *233* 因其意欲平衡冲突性需求而导致的，平衡行动是借助隐秘与掌控的策略，隐藏自己内在的冲突，同时努力掌控自己在开发者与委员会心中的形象。

如果他当初采用的是第二型行动理论，这位规划者会自问："假如我公开我内在的两难会如何呢？"这会对开发者和委员会都带来影响，会是个冒险，但也会带来重大的好处。

若对他在这城镇中的中介角色公开进行讨论，他可能会对委员会陈述自己的策略是想运用审查提案来寻求与开发者协商的机会。他也可能要挑明，若没有属于他的权威，他很难有效进行协商，而无论委员会最后是否可能否决他的决定。与此同时，他也要表明自己清楚知道最后的决定权是在委员会。他可以邀请委员会参与协商过程，不论是监督性的，或是协同工作的，这样才能确保权责界线的分明，同时又能具有弹性。如此摊开来的作风，说实在的，会激怒某些委员，但也可能将他们原本私下怀疑的事情公之于众。

　　对开发者，规划者大可承认，他拥有一些在要求变更决定上的自主权，但最终的决定权仍在委员会手中。因此，在他与开发者的关系上，就必须更加开放，这也就给了自己更大的压力，同时也需要有更大的说服力。这其实并不危险，既然表明了是个协商者，开发者可以公开表达他的要求，规划者当然也要保留实现他的目的与理想的自由。

234　　在这种情况下，规划者便可以重构他的平衡行动。其中介角色所带来的核心矛盾仍然存在，不一样的是，这成了公开的矛盾。在进行讨价还价式的协商时，不需要再假装不是了。规划者也就不会遗漏重要的信息。同时，他将会体验到对新的行为模式的需要。他不再以平衡行为的成功与否，作为评估成效的指标；取而代之的是，公开协商的能力、分享互动中的控制权的能力，以及坚定宣扬他自己的理念的同时并有效探究别人所抱持的目标的能力。因而，他在行动中反映时所受的阻碍也减少了。

结　论
Conclusion

　　这是一位城镇规划工作者实际工作经验中的一段小插曲，由其中，我们可以看到规划的角色是如何被框定的，以及会造成什么样的后果。在本章开头，我呈现了城镇规划角色与其情境对话如何演化的历史。历经几十年，在不同时期形成了各种角色，有主要的集中式规划、社会运动的、立法规范的和中介协调等各种角色。在这个案例中，我试着呈现一个扮演中介协调角色的城镇规划实践工作者，他在实践中的认识方式是如何形成了一种自我增强的系统；在这种自我增强的系统内，他的角色框定、行动策略、关切的事实，以及人际关系的行动理论等都纠结在一起。

　　中介协调角色，将实践工作者置于规划提案者与决定者双方之间，注定其冲突的本质。然而中介的意义，却随着实践者对它定义的不同而大相径庭。而其角色的框定又与人际关系的行动理论密不可分。两者结合所形成的实践中的认识系统，又影响到实践者对关键性错误的侦测能力，以及他行动中反映与觉察的广度与方向。例如，在本章的案例中，规划者的平衡行动就紧扣着第一型的使用理论(theory-in-use)。然而，如同我已勾勒出的替代选择一样，第二型使用理论，将重新框定中介的角色，而这样的框定让隐秘的内在两难公开化，而私自的预设也可予以公开讨论与检验。在第一型理论中，归因与诠释是自我封闭的，行动中反映仅仅反映了单向控制策略的有效性。而在第二型理论中，归因与诠释的错误倾向被公开化，行动中反映的内容更为宽广，包括了整个实践中的认识系统，以及角色框定本身。

只要是选择了扮演中介角色，就逃脱不了这个角色天生注定的矛盾性。然而即使在这种限制下，实践者在角色框定与行动理论的选取上，仍然拥有很大的自由。诸多选择彼此相依，而他的决定将或提升或限制其行动中反映的能力。

注释

1. 城市规划专业发展的历史概述大部分摘自于 Mel Scott，*American City Planning Since 1890*，Berkeley，Cal，University of California Press，1969.

2. 例如，见 Herbert Gans，*Urban Villagers*，New York，The Free Press，1965.

3. 这里展现的案例，最初由 Ronco 收集、整理视听和访谈记录，之后由 MIT 城市研究及规划系的一名毕业生整理而成。感谢 Ronco 的帮助，他不只提供了资料，还贡献了早期的分析报告。本文呈现的材料与早期的材料分析不同，如果有什么不合适的地方，由我负全责。

4. 见 Chris Argyris and Donald A. Schön，*Theory in Practice*，San Francisco，Jossey-Bass，1974.

第8章 管理的艺术：组织学习系统里的行动中反映
The Art of Managing：Reflection-in-Action Within an Organizational Learning System

管理界的分裂
The Split in the Field of Management

在管理界里，一直以来有两个立场对立的专业知识派别，彼此互不相让。其中一派的观点是，管理者是一名技师（technician），他的工作主要在于把他从管理科学所习得的原理和方法，应用到组织里大大小小的问题上。另一派则认为，管理者是一名工匠（craftsman），他对于管理的艺术非常熟练，而这种艺术性不可简化为呆板的规则或理论。第一派观点起源于
237 20世纪初期，当时专业管理的理念才刚刚兴起。第二派观点的起源可以追溯到更早，管理长期以来被视为一门艺术、一种技巧和智慧，早在它被视为一种技术以前，这样的概念便已存在了。不过第一派观点越来越受到支持。

管理科学的概念，乃至于把管理者视为技师的观念，是由一股社会潮流所带动的，这股潮流以美国为中心，扩散至所有工业国家。这股潮流的确切起源很难考证，不过它有一个重要的里程碑，就是弗雷德里克·泰勒（Frederick Taylor）在20世纪20年代提出的主张。他认为所谓的管理，是一种以工作科学为基础的人类工程学（human engineering）。[1] 这些理念虽然不见得是泰勒原创的，但他肯定是第一个将它们融入工业管理与咨询实践的人，而且他使这些观念普及化，对于工业界、企业界和公共机构的行政

管理，均有极深远的影响。

泰勒认为工作是一个人/机器的历程，这一历程可以被分解为可衡量的单位活动。每一种工业的历程，从煤矿挖采到炼钢的过程，都可以被实验分析。工具的设计、矿工的肢体动作，以及生产线的安排，都可以被最优化，也就是找出一种"唯一最佳的方式"。泰勒认为工业管理者是工作设计师，是绩效的控制者与监督者，也是审慎决定赏与罚的人，并以分明的赏罚来提升生产效率。最重要的是，他认为管理者是第一线的实验者，是一位行动中的科学家。其最主要的工作，就是试验及评估那些用来发现和建构"唯一最佳方式"的设计和方法。

有不少人也持与泰勒相同的看法。索斯藤·维布伦便是一个非常好的例子，他也认为产业就好比一台组织式的机器，企业的管理者必须不断注意生产标准、绩效评估，以及各环节之间的通畅性。但泰勒是率先把这些想法融入实践的人，而且现今管理科学的主体，主要也是源自泰勒对工业工程实践、效率评估，及时间与动作的研究。

第二次世界大战给管理科学潮流注入了强大动力，其一是因为科学与科技上的成就普遍提升，其二是因为操作研究及系统理论的诞生。由于应用数学被用来解决潜水艇探测及导弹追踪的问题，继而产生这些学科，它们随后被应用到工业、商业及政府管理上。当第二次世界大战接近尾声时，管理科学已经相当成熟了。新管理学派的老师和研究者们，连同公共及私人机构的管理者，提出了各式各样的新技术。管理领域没有一处不见管理科学的足迹。那些曾经只适用于工业生产的观念，如今也能适用于销售、人事选拔及培训、预算及财务管理、市场营销、运营政策和战略规划。技术性的万用灵丹不时地一再出现，新技术不断自旧技术衍生而出。价值分析、目标管理、项目规划及预算，以及零基预算法，都是一些很典型的例子。即使原本因反对泰勒学派而产生的人际关系运动，都逐渐具备技术化的雏形。

尽管管理科学与技术的地位越来越有分量，但管理者们仍然发现，有一些重要的实践领域无法被科技理性所囊括。这种觉醒表现为两种方式。

管理者们对于不确定性、改变和独特性等现象，变得越来越敏感。在过去20年里，"在不确定情境下做决策"变得犹如一门艺术。管理者之间经常会谈到"瞬息万变"的环境，在这种环境下，问题并不能只靠收支分析或概率推论等技术来解决。至少就信奉理论的层次而言，管理者们变得越来越习惯于竞争模式、经济脉络、消费者喜好、原材料来源、劳动力的态度以及规章环境等因素的不稳定性。而且管理者们越来越深切地意识到，自己经常会遇到一些独特的情境，他们必须在强大压力下及有限时间内做出决定，故无法多做计算或分析。此时他们比较仰赖的是"直觉"而非技术。

除了这些特殊、偶然的特例之外，管理者们还留意到一般性专业工作这个层面，它对于创造优良绩效非常重要，而不能只以技术一语带之。有时候，他们还会发现，管理技巧甚至必须以非理性、直觉性的技艺作为基础。

在管理学的众多理论家中，有几位著名的理论家即主张非理性式的管理方式。在第2章里，我曾经提到切斯特·巴纳德所说的"非逻辑性历程"、杰弗里·维克斯对于判断之艺术的分析，以及米切尔·波兰尼对于"内隐的认识"的反映。最近有一位加拿大的管理学教授亨利·明茨伯格（Henry Mintzberg）引起了管理界相当大的震动，因为在研究顶尖管理者们的实际行为后，发现他们几乎不会去使用一般管理者"应该要"使用的那些管理方法。[2]而且在一些声望很高的管理学院里——它们的课程内容主要取材于真实的企业案例——也都普遍相信，管理者的效率主要并不是来自于学习理论和技术，而是通过分析商业问题长期累积下来的多种实战经验，那是一种通盘的、无法分析的问题解决能力。

所以，假如说管理学主要分为两派，并各自对这门专业知识的本质持不同的观点，并不算夸大其词。在管理科学与技术的势力及声望不断提升的同时，人们也越来越意识到管理艺术的重要性。管理的艺术不论是对于不确定、不稳定和独特性等情境，或者是对依赖直觉技艺的自发练习的日常实践，都是极为重要的。这种决裂的明显迹象之一，就是在某些管理学院里，两派人马的代表——管理科学的教授以及案例经验论的实践者——彼此不再交流。两方的代表各走各的路，仿佛对方压根不存在似的。

但像这样的决裂——在专业学校里尤其令人难以忍受——却会给有思想的学生和实践者，带来一种特别痛苦的问题，就是"严谨或适切"的两难问题。因为假如严谨的管理意味着管理科学和技术的应用，那么一位"严谨的管理者"就必须选择性地不去在意他在日常工作中会运用到的直觉艺术，也必须设法避免那些可能会使自己陷入不确定性、不稳定性的独特情境，而这些情境却往往是职场上最重要的元素。 *241*

不过假使管理的艺术能够——至少是局部地——被清楚描述出来，而且能够展现自身特有的严谨性，那么严谨或适切的难题可能就不会那么令人痛苦了。诚然，管理艺术和管理科学之间，应该有对话的空间。

管理的艺术
The Art of Managing

如同在其他领域里一样，在管理界，"艺术"有两层含义。它可能指的是直觉式的判断和技巧，是对我所谓的"实践中认识"的现象与行动的感受。不过它也可能指的是，管理者在行动脉络下，对于与他直觉经验不一致的现象的反映。

管理者们确实会在行动中反映。有时候，当反映是由不确定性所引发的，管理者确实会说，"这真令人迷惑；我该怎么搞懂它呢?"有时候，当出现一丝机会而引发管理者反映时，他会问，"我能拿这个来做什么?"而有的时候，当管理者意外地发现自己的直觉性知识成功时，他会自问，"我刚才到底做对了什么事情?"

不论引发管理者反映的情境是什么，他的行动中反映与其他领域的专家的行动中反映基本类似。其涉及现场上的揭露(on-the-spot surfacing)、批评、重建，以及检验已经历现象的直觉性理解；它经常是以"和情境进行反映性对话"的形式呈现的。但管理者的行动中反映也有其独特之处。管 *242*

理者的职场生活与整个组织息息相关，组织既是他的工作舞台，也是他探索的对象。因此，他行动中反映的现象，就是组织生活里的现象。而且，进一步说，组织是储存累积如下知识的宝库：包括实践的原理和准则、任务及身份的形象、关于任务环境的事实、操作的技术、可供做未来参考范例的过去经验实例。当一位管理者在行动中反映时，他会借助于组织所累积的知识，并把这些知识应用到眼前的项目上。而且他本身也代表了组织的学习，他通过当前的探索，可以延伸或重建资料库，以供将来的探索者使用。

最后，管理者所处的组织系统，既有可能提升，也有可能抑制他的行动中反映。组织结构或多或少都能接受新的发现，或多或少对于新任务都有抗拒感。组织的行为、人际关系的主要模式，对于彼此之间的反映行动——如负面信息浮现时、解决相互冲突的观点时，以及组织的困境被公然传播时——或多或少都持开放的态度。凡是当组织结构和行为开始进行组织探索时，它们即符合我所谓的组织的"学习系统"（learning system）。管理者行动中反映的范围和方向，将受到他所处的组织学习系统的深刻影响，甚至可能受到严重限制。

任何好的管理艺术的描述，都应该对管理者行动中反映的这些各有特色的组织层面加以好好介绍。在接下来的例子中，我将介绍一系列的组织现象，这些现象都是反映的管理者们经常关注的内容：诠释外在环境对于组织行动的反应的问题、在组织内对于困难将至的迹象的分析、组织从自身经验中学习的历程，以及组织学习系统对于设定组织问题和解决组织问题的影响。我将把范围主要局限在企业的案例上，这并不是因为企业管理者的反映能力比其他领域的人员更强，而是因为我对他们最为熟悉。就企业来说，刚才所谈到的那些组织现象，大致包括了市场行为、生产工厂的问题、产品研发知识的获得，以及产品研发的组织学习系统。

在以下所有的例子中，我将描述一些历程，管理者们经常经历这些历程，却很少对它们加以反映。管理者们经常在行动中反映，但却很少对自己的行动中反映加以反映。因此他们管理艺术中的这一个关键层面，便很少为外人所了解，外人也不得其门而入。此外，由于一个人的直觉想法，通常要通过在实践中与他人对话才会具体地浮现，因此管理者们一般没什么机会，去深入了解自己的行动中反映。因而管理艺术长期以来，蒙上了一层神秘的面纱，造成了许多不良的后果。这加深了管理学界的分裂，使人形成了一种错误的印象，误以为实践者不得不在以管理科学为基础的实践和相当神秘的匠师技艺之间，做一抉择。而且正因如此，也妨碍了管理者帮助他人学习自己的本事。由于他不能够描述自己的行动中反映，他便不能把自己的本领教给他人。就算别人学会了他的本领，那也是他们自己摸索出来的。然而管理者最重要的功用之一，就是教育自己的属下。

　　基于以上这些理由，我认为最关键的就是着手描述管理者们如何在行动中反映，以及他们的行动中反映受到怎样的限制。

诠释市场现象
Interpreting Market Phenomena

　　企业总是不断与它的市场互动，而市场经常是处于流动的状态——有一部分是企业自己的行动所引起的。在当代企业环境下，针对市场现象的研究，俨然自成一门专业的领域。市场调查员和策略专家发展出许多营销的原则、市场行为的模式，以及调查和分析市场的技术。尽管如此，管理者们在职场上，仍然会遇到许多无法用既有理论或程序来解释的现象。

　　市场调查不太能预测消费者对于全新产品的未来反应是什么。对于自己既无直接经验也无间接经验的东西，人们很难马上说出自己对它的看法或感想。就算请他们假想自己拥有某个尚不存在的商品，他们顶多也只能揣测自己将来可能的反应而已。假如将来某一天，这个商品真的以某个价格出现在某个超级市场的货物架上，这类揣测也很难精确预测消费者对实际商品的消费行为。假如新产品已经具备雏形了（而且研发和生产新产品是相当花钱的），那么消费调查小组就能提供一些信息，管理者们就能利用这些信息，来分析实际的消费行为。不过，调查的结果和真实的市场反应之间仍存在一段距离。唯有进行了大规模的市场调查之后，制造商才有办法获得可靠的消费行为数据，同时区域性市场调查的结果也可能是偏颇的。

　　在全新产品的每个研发阶段，管理者们都必须在缺乏足够信息或规则的情况下做出投资决策。每一次判断都是一个独一无二的个案，而能降低不确定性的市场调查，也只有在投入一定的投资金额之后才能进行。

　　对某个产品进行全面性的市场调查，也可称得上是一种测试，而管理者们经常会得到完全出乎意料的数据，却又不得不找一个解释。

　　举一个最有名的例子来说，在第二次世界大战爆发不久，3M 公司开始推出一种醋酸纤维合成的透明胶带，胶带的一面涂有对压力敏感的胶质，他们把它命名为斯科奇（Scotch）胶带。他们原本的设计，是把它当成修补破书本的材料，可以保存旧书，而不用将旧书丢弃，这也就是斯科奇名字的由来。但到了消费者手中，这项产品发展出许多不同的用途，而且人们多半不是把它用来修补旧书，而是用它来捆包裹、把照片贴在墙上、做标签、装饰表面，甚至用它来卷头发。3M 的经理们并没有把这些出乎意料的使用方式视为原始营销计划的失败，也没有单单视它们为好运气。他们仔细观察，深入了解，试图发掘它们的市场潜能。3M 公司开始针对不同的功用，如包装、装饰和卷发，研发出许多种不同类型的斯科奇胶带。

　　3M 公司的营销经理把他们的产品视为对消费者的投射测验。他们会对市场上出乎意料的信息，加以反映、诠释，然后改良产品满足消费者的需求，以检定自己的诠释是否正确。不过他们的检定，同时也是用来巩固自己在市场上的地位，并探索哪些部分还可以进一步研发。他们的营销历程，即是和消费者之间的反映式对话。

诠释组织难题
Interpreting Organizational Troubles

　　当一位管理者刚刚发现自己组织里有事情不对劲儿时，通常对那个问题缺乏清楚、客观的信息。组织中地位、利益各不相同的各部门成员，往往是各说各话，而且各执一词。假如管理者决定采取行动，那么他就必须对组织的罗生门有一点概念；但通过调查情况，他也会对其产生影响。因此他必须面对两个层面的问题：如何找出问题（假设真的有问题的话），以及在找出问题的过程中，如何提升而非降低他解决问题的能力。

我们不妨来看看下面这个案例，它是某家科学仪器制造商最近发生的实际情况。

这家公司位于发展中国家，15年前，由一位核物理学家成立，他带领了一小群从前的学生和同事，建立了一条非常小的生产线，公司资产总额是1亿美元。总公司设在他的祖国，不过在全球13个国家均设有分公司和办事处。这家公司的市场占有率大约为15%。

当年的公司创办人，也就是如今的总裁，认为自己的成功要归功于两个原则：与市场保持密切接触；对这个领域的变化做出迅速的反应。

组织的许多运作机制，便在这两个原则的引导之下孕育而生。为了使产品能随时跟得上市场的脚步，公司经常在尚未解决仪器的所有相关研发问题之前就让仪器先行上市。完成整个研发过程，必须依靠高级技术人员。为了迅速应对市场需求，顾客的订单经常在改变。大约有30%的制造订单，最后在工程上都会有所改变。于是，制造过程成了一个高度精细的流程，而速度与弹性的重要性，则超越了效率——效率是长期稳定生产的结果——的重要性。

这家公司有意不建立固定的组织结构，它并没有组织结构图。成员的角色经常有重叠之处，而由成员不固定的小组来解决问题则是司空见惯的事情。如创办人所说的，"这里容不下无法与不确定性共存的人"。

每个角色的弹性都发挥到了极点。现任的财务部副总裁，从前是一名核物理学家，他当时学习金融知识时，就把它当成是一门新的物理学问来学习。而高级管理团队的每个成员，几乎干过每一种主要的工作岗位。公司的总裁G，从15年前就跟着这家公司一路走来，从预算编列、财务管理、销售到制造，他都做过。他仍然是公认的"公司里最棒的工程师"。他和公司创办人兼财务部副总裁一样，都认为工作是"有趣的"，喜欢用"不

247

可能"的任务来挑战自己，也期待别人能如此。

　　G 向来喜欢下到基层，亲自去处理出现的危机。这样的事情，他曾经做过三四次。譬如说，去年，为了解决一个关键的、可能威胁到一项新的重大研发项目的软件问题，他在计算机部门待了三个月。

　　G 目前遭遇的问题是关于一座新的生产工厂，这座工厂一年前落成，它主要是生产两个主要生产线制造的仪器所需的金属零件。工厂位于该国的开发区，并获得了优厚的国家补助金，不过它欠缺在其他大城市才可能有的较充足的劳动力资源。该工厂的新经理 M，是从一家大的电子工厂挖过来的。他在这个岗位上待了一年左右，期间生产延误的情形越来越严重。最近两大主要仪器工厂的其中一位经理，向 G 提出了这个问题，G 便邀集另一个仪器工厂的经理、生产部的副部长，以及新工厂的经理 M，来共同讨论这个问题。

　　第一间工厂的经理，他所描述的情形如下。

　　　我要求的是及时拿到那些零件，而 M 要求的却是效率！而且我需要 100 种不同的零件。这间新工厂的启用，对我们的系统造成不少麻烦。我们去年一整年没日没夜地工作，就为了解决这个问题。有一阵子，一切都 OK 了。后来，金属科的主管因为和 M 处不来，就辞职了，于是我们就开始遇到瓶颈了。M 想要遥控管理金属科。他应该自己跳进去，亲自管理金属科。不然就是我们应该把这个部门收回给总部管理，变成我们自己的金属工厂。M 缺乏解决这个问题的能力。我觉得前途根本是一片漆黑。

　　第二间工厂的经理说：

　　　M 的工厂是新的，成员也都是新人。他们的沟通有问题，因为那里的人还不习惯弹性的订单。M 同时夹在效率和迅速反应两个问题之间，但他并没有解决这个问题。他们得要重新划分工作才行。他们被订单搞得一头雾水，因为他们完全不了解状况。他们必须了解到，他们的工作是为我们服务，但他们绝对无法接受这样的说法。他们的地位不平等。他们觉得自己矮人一截。

新工厂的经理 M 说：

总部那边有非正式的解决问题的方法，但从总部到这里是行不通的。你得订更多规则，就算会降低弹性也一样，因为公司不断在成长，假如没订新规则，你会乱作一团。G 比较希望我们只使用 50% 的生产力，让员工随时待命，以回应随时会送进来的订单，但这等于叫员工放弃效率。没错我是把东西卖给外人，但我也得顾虑到公司。提升效率本来就是黄金定律，但我为了及时提供零件，却不得不变得没有效率。管理的方向变得完全不同。

生产部的副部长：

现在，新工厂正是 G 的危机。首先，我们必须疏通沟通管道，提供更好、更精熟的管理工具。而且我们必须解决优先顺序的问题。问题多半来自于工程不断变更，这些变更对公司非常重要。有 2/3 的问题，在于把合适的人放在适当的位置上。我们的主要问题之一就是缺乏中上层的管理人员。

第一间工厂的经理，也就是把问题向 G 提出来的那位经理，说：

我知道 G 正在想办法解决这个问题，因为我们画在黑板上的图，他都还没擦掉呢！

他说的没错，G 正在想办法解决这个问题。

关于 M 工厂的生产延误，G 听了各方的说法，但他选择不要就此下判断，他甚至不想把它们综合在一起，拼凑成一段合理的解释。对于这段罗生门，他看出两个主要的障碍：几个部门之间的沟通出现障碍，而且新工厂和总部之间也出现断层。他认为自己的工作应该是创造一个历程，来解决这两个障碍。

他决定把问题分析也当成是解决问题的一个关键，并把问题分析的任务交给问题的核心人物。他要求生产部的副部长，连同他下面的三人小组，在接下来的三个月中，每周去新工厂两天。他们将和对方一同追查出延误的根源、一起检讨和修复报告制度，并解决他们在工作流程上所发现的任何问题。

在解决这个问题的时候，G 按照惯例把管理的全部注意力都集中在这个危机点上。但这一次，他并没有亲自跳进去解决问题。他认为自己所扮演的角色，在于设计和架构一个找出和修正问题的历程，并让他人来解决他们自己对于这个问题的歧见。他建立了一个组织性的实验，目的在于让那些彼此有嫌隙的人，能够有更近距离的互动。

M 对这个做法的反应相当好。他说："终于，我觉得他们总算能亲自来这边瞧一瞧了。新的方法也无法解决我们的问题；它顶多能让我们维持现状罢了。但假如气氛变得比较融洽，而且我们也更能掌握问题，那么延误的问题就会慢慢解决了。我对此很乐观。"

G 则说："也许当 M 觉得这里的人越来越了解他的情况之后，他会觉得自己更像是这公司的一分子，那么或许他就会对自己的工作投入更多心力。"

G 回应这次危机的方式，就是设计一个历程，让所有的当事人一同进行行动中反映。

产品研发的学习
Learning about Product Development

美国有一家很大的消费品公司，向来以研发新产品著称。在这家公司里，每一位管理者对于公司的良好声誉都非常清楚，并把它归功于他们有效地学习新产品的酝酿、发明及商品化的过程。

这家公司的杰出之处，在于管理者们对这个过程都非常用心，他们都自我认同为公司文化的一分子，而该文化中包含了许多关于公司的知识，每一名管理者认为自己既是公司知识的使用者，也是这一知识资料库的贡献者。就算再往公司下挖四层，都能够获得关于公司产品研发的知识。

以下就是一些产品研发管理者认为学到了知识的一些例子。

目标是会变动的

科技业的一位顶尖人士曾说："产品研发是一场你可以赢的竞赛，只要你保持开放的态度——只要你记得你永远可以重新定义目标。"一般来说，产品研发方案是由营销、科技和管理等部门的代表共同规划的。一旦目标确定了之后，管理部门就会开始提供必要的资源。但随着研发的推进，科技人员在工作时会有更多的机会，去了解原有的目标是否可行，也会更了解他们运用的材料的特性。他们在朝原目标努力的过程中，会发现意料之外的障碍，同时也会发现一些刚开始不曾想到的技术解决方式。他们可以重新定义目标以对这些新发现进行反映，不过他们应该要了解重新定义的目标对营销的影响是什么。

因此，在一项有关免洗纸类产品的方案中，研发部经理就谈到，"我们发现最重要的变量不是吸收量，而是吸收率！"提升吸收量比提升吸收率更困难，但对于消费者来说，后者却重要得多。用其中一位研究者的话来说："当我们的样本消费者不再恨我们时，我们就知道自己的方向对了！"

为了把目标视为变量，研发团队必须能够以消费者的角度，看出材料在技术层面的特质，他们也必须能够从技术需求的层面，看出营销的目标在哪里。这样的团队无法忍受销售部和技术部之间互踢皮球，如销售部对技术部说："请制造我们卖得掉的东西吧！"或技术部对销售部说："请卖掉我们制造出来的东西吧！"技术部和销售部应该要能一同分担不确定性，通过重新定义研发目标，不确定性即被换算成风险。而且，正如3M公司的销售经理一样，他们必须主动假定自己不知道这个目标，而且是从研发的一开始就抱持这种态度。随着他们在种种现象中发现新的特性，并从消费调查的结果中找到新意义，他们同时也是在重建研发的方法，以及研发的目标。

研发的元素不是一项新产品，而是一场竞赛

研发小组的成员相信自己是在进行一场竞赛。对于每一条主要生产线来说，在国内市场上同时都会有好几家公司想夺得第一。为了在这场竞赛中取得胜利，必须打败对手，并建立、维持和扩充自己的市场版图。在这场竞赛中，所能采取的行动包括改良产品、广告宣传以及推出新产品。而且每采取一项新的行动，竞争对手也会做出相应的抵制行动。只要整个生产线一直存在，这样的竞赛就会一直持续下去。

作一个竞赛高手，意味着能够规划和执行一整套研发策略。一个现有的产品（如吸收率较高的纸类产品）常常会引来其他公司也推出产品竞争，而一个好的策略应该包含应对对手竞争的办法。研发小组会预备好一系列长期的研发计划，以便在适当的时机，用来回应竞争者的行动。因此，研发的元素不是一个单独的产品，而是一整个周期的竞赛。

然而，在这场竞赛中，总会出现一个问题，就是"现在的情况怎样了？"对情况所做出的诠释不同，采用的策略就可能有很大的差异。比如，就上述的纸类产品例子来说，曾经有一个时期，整个小组都相信，消费者已经普遍都能接受他们的产品了，他们只需考虑价格问题就行了。可是有一家竞争公司推出了一项新产品，价格比他们的高，而消费者的接受度竟然还更高。他们该怎么解释自己在这场竞赛中的处境呢？企业的一位副总裁便提议说："你们为什么不定位在'凯迪拉克'等级呢？"这个提议令研发小组相当意外，因为这有违他们原本的策略。然而，他们也没有将他的意见弃之不顾。他们等着看市场会有什么反应。后来，如他们所说的，"当我们发现自己的产品，在高价位品牌中仍占有一席之地时，我们便能采用'凯迪拉克'策略了。假如我们当初采用低价位策略，那么就等于荼毒了自己的品牌"。

市场的新反应有助于研发小组了解自己的处境，他们可以借此检视自己与其他品牌的相对地位。而通过对新处境的了解，他们可以发展出一套新策略，并以"凯迪拉克"（这是一个常见的比喻，就像"荼毒"一样，都是他们在调查过程中所使用的一些词汇）的推出是否成功，来检定这个策略的正确性。

重要的是让辩证持续下去

一般来说，在企业文化里，"辩证"一词很少会被普遍使用。但在这家公司里，管理者们经常谈到辩论，意思是指让参与研发的成员之间相互冲突的观点，获得正视及解决。

技术部的副部长甚至解释起自己在辩论中所扮演的角色。他说："当我看到工程部和研发部、广告部和制造部真正在正视及讨论他们彼此之间的差异时，我感觉真好。我的工作就是让'辩证'充满活力，永不止息。"

还有一位经理说："你必须让冲突永不止息，并浮在台面上。一旦你找出有哪些冲突，你就让他们去解决那些冲突，并要求他们把结果告诉你。假如他们提前达成共识，非常快，那真正的冲突可能其实还没解决。当你看到人们不再谈论那件事情时，真叫人难过呀！"

理想状态是"真正的冲突"会浮出台面。研发的历程是如此复杂，以至于工程部、研发部、广告部、制造部、管理总部和财务部，对于所处情境及策略的意见，都有相异及冲突之处，而这些意见对于组织而言，都是很重要的。管理者的任务即在于确保这些冲突既未被压抑，亦未被激化。这类冲突的"解决"非常有助于组织了解目前的情境及产品的研发。但在冲突尚未真正解决以前，谁也无法断言它们会如何被解决，这取决于冲突各方彼此之间的行动中反映。

组织学习系统的局限

Limits of the Organizational Learning System

这个非常注重产品研发的组织学习过程的公司，恰好也能让我们看到组织学习系统会如何限制行动中反映。

255

身为这家公司的顾问，我经常被问到有关产品研发经理的"职业倦怠"的问题。这类经理必须周旋在管理总部、广告部和研发部之间，这类人才很不好找，他们的培养成本很昂贵，而且很不容易留住。他们特别容易遭遇酗酒、健康恶化、离婚和精神崩溃等方面的问题，技术部的副部长想知道为什么会这样。

我们就我的研究内容达成一致，我将分析一个产品研发的案例——我将称它为 x 产品，这是一种家用设备。当我开始进行研究时，x 产品的故事在该公司里已经是众所皆知了。几乎每个人对它的看法都一样："这个产品个案我们差一点儿就失败了，我们原先早该料到那些问题，而且我们的解决方式也不够好。但我们终究熬过来了，也全身而退。"一开始，关于这个案例有三个问题：

- 为什么我们那么晚才发现和坦承这些问题？
- 为什么我们那么不愿意寻求别人帮助，而当别人伸出援手时，为何我们又不愿意接受呢？
- 我们是怎么全身而退的？

该产品的构思起源于一次"脑力激荡"的讨论会，当时研发部的专家们自问："在家用设备的产品方面，我们能通过产品设计创造什么样的利润呢？"当他们的设计已初具雏形后，就开始寻找所需要的技术，并想到了一项特殊的技术。其专利由一位私人发明家持有，他们认为可以把这项技术应用在自己的产品上。

256 按照该公司的惯例，他们的研发过程通过一系列的测试来进行。他们测试了该产品的功效，以评估其利润如何，也测试了可能的有害副作用。测试的历程从实验室里开始，譬如，标准生锈测试，就是把庞大的钢板，放在根据产品成分调制的溶液里。然后是对样本消费者进行"盲"测验(这是他们所有研发历程中的一个标准程序)，最后是看看区域性的市场反应如何。在这里有一点值得我们注意，就是在这家公司里，这一系列标准程序，是技术研发专家与管理总部主管之间很重要的一个对话管道。负责掌控资源分配的管理总部主管们进行决策时，非常依赖这些标准测试的结果。

该产品在样本消费者测试时，效果非常好，于是开始进入首次的区域性市场测试。然而，在该区域市场销售两个月后，一家帮他们测试产品的家庭用品公司反馈说："这个产品有可能卡在机器里，假如真的卡住了，可能会过热。那样很有可能引起火灾。"研发小组的成员起先说："我们不这么认为。"但是那家家庭用品公司写了一封正式的、具有威胁性的信函给管理总部："假如你们要正式销售这个产品，我们就会在我们的机器上贴上标签，警告消费者不要使用它。"

这个问题爆发之后，每个人都开始议论纷纷。管理总部对此一无所知，他们气坏了，马上成立了三个任务各不相同的小组。他们想出两个办法。这两个办法随后都被采纳，并推出了一款新版的产品。但这又会引发一个新问题。既有的市场调查又该怎么办呢？旧产品已经成功地通过了样本消费者的盲测验，而且管理总部说："我们会让旧的测试市场继续下去。我们投资的是原来的产品，是它通过了我们的测试。"技术部已经快发疯了。但是管理总部的立场是："如果我们想的话，就可以全权负责；你们的工作就是把障碍告诉我们。"

管理总部这一立场背后的想法是："该产品是个黑箱作业。通过我们测验的东西，我们就能做决定。但我们不会把箱子上的幕布拿下来，因为我们会被弄糊涂。"而技术部背后的想法则是："我们能决定一些特殊的事情，而不是一些一般性概率的事情。我们知道什么样的因素能够使某个产品通过测验，而且我们并不总是相信测验的结果！"

一年之后，一开始的市场调查被放弃了，取而代之的是一个新产品，是由改版产品衍生而来的。但技术部的人员认为这件事情使他们"被耍得团团转"。

此时，研发过程已经持续了两年，投入的资金已达到 3000 万美元。

到了第二次市场调查时，又发生了一个重大问题。该产品一直表现得不错，但突然有一些顾客抱怨说，该产品会使某些家庭设备生锈。这些抱怨出现在"标签"问题之后，而且之前的实验室的浸泡测试，也显示并不会生锈。技术小组决定忽视这些抱怨。少数消费者发现的生锈问题，应该是由其他因素造成的。

公司研究实验室的成员，在听到这个消息后，却持不同的观点。研究小组的一名成员把产品的某些成分抹在一个锡罐子上，并把它放了一个晚上；结果隔天早上，那个罐子生锈了。这些研究人员把生锈的罐子送去给技术部的副部长看，他却说："好啦，别担心。我们有办法的。"但随着抱怨信函越来越多，实验小组开始相信确实会生锈。他们设计了一个可以解释生锈原因的实验，利用 X 光光谱来检定这个解释的正确性，并从一所大学请来一些重量级的顾问。产品研发小组的反应却是："你们真的确定吗？为什么要这样对我们呢？为什么不做点建设性的事情呢？"

研究室小组死心了。研究室的领导发布了一份备忘录，禁止研究人员再对 x 产品做任何的研究。然而，就在这个时候，技术部的副部长把研发小组的领导炒了鱿鱼，并从研究室中挑了一名研究员，任命为新的领导。这个人很快就实现了自己的想法，他在实验室同事的同心协力下，很快就证明生锈的现象是真实的。这产生了一场新的危机。

技术部的副部长于是和两个小组的组员开了个会。在会议上，他说："大家是不是够男子汉可以不让总部知道这个问题，就能够充满信心继续往前，你们可知道你们真的办得到，真的可以找出替代方案？"这开创了一个新的历程，最后也替生锈问题找到了解决办法。实验室小组虽被告知不要继续研究该产品，却仍继续深究它。他们研发出一种新的成分，相信它不但能解决生锈问题，还能真正地保护机器。结果产品研发小组批评他们是"从背后放冷箭"和"越界"。但研究小组的新领导，提出一个兼具技术和政治手腕的提议：以后新成分要混入 10% 的旧成分。新检测结果发现，生锈问题已经被克服了，而产品和以前一样棒。正如一位研究室成员所说的："一切都在台面下先谈拢了，就怕消息走漏到管理总部那儿，怕他们不支持这个产品了。但每次讲到这个问题，就一定会谈到一个议题：新的成分真的有效吗？假如有副作用怎么办？那真是一场游击战，而我们的武器就是科学。"

产品研发小组和研究实验室之间的互动，可以简化成一系列的行动和反应，大致如下。

产品研发小组想保护自己、巩固自己的饭碗和地盘，并希望使自己的工作获得他人的信任，以及管理总部的信赖。为了达到这些目的，他们的做法如下。

- 不愿意承认实验室指出的问题；
- 否认实验室的发现；
- 利用细微和不重要的问题，来堵住他们的嘴、令他们安分；
- 低调进行自己的工作。

研究室小组变得愤怒而受挫，开始不信任产品研发小组，并感到自己有点儿低人一等。他们反击的方式是：

- 在证明自己的看法时，采取攻击性的立场；
- 希望利用科学证据来获胜；
- 即使老板叫他们不要再管这个问题，他们也充耳不闻；
- 试图抓着这个工作不放；
- 试图绕过产品研发部，直捣管理总部。

这些策略使产品研发部充满愤怒、挫折、恐惧和猜疑，他们因此更坚定了夺胜和保护自己的心态。

结果导致他们事倍功半，而且距离认清事实也越来越远。在这种情况下，产品研发小组不能寻求别人的帮助，即使别人伸出援手，他们也不能 260 接受。随着彼此之间的关系越来越恶化，研究人员和研发人员越来越无法共事。但管理总部的人提出了临时的解决方案。他们对人事安排做了一些调换，并在危机发生的当下直接干预。

他们的模式是"台面下的英雄主义"的模式。套用一些当事人的说法，"有三个人叫我不要再搞 x 产品了，可是我才不管他们呢"，"别跟管理总部说你在干什么"，"先把问题解决，然后再跟他们说"。

这样的模式代表了什么呢？为了回答这个问题，我们必须把眼光放得更远一些，看一看研究和研发之间的互动情形。因为研究人员和研发人员之间的关系是可理解的，我将它称为"产品研发竞赛"。这个竞赛主要牵涉到四个变量：企业支援、信用、信心和能力。

为了推出一项新产品，管理总部必须承诺必要的资源。但管理部的承诺本来就是不容易取得的。这关系到严谨度的问题。如某位经理说的，"我们是一家非常严谨的公司；我们的研究非常仔细，而且我们并不是照单全收"。但管理总部支援之所以不容易取得，还有一个原因是因为管理者们倾向于不信任研究部和研发部。如某位经理说的，"假如我们不小心一点儿的话，他们很容易耍我们、骗我们"。另一方面，管理者们又很清楚自己相当依赖研究部和研发部，公司发展依靠研发。

因此管理者们必须支持一个他们并不信任的历程。他们反应的方式，就是不轻易承诺资源；而一旦把资源支援出去了，他们就会把绩效的责任完全推到产品研发主任的身上，也把所有的变数全部让他一个人来承担。而随着对产品的投资越来越多和公司的名望越来越高之后，为公司的资助保值，也会变得越来越棘手。

在这种情况下，产品研发部的人员赢得这场竞赛的方式，可能是通过争取并保住管理部的承诺，同时也巩固公司里其他人对他们的信任。

当事人的信用犹如股票市场上的股票，随着他的成功或失败而涨涨跌跌。在公司里也有所谓的信用行情。每个人都会不计代价维护自己的信用，因为一旦失去了信用，他可能就失去了表现的机会了。一如产品研发部的前任领导所说的："当问题爆发出来时，我的信用就完蛋了，我在公司里就等于没有前途了。"

信心和能力的关系非常密切。每个人都有一个"信心槽"，它的信心容量，会随着自己在公司里地位的高低而起起落落。

信用、支持、信心和能力，彼此之间是相互依赖的，其关系如下。

● 我的信用越好，我就能越有信心。

● 我越有信心，我就显得越有信心。

● 我越显得有信心，我看起来就越有信用和能力。

相反地，

● 假如我丧失信用，我就可能丧失信心。

● 假如我丧失信心，我就会显得能力不足，而且会失去信用。

因此，该公司里充满了看似信心十足的人员。不论遭遇的问题是什么，显得信心十足是绝对有必要的，以便维护自己的信用。诚然，技术管理界的老手会建议新手遵守以下原则：

262

关于你在做的事情，你得让管理总部知道一部分，以便获得他们的支持，可是又不能说太多，不然他们会不自在。你应该去做那些该做的事情，即使你不确定自己能胜任。而且要做那些你认为该做的事情，即使你老板叫你不要做。

因此英雄主义和保密功夫（老练度和神秘度），便成为产品研发竞赛中取胜的关键策略。

这种竞赛会造成双重障碍，即使对胜利者也一样。在这种竞赛里，不论结果如何，玩家最后终究会输。一位当事人对自己说：

我必须将自己投入到不知能否能胜任的任务里，以便保住公司支援的资源。为了达到这个目的，我把我的信用推到极限，假如没有了信用，我就不能有所作为了。所以我必须当个英雄，而且保密到家。假如我失败了，我就输到家了。但除非我放手一搏，不然我不可能赢。

但过去的管理者们会说：

> 假如你上去了，你就可以待在上面，而且这是一场可以赢的竞赛，因为只要你有能力和信心，随时有用之不尽的资源、时间和空间来重订目标。但你必须保持上风。

所以产品研发就像是在高空走钢丝，你最后可能掉入万丈深渊。而且，你不可以哀号或抱怨，因为你会显得信心不足。结果让产品研发部主任——也就是周旋在管理总部和实验室之间的那些人——绷得很紧。他们会竭力维护自己的信用、把问题"压在台面下"，以至于在研发过程中，问题经常会被忽略。为了保住对公司的承诺，他们会尽量不对产品做任何改变。然而，一旦问题暴露出来后，他们会想办法"一手遮天"。他们会想办法一手揽下整个问题，因此别人伸出的援手，对他们来说，竟变得像威胁一样。

就这种产品研发竞赛来说，这一案例的大多数问题都能找到妥当的解决方法。我们可以很清楚地看到，为什么半路冒出的问题一直被忽略，直到无可挽回的地步为止。我们也可以清楚地看到，为什么问题暴露出来之后，又被"过度解决"。我们可以清楚地看到这家公司如何让自己从危机中全身而退，它利用权宜之计来"亡羊补牢"，解决了眼前的危机，而不影响造成危机的那个历程。我们也可以清楚地看到，产品研发主任所承受的压力是多么沉重，可能就是因为这样，他们才会产生"职业倦怠"。

假如从更宏观的"组织学习系统"的角度来看，产品研发竞赛决定了行动中反映的方向和限制。当危机出现时，管理者们会着手进行调查——而且通常都能达到不错的效果——但他们不会公开反映导致这类危机的过程，因为这样就会使产品研发部和管理总部之间的尔虞我诈曝光。尽管在组织里，这类竞赛是"公开的秘密"，但仍不能拿出来在公开的场合讨论。

管理者们会思考有哪些策略可以使产品研发过程变成一个"可以赢的竞赛"，但不论是管理总部主管或产品研发主任，都不会去思考造成这种竞赛的第一型理论。所有的当事人，都是按自己的想法去完成自己的目标：管理总部主管会把未知的风险让产品研发部来承担；产品研发主任会一面保住公司的支持，一面维护自己的信用。每一位当事人都会努力让自己远离失败，以及远离丧失信用。每个人都会自己想办法掌控形势，他会努力在一个他认为不得不赢（或输）的情境中，取得胜利（或避免失败）。而且每个人都会隐瞒对自己不利的信息、不让别人知道，只要他认为这样有助于自己得胜。当事人可能都知道这些策略，尤其是看到竞赛中的其他人使用这样的策略，不过他们并不会在公开的场合，对这些策略做出行动中反映。这么做，无异于在这个竞争激烈的环境里，暴露自己的弱点，而且就产品研发竞赛来说，这样可能会使自己看起来信心不足。

然而，这并不表示说，假若把这种竞赛描述给组织成员听的时候，他们都无法接受。当我把 x 产品的研究分析结果，呈现给那些当事人看的时候，大多人的反应是正面的。虽然大多当事人，自己从未整理清楚这整件事情的来龙去脉，不过他们都认同这份研究。有些人甚至觉得很有意思。他们似乎觉得，这份研究相当吻合他们所熟悉的那个公开的秘密。但除了极少数例外，他们大多不相信这个系统会有所改变。风险似乎太大了，代价也太高了，而且成功概率太低了。

管理艺术及其限制
The Art of Managing and Its Limits

现在让我们回到本章一开始就谈到的问题，让我们来看看，从以上几个实践界的案例当中，我们能吸取什么样的经验。

显然管理者们有时候确实会在行动中反映。他们一开始可能会问一些问题，例如"消费者对我们的产品到底有什么样的看法？""我们组织里种种问题，背后的意涵究竟是什么？"或"当我们遇到竞争时，我们该吸取什么样的教训？"管理者有时候会在事情真正发生之前，就先开始思考这些问题。他们会正视并质疑自己的直觉理解；而为了检定自己的新诠释，他们会进行一些现场实验。他们的实验往往会带来出乎意料的结果，使他们不得不重新建构自己的问题。他们与自己的情境进行反映性对话。

管理者的反映行动别具特色，因为他们身处在一个组织化的环境里，而且专门处理组织里的大小事情。他们借助于组织里逐渐累积而成的知识库，并将所提用的知识融合应用在所面对的情境上。而当他们在促进组织学习的同时，他们也对组织的知识库有所贡献。G 对于生产延误的调查，将成为该公司了解内部问题的一个分析典范。在消费品公司里，管理者们会建立起一套公司的案例、准则和方法的资料库，新来的管理者可以加以利用。

但管理者作为组织学习的代理人（agent），身处组织学习系统内以及竞赛与规范系统内——这两种系统均能引导和限制组织探究的方向。产品案例的组织学习系统，不但造成了一系列的企业危机，同时也限制了公司成员公开对原因做出行动中反映。

因此，该组织学习系统便对行动中反映的结果毫无反应。没有人会公开讨论它；而由于管理者们都不讨论它，所以他们也变得不太会描述它——虽然由外人进行描述时，他们会表示赞同。公然讨论产品研发竞赛，可能会使一些策略曝光，而管理总部主管正是用这些策略，来让自己远离产品研发的未知变量。公开讨论产品研发竞赛，也可能使一些反策略曝光，而技术人员正是用这些反策略，来保护自己、来保住公司的支援。假如公然揭露了这些策略，并采取一些行动的话，会违反产品研发竞赛的一些规则，而且会让自己觉得暴露了自己的弱点，失去了控制力。

因此组织学习系统，以 x 产品的例子来说，便成了一些会妨碍自我治疗的疾病。管理者们在还没将那些他们带到其组织生活中的行动理论加以转化之前，是无法将自己行动中反映的视角迁移到学习系统上的。而在正常组织生活中的这些行为，也都自我免疫于行动中反映。

假如我们能够认同，管理艺术也包含了类似行动科学（action science）的元素，那么或许我们可以开始弥合管理界的派别分裂。当实践管理者在展现其技艺的时候，他们也展现了建构偶发或变动情境之模式的能力，以及设计并执行现场实验的能力，他们也同时显示了自己有能力对情境及对行动的目标的意义进行反映。通过扩展并详细说明资深管理者的实际作为，一套人性化的、实用的，具反映性的管理科学，便能孕育成形。那么，实践工作者不仅可以成为管理科学的使用者，更可以成为其研发者。

但对管理艺术性的扩展和详细说明，意味着要对管理艺术及其本身的限制进行反映。也就是说，对于管理者们行动中反映的方式以及局限他们行动中反映的既有理论和组织学习系统进行反映。

注释

1. Frederick Taylor, *Principles of Scientific Management*, New York, Norton and Co., 1967, first published 1911.
2. Henry Mintzberg, *The Nature of Managerial Work*, New York, Harper & Row, 1973.

第9章　行动中反映的共通模式与局限性
Patterns and Limits of Reflection-in-Action Across the Professions

在思考了若干专业领域的案例，并探讨了每个领域中的一些事例之后，我们现在又回到了本研究最初的两个问题：

1. 在不同专业领域中，行动中反映的相同和相异之处是什么？
2. 对于行动中反映的限制，我们了解多少？

共通元素与变异性
Constancy and Variation

我在第2章中试着指出，不同的专业隐含着实践艺术中的相似性，尤其是这些专业在面对不确定、不稳定与独特的情境时所展现出的艺术性探究。这种行动中反映的模式，我称之为"与情境的反映性对话"。我在第5章指出建筑设计与心理治疗都可视为这种隐含历程的变体，并在随后的几章描述了同样的历程如何以不同面貌表现在科学立基专业及管理专业上。

在所有这些案例中，探究的历程都始于要努力解决一个初始的既定问题。在某些情形中，这个初始的问题被框定为要生产什么东西（一种半导体增幅器、一种高吸收率的纸制品）；在某些情形中，它被框定成要了解什么的问题（为何一种传统的制程会有用、造成营养不良的源头是什么）。不管最初的问题如何设定，生产及了解的兴趣对于探究过程的后来阶段都发挥了作用。

探究者保持开放，发现与最初问题设定不符合的现象，据此重新框定问题。因此，当发现了一种同样行得通的电镀新程序时，便会引发一个新问题："如何解释传统制程与新制程的有效性？"当贝尔实验室科学家测试巴丁的表层状态电子陷阱理论（surface-state electron traps）时，观察到非预期的增幅效应，因而认定需要新的解释理论。在威尔逊建构好他最初的营养流程模式，并发现实施上有困难之后，便开始自问如何协助小区民众自己去把减少营养不良当作一项实验任务。开发更高吸收量纸制品的产品研发人员，从发现的现象中，转而把研发目标从高"吸收量"改为高"吸收率"。

269

因此在所有这些案例当中，不论探究的过程最初是怎样被构思的，后来都演变成一种框架实验。之所以能这样，是由于探究者愿意踏入困难的情境之中，加一个框架在上面，并遵守因这个框定而树立的规范要求，然而对于情境的回话又保持着开放的态度。探究者努力去塑造情境，想使其符合他最初选择的框架，但是这样的努力产生了意外的后果，探究者对于这些后果加以反映，于是重新框定眼前的新问题与新目的。

在这些共通的探究模式中，有两个关键的过程，对此我也曾在比较奎斯特的设计历程与心理治疗督导的诠释内容时有所论述。探究者面对他所发现的一些特殊现象时，仍需凭借他所熟悉的数据库中的若干要素，来作为新现象的一个范本或是一种衍生性的隐喻。这也是为什么威尔逊以营养流程的语汇来思考营养不良的形成过程，产品研发者把画笔上的人工鬃毛想象成一个抽水机。再进一步，当探究者对于他所知觉的这些相似性进行反映时，他形成新的假设，但他通过实验性的行动测试这些假设，这些行动也具有塑造情境、探究情境的功能。在后面的例子当中，如同奎斯特的设计历程，这种反映性对话包含且依靠这三个层面的交互实验。

我前面强调的是，不同的反映性专业实践艺术中的相似模式，但其间也存在着重要的差异。这些差异指的不是我们所熟悉的"硬专业"与"软专业"的区别，不是"助人专业"与"机械工艺"间的区别，也并非"习得性专业"与"专业化职业"的区别。我所想要说的差异，存在于不同的实践工作者用作其行动中反映的共通元素之中。

270

- 实践工作者用来描述现实与进行实验的媒介、语言和资料库。
- 他们用于问题设定、探究历程以及反映性对话中的评鉴系统。
- 他们赋予现象意义所采用的通盘理论（overaching theories）。
- 他们用来设定自己的任务及界定体制情境（institutional settings）的角色框架。

　　我把这些称之为共通元素，并不是说它们绝对不变。它们会改变，有时是作为对反映的回应，但是相对于特定现象的理论和特殊问题情境的框架，它们改变的速度比较缓慢。因此，相对而言它们给予了实践工作者较为稳定的参照，使他在行动中反映的过程中，得以将他的理论与框架分离。实际上，根据这些共通元素的强弱程度，实践工作者或多或少能辨识并涉入实践中的变动与混乱。并且借助觉察这些共通元素之间的差异，就个别或整体模式来看，我们就能够解读行动中反映在专业内部与跨专业间的明显差异。

　　虽然本书的篇幅不容许太多这方面的探讨，我还是想用几段文字来建议如何对此研究。

271　　为什么建筑师的素描簿、病人与治疗师之间的关系、工程实验室的图样与实验模型、规划者与开发者之间的对话，或是公司经理之间的互动关系等作为行动中反映的媒介是重要的呢？媒介、语言和数据库就影响力而言是分不开的。合在一起，它们构成了探究的"实料"，实践者借此行动、实验和探索。实践工作者在与情境进行反映性对话时，必须通过操作媒介、语言和数据库的技能，就如同日常会话需要通过操作口头语言的技能一样。

　　奎斯特的设计主要是依靠他对素描簿与比例模型的感觉，以及他对工作中所使用的绘图与口头语言的感觉。同样，工程师的实验性设计主要是依靠他们对于金属在不同温度条件下暴露于空气中或浸入水里会有何变化的感觉。威尔逊、心理治疗督导、城镇规划者还有经理们，是以社会场域为媒介的。我们所探讨的这些人已经发展出对自己实践中的媒介和语言的感觉，他们能建构出虚拟的世界，并在其中预演想象中的行动。由于这种对于媒介和语言的感觉非常重要，资深的实践者无法仅凭着描述自己的流程、规则、理论，就能将自己的实践艺术传授给新手。他也无法仅凭着描述或示范他的思维方式，就能让新手用同样的方式思考。因为对于媒介、语言和数据库的感觉不同，某个实践工作者的实践艺术对于别的实践工作者而言便是隐晦的，以致我前面所勾勒的那些相似性变得模糊难辨。

我们对于不同的人在行动中反映时，如何发展他对媒介、语言和资料 272库的感觉知之甚少。对未来的研究来说，这应该是个有趣且具前景的选题。

评鉴系统的稳定性，是行动中反映的基本共通元素。它使得对问题情境的最初框定成为可能，也让探究者能够根据情境的回话重新对情境加以评估。因而，奎斯特对于设计的一贯性、偏僻角落与柔性后方地带、技法和柔化硬边形式的重视，即使他能对学校设计碰到的问题做出最初的框定，也使他能在发现回廊的隐含意义之后重新去框定问题。威尔逊对实验模型、试验、自主性发现、寻找表面上分歧的现象之间的关联、指出传统观点的缺陷等的重视，既隐含在他以营养流动模式来初步框定营养不良问题中，也隐含在他后来以社区为本的齿轮实验法对问题的重新框定中。如果在这些探究历程之间，所采用的评鉴系统发生了突然地转移，那么这个探究历程就不再具有反映性对话的特性，而变成了一连串互不相关的插曲。

参与现场实验的探究者基于自己所采用的评鉴系统的持久性，就能够知道何时完成了实验。他借助评估自己所促成的改变来界定自己的实验。

评鉴系统的相似与否，要视探究的专业性社群的样貌而定，而评鉴系统的差异又与不同专业之间与专业内部行动中反映的差异有很大的关联。基于这种差异，不同学派出身的建筑师，会以不同方式探究同样的现场和计划，并制作出不同的产品，尽管他们的设计流程在大的架构上也许跟我 273所描述的奎斯特的设计流程大致相当。同样，不同的规划者、经理人、系统工程师也许会进入在局外人看似雷同的处境，却因采取很不一样的探究而导致不同的结果，虽然他们都同样进行了与情境的反映性对话，但这种部分源自于不同评鉴系统的差异性，导致了对于客观性问题的特殊视角。在同一个探究历程中，对于方法和产品的评价可以是客观的、独立于个人意见之外的。但是跨越不同的探究历程，评价上的差异就很难客观地消解。解决这些差异，需要依靠不同探究者具备进入彼此的评价系统并相互翻译彼此系统的能力，但我们对这种能力知之甚少。[1]

奎斯特能够掌握建筑结构、土壤条件、空间动线的特殊理论；处理枪支着色问题的工程师能够掌握金属表面性质的理论。奎斯特与那些工程师能将他们的特殊理论运用到特殊的案例上，从而引出规则来预测或控制所要处置的现象。譬如，奎斯特能用他的结构理论算出一支需要负荷一定重量的横梁的最低角度。但是奎斯特及那些工程师都没有表现出其应用了我所称的通盘理论。一个通盘理论并不提供可资应用来预测或控制某一特殊事件的规则，但是它提供了一套语言，运用这套语言可以建构特定的描述和主题，并由此发展出特定的诠释。与模式化的营养流程对威尔逊所发挥的作用一样，心理分析论对心理治疗督导便发挥了这种作用。这两个案例中的实践工作者，并不认为他已在任何实践情境中对现象形成了令人满意的解释，直到他运用自己的通盘理论来框定情境。

如果实践工作者持有这样一个理论，他便运用它来指引自己的行动中反映。不同的专业领域或不同的实践工作者，反映性对话的本质存在差异，具体要视通盘理论的内容及此理论是否存在而定。

在我们检视过的几个案例中，已经观察到实践工作者如何框定自己的角色。在城镇规划的个案中，我们追踪了角色框定对实践中认识的影响。由于角色的框定在不同情境中相对稳定，它界定了实践的范围，并提供了参照，让实践者能够建立一个逐渐累积的各种范例、事实和描述的数据库。

角色框定的差异，使我们得以确定何种知识对实践有用，以及在行动中要采取何种反映。从某个重要的例子可以看到，实践工作者是如何面对他们所处的体制脉络。所有的专业角色都镶嵌在特定的体制脉络之中，但并非每个实践工作者都会严肃地看待这件事。一位机械工程师会视自己为技术问题的解决者，因此在看待自己与客户之间的关系时，便认为这样的关系不可避免，但基本上与专业无关。或像威尔逊，他以更大的社会脉络作为背景来框定自己的任务，而把技术问题的解决视为是较大的社会拼图中的一片。如果体制脉络在实践者框定其角色时占据核心地位，那么他将注意到那些书架上的理论无法给现实问题提供令人满意的解释。他必须建构一套属于自己的理论。如果他视其脉络理论为反映的对象（如同那位城镇规划者在某种程度上一样），他将察觉到情境中的其他人也以他们自己的框架和理论来与他的框架和理论相对应。他将把他们同样视为具自主性的规划者，而不是视为被规划的客体。而且他与这些人的互动，将以一种反映性对话的方式进行。

通过这些方式，存在于共通元素之中、被带入探究过程的差异性，将影响行动中反映的范围与方向。但是这些共通元素——媒介、语言、数据库、评鉴系统、通盘理论和角色框定——也同样伴随着情境而变化。尽管特殊事件可能引起它们的改变，不过这样的变化常历经若干时期，甚至比一次实践事件所需的时间更长。而有时它们的改变是来自于实践工作者对实践事件的反省。对于这类反映的探究，对专业的发展与实践知识论都至关重要，而且，需要进行比我在本书中所尝试的更长期、持久的分析。

行动中反映的局限
The Limits of Reflection-in-Action

什么限制了我们行动中反映的能力？这些限制在何种程度是来自于情境的先天限制，或是来自于实践知识论本身？在何种程度我们能够经由学习而超越它们？

我们提供的实例显示，实践工作者在做事时，的确常常反映自己在做什么。行动中反映在专业实践中并不罕见。另一方面，我们也看到实践中的认识系统如何限制了行动中反映的广度与深度。

第一个发现驳斥了一个广为人知的信念，那就是思对于行必然会造成
干扰。第二个发现让我们关注到实践中的认识系统对个人与组织的自我限
制的特性，并暗示了这种限制的延展方向。

根据传统的看法，思对行的干扰有两种方式。第一，艺术技能是无法
描述的，因此对行动的反映注定会失败。第二，行动中反映会使行动瘫
痪。这两个论点，虽非全部但大体上是错误的。它们看似合理，这是因为
对于思与行之间的关系一直存在着某些误导人的观点。

就第一个论点而言，我已经指出"艺术技能"具有两层含义。它可以指
直觉认识(intuitive knowing)，这就如同老工匠的直觉判断，或是积木平衡
高手直觉式的行动中理论。它也可以指对于直觉认识的行动中反映，就如
同奎斯特的设计或是督导的诠释。在这两种意义下，艺术技能都是可被描
述的。当实践工作者进行行动中反映时，他们便是在描述自己的直觉理
解。而且如同我在前面几章所做的，描述行动中反映本身也是可能的。

当然，这样的描述与它们指涉的现实之间，总是存在着一道鸿沟。当
实践工作者表现出艺术技能，他的直觉知识所涵盖的信息要比对其的描述
丰富得多。再者，关于内在策略的描述——被涵括于实践工作者对其艺术
表现的感觉之中，常常与那些用于建构外在描述的策略并不相符。譬如，
由于这种不相符，事情做得好的人所给出的看似很好的过程描述，其他人
却无法模仿。每个曾经想按照书本学溜冰或写作的人，都知道要根据书本
的描述去行动有多困难。

然而，介于艺术技能与其描述之间的鸿沟并非必然会阻碍行动中反
映。就像奎斯特对于佩特拉选址问题的框定的反映，或是像积木平衡高手
对几何中心理论的反映，对直觉知识的描述有助于反映，使得探究者能够
批判、验证，并重新建构他的理解。描述的不完全无碍于反映。相反，对
于直觉知识任何完全地描述，将导致信息过量。当行动中反映将一个人对
其行动表现的直觉感觉转换为用一种不同的方式描述的实践中知识时，也
不会造成可怕的障碍。行动中反映并不依靠直觉知识的描述，即使这种描

述完全忠实于内部表征。就算可能有某些描述更能契合行动中反映的需要，但是那些并不怎么好的描述可能已足以让探究者能批判和重构他的直觉认识，以致引发出新的行动来改善情境或促发对于问题的重新框定。

尽管行动中反映是适切可行的，但它可能是有危险的。某个棒球投手声称从不在比赛中途思索他的投球方式，蜈蚣若是想要解释自己怎么移动，反而会乱了手脚，这些例子都意味着反映的确阻碍了行动。之所以如此，可能基于以下四种理由。

1. 在火线上我们没有时间反映，如果停下来想，就会被置于死地。

2. 如果我们去想自己在做什么，就会彰显出复杂性，而打断了行动的流畅性。原本在潜意识中我们可以管理好的复杂性，一旦被推到意识之中就会令我们瘫痪。

3. 如果我们开始行动中反映，就可能引发对行动反映，再对我们的反映进行反映，就这样一直反映下去直到永远，变成一无穷尽的追溯。

4. 适合反映的立场与适合行动的立场是不兼容的。就如同汉纳·阿伦特（Hannah Arendt）所言：任何不服务于知识而且不受实际需要与目标所导引的反映是……"妨碍秩序的"（out-of-order）……它阻碍一切正常的活动，不管是什么。所有的思考都需要停下来去想（stop-and-think）……实际上，思考使我瘫痪，就如同过度的意识可能使身体的自动化功能瘫痪了一样。[2]

这样看来，行动中反映在术语上是一种矛盾。

上面那些论点承认了对行动反映的可能性（就算那位在比赛中从不"思考"的投手，也乐于在具私密与安全性的球员休息室中观看球赛的录像带），但是它们都指出了行动中反映的危险。这些论点有一定道理，但却是建立在关于思与行关系的错误观点上。它们与传统观念融合，成为一种神话，更增强了将实践艺术神秘化的固有倾向。

　　某些时候，停下来思考的确危险。在火线上、在交通繁忙中，甚至在游戏场里，有进行即时的现场反应的需要，而且做不到的话可能会有严重的后果。但是并非所有的实践情境都属于此类。当下的行动（action-present）——我们处在"相同情境"中的这段时间——在案例之间差别很大，在许多案例中我们都有时间思考自己在做什么。例如，医生处理病人的病情、律师准备诉讼案件、教师教导学习困难的学生，这些过程可能持续几周、几个月或几年，在快速进行的各个事件间的间隔期，便提供了进行反映的时机。

279　　就算当下的行动是短促的，行动者有时也能训练自己去思考自己的行动。在网球比赛的瞬间，网球高手学会留给自己片刻时间来决定下一个击球。只要他正确判断进行反映的时机，他的表现会因为这片刻的停顿而更好，并把他的反映整合到顺畅的行动之流当中。而且我们已经观察到像建筑师、音乐家、治疗师这些实践者是如何建构虚拟世界的。在这个世界中他们可以放慢行动的步调，也可以尝试重复与改变行动。事实上，实践者如何学会创造行动中反映的机会，应该在我们理解实践艺术的概念上占据重要的地位。

　　直觉知识本身的复杂性所衍生的论点，引发了怎样才是一个好的行动描述的问题。就蚯蚓的故事来说，西摩·帕伯特（Seymour Papert）曾经指出，困难并不在于进入意识里的材料本身的复杂性，而是在于我们表征复杂性的方式。某些描述比起其他描述对行动更为有用。那只蚯蚓回应"你是怎么做的"这个问题时，如果就简单说，"我是以波浪动作向前行进"，这或许就给了一个不会自乱手脚的答案。一个好的教练懂得以隐喻的方式来捕捉行动的复杂性（"靠到斜坡里面"），以此来帮助传达对于行动的感觉。

　　另一方面，某些很有用的行动指令，确实会暂时阻碍行动表现。例如，一个正在学打网球、高尔夫球或乐器的人，可能会被要求更改他的握法（或吹法）。虽然这将会使他暂时失掉自发性，但是我们期望的是，他在掌握更高层次的动作质量之后重获自发性。这里，我们不用对反映确实暂时阻碍了行动感到惊奇。我们是否准备好付出这样的代价，要看我们是否有能力找到一个低风险的脉络，或者要看我们如何衡量让人暂时失去自发性的代价。不论如何，当我们卡住了或对自己的表现严重不满的时候，我们最有可能开始进行行动中反映。我们的问题不在于是否要去反映，而是哪种反映最有可能帮助我们摆脱困境。

280

对行动中反映的惧怕，将导致无止境的回溯（regress）反映，这源自那种未受检验便将思考与行动一分为二的二分法。我们把思考从行动中抽离，只把思考视为行动的准备，把行动视为思考的执行，如此一来便很容易相信，当我们踏入抽离的思考领域时，我们将会迷失在无止境的以思考回溯思考当中。但是实际的行动中反映，就如我们所见，行动与思考是互补的。在实验性行动的测试、施行、探查当中，行动拓展了思考，而且反映将回馈到行动与行动的结果。彼此互相回馈，互相设定界线，是行动的意外结果引发了反映，是令人满意的行动的发生将反映的历程暂时画上句号。当然，探究者保持开放，持续与他的情境对话，将导致反映的更新。然而，当实践工作者持续让探究前进时，并不会被沉入无尽的思索而自绝于行动之外。探究的延续性将引发思考与行动的持续交织。

最后，汉纳·阿伦特认为反映在行动中是"妨碍秩序的"这个观察也许正确也许不正确，这取决于个人心中所认定的反映是哪一种。将反映视为"不受实际需要与目标所导引"并不困难，但是这可能让行动者分心或导致他停止整个行动。这可能是好事也可能是坏事，要看个人对该行动所持的观点。越战时期美国约翰逊总统的顾问记录了在参谋委员会开会的感觉，会中那些带着怀疑的反映总显得不切实际和阻碍秩序。[3] 在这种状况下，打断行动中反映或许是英明的。在其他较不戏剧化的例子当中，当反映与当前行动方针不契合时，可以通过双重视野来解决。但是双重视野并非要求我们停下来想，而是要求一种在行动中维持以多重观点看待情境的能力。它并不打断行动，反而有助于探究者做好准备，采取我称之为与情境进行反映性对话的行动模式。

281

因此，反映本身并不带有任何必然会使行动瘫痪的特性。对于瘫痪的恐惧或是源自最糟糕的个案的分析，而这样的分析忽略了对进行中的行动进行反映的机会；或是源自忽略我们建构虚拟世界的能力，在这个虚拟世界我们可以放慢行动的步调；或是对于双重视野的无知；或是源自无力想象对行动有用的描述；或是源自对思考与行动不恰当的二分法。

在真实实践中，实践工作者确实在不自我瘫痪的情况下进行着行动中反映。对反映将导致瘫痪的惧怕，就像相信艺术技能的不可描述性一样，不是来自于实践的经验，而是来自于一种实用理性的残余模式，它本身更需要多做反映。

与传统关于反映的虚构性的局限相当不同的是，在我们有关专业实践的研究个案中，其所遭遇到的局限乃是实践中认识的自我增强系统。

在我们的个案中，城镇规划者对他的问题解决策略进行反映，却不触及他的问题设定或是角色框定以及行动理论，然而决定他的行动策略的正是问题设定与角色框定的行动理论。消费品销售经理反映他们的组织危机，却不触及滋生出此危机的组织学习系统。他们的反映在他们理解的系统之内运作着。城镇规划者视其平衡行动是天经地义的，而只针对最适合如此表现的技巧进行反映。产品开发经理视他们的学习系统为不可改变的，而只去思考补漏洞的最好办法。同样，在奎斯特与佩特拉以及督导与实习医师的讨论之中，虽然隐含着许多艺术技能（其中包含了行动中反映），但却很少看到对艺术技能本身或是对师生互动进行第二序的反映（second-order reflection）。

在我看来，维系个人与组织的实践中的认识系统所依赖的那些过程，同样维系了实践艺术的神秘性。当探究者不去对他自身的探究进行反映，他将使自己的直觉知识保持隐晦，并且会忽略他反映性关注点的视野局限。弥补实践艺术被神秘化以及行动中反映被限制的途径是一样的：将焦点重新转向实践中的认识系统以及行动中反映本身。奎斯特和督导应该去思考他们示例学生背后的艺术，以及在此示例过程中的互动。城镇规划者应该去思考他受到限制的行动中反映，思考他框定实践的平衡行动。消费品公司的销售经理们应该去反映他们的补漏洞行为，以及那个要求补漏洞的组织学习系统。

但这是一个循环。比方说，使城镇规划者无法反映自己的平衡行动的，是他的实践中认识的自我增强系统。这个系统使它自身对反映免疫，并保护规划者免于承受系统一旦解构带来的不确定性（或免于瘫痪）。实践工作者可以经由关注他的角色框定、他的人际中的使用理论，或是自身所在的组织学习系统，来打破自我封闭的反映循环。然而，不管他的出发点是什么，他不容易有太大进展，除非他决定要延展和深化他的行动中反映，除非别人帮助他看见他曾努力避免去看的东西。

283

继续探讨这些问题，对于建构行动中反映的教育理论是关键性的，但这已远超出本书的范围了。

注释

1. Thomas. Kuhn 已经开始通过有价值的评鉴系统框架探讨翻译问题——他用翻译困境讨论科学范式——在《科学革命的结构》（*The Structure Scienture of Scientific Revolution*，Chicago，University of Chicago Press，1962）这本书的后序中，Kuhn 区分了"说服"和"转换"，通过"说服"在一共享范式下争议各方可以达成共识，通过"转换"科学家有时从一种范式转移到另一种范式。

2. Hannah Arendt，*Thinking*，Volume I of *The Life of the Mind*，New York，Har-court Brace Jovanovich，1971.

3. Reported by George Ball and Charles Bohlen，in David Halberstain，*The Best and the Brightest*，New York，Random House，1972.

第 3 编
Part Ⅲ

结 论
Conclusion

第 10 章　专业在社会的地位及其意涵
Implications for the Professions and Their Place in Society

导　论
Introduction

在本书的前两部分，我所提倡的是一种以"行动中反映"为基本理念的实践知识论。接下来我将探讨的是它的一些意涵，包括专业在社会中所扮演的角色，专业与当事人之间的自主与权威关系，这种探究方式对当事人的用处，促成反映性实践的体制脉络，以及那些可能被用来确立专业活动的正常性的社会进步与福利的愿景。在考虑上述这些问题时，我将把反映性实践模式拿来与科技理性模式和最近对专业的激进批判主义，加以对照比较。视专业为科技专家的这种想法，贴近人们对科技计划的乌托邦想象；而另一种激进地将专业去神秘化的想法也是相连于另一种乌托邦的愿景，它企图从专业精英及诸多既定利益的主宰中解放出来。虽然反映性实践的社会意涵不见得就是落在这两种极端之间，但从以下三个层面的比较，或许可以更为清楚地阐释。

在过去 400 多年来的主流传统中，"专业"所强调的特殊知识根植于高等学习机构进行科学研究所发展出来的理论与技术之中。专业专家们的地位，以及他们对社会授权(social mandate)、专业自主及证书制度的要求与主张等，也都是基于科技理性及科技计划的强大概念之上的。再清楚不过的是，对这一概念的坚持更胜于对技术的渴求，这已成了近十年来专业学习者的主要角色了。

从激进批判主义的传统来看，对于视专业为企业的精英工具的批判，是与对科技理性的批判相结合的。这些专业计划及专业所强调的特别知识，都被视为"神秘化"的知识。如同以伊万·伊利奇为代表的批判文献中所陈述的，[1] 科技专家的神秘性被视为一种社会精英对社会中较弱势的人——如穷人、弱势的种族或文化、女性等——进行社会控制的工具。这些强调社会授权、专业自主及专业证书制度的科技专家们，实际上是在进行一种对社会福利的分配，而且潜藏着诸多的不公正，他们可能创造出一种人们都不想生活其中的科技社会。在其中的专家们，当被仔细检验之后，也将会被化为虚无。因此，专业只不过是为了进行社会控制而先发制人取得社会合法知识的工具而已。

这些观点被用来论证对专业彻底的去神秘化，而且同时也支持了以下两种补救的策略：一种是发展另一群专业倡议者，为较弱势的当事人或受害者的利益而工作，教育他们认识自身的权益，组织他们维护自身的权益；另一种则是发展一群公民—实践者（citizen-practitioners），如公民—规划者（citizen-planners）、公民—建造者（citizen-builders）、公民—医疗者（citizen-physicians）等，他们将被训练好以接管专业专家们的领域。[2]

不难发现，矛盾的是，那些专业学习者一方面企盼这些"硬"的科技技术会带给他们在既有体制里的工作机会，另一方面也同时有着将专业知识去神秘化的激进理想。

然而，专业知识的去神秘化工作，可能有两种十分不同的意义：一种是视专业知识为"国王的新衣"，即虚假的知识；另一种则视专业为某些值得认识的知识，即一些原本已存在，有待被描绘了解的有限知识。在第二种意义中，知识的神秘化是在于将实践中知识呈现得过于复杂、神秘、不易亲近。故而，去神秘化并不在于呈现出实践者对于知识所提出的虚假主张，而在于其努力进行一项艰巨的任务——探究并公开这样的谎言。

那些反对专业神秘化的人，为了使得专业知识显现出来，通过研究分析专家所宣称拥有的特殊知识，包括其赖以成立的基础——科学研究，并反对专家所宣称拥有的社会控制、实践自主以及专业大门的资格认证角色。我的论点是，激进批判并不能替代（但有可能激发）专业工作者的批判性自我反映（critical self-reflection）。不具反映性的实践者，不论他们是站在拥护专业或反专业的立场，都同样有其限制性与破坏性。

专业工作者与当事人的关系
The Professional-Client Relationship

在我们社会习以为常的专业实践中，专业工作者扮演服务的提供者。专业不同，接受专业服务的人称呼不同，如律师、会计师、建筑师及工程咨询师等，都称其为"当事人"；医生、牙医、治疗师等称其为"病人"；老师则称其为"学生"或"指导学生"；社会工作者则称其为"当事人""个案"或"被咨询者"。虽然这些不同的名称背后暗指着关系内涵中重要的差异，但我们通常都习惯统称其为"当事人"。

在我们的社会中，专业如何界定它的专业工作者与当事人的关系是很重要的。不可否认，在一些既有的专业中，找到愿意站在当事人立场的专业工作者并不容易。多半的情况是，专业工作者的角色对社会控制的关切更甚于助人，或者是处在助人与社会控制之间的模糊地带。既然如此，称呼专业服务对象为当事人，本身就是自相矛盾的。这种情形，最常见于警察，也常见于老师、经理人或社会工作者。当越来越多的专业工作者，如经理人、工程师、建筑师、都市规划者、医师、律师，在官僚体系中工作时，那么称呼一些他们的同事、督导及下属们为当事人便会显得矛盾。矛盾在于我们这里所称呼的当事人，实际上是某些具有正式权威的角色、下属或是在一个专业分工任务系统内互换职务的人。许多专业，如城镇规划者、学校督导、政府的行政人员等都具有某些正式的职位，要与不同团体的人互动，因此，与其称他们服务的对象为"当事人"，不如称他们为"委托人"（constituents）或是"利益相关者"（stakeholders）。

但是在所有两难的、模糊或不适合谈论当事人的情况下，这种事情都会成为专业成员的问题源。这种缺乏清晰界定的专业工作者-当事人关系，会令服务提供者低估自己作为专业工作者的角色。警察强烈地捍卫着他们对自己专业地位的感受，经常表现出他们助人的社会服务的角色，以致他们认可自己是在为其"当事人"服务的。[3] 工程师、建筑师、经理人和其他官僚组织中的专业工作者，也都得面对他们专业社群提出的争论——如何应对官僚体制对于其专业地位的威胁。[4] 而对于许多都市规划者、学校校长及组织咨询专家而言，很迫切的问题就是决定："谁才是当事人？"我想，这个问题的意义在于，"我们应该针对谁来界定自己处于专业关系之中？"对专业工作者而言，他们必须能够以他们的特别知识给一些人提供好处，而这些人与他们的关系，可以让专业工作者展现其权威性与其所要求的专业自主性。[5] 从上述这些观察可知，传统的专业工作者与当事人的关系的特点是什么，以及这种关系如何随着我们对专业知识了解的改变而有所改变。

以传统的实践认识论来看，传统的专业工作者-当事人关系，可以说是一个契约关系，在一组共享的规范下，约束着彼此互动的模式。这些规范，有些具有正式的法律基础，有些则属非正式的默契。依循这些规范，专业工作者与当事人彼此知道他们能够从对方那里得到什么。

在这种传统的契约中，专业工作者似乎同意以他有限的专门能力给当事人提供服务，并尊重当事人对他的信任，以及不能滥用专业关系所赋予他的特殊权力。而当事人则似乎是同意接受专业工作者的专业权威，并服从专业的指示，且支付应付的费用。在一个熟悉的心理治疗非正式的契约中，当事人皆同意表示出对专业的顺服。他不会挑战专业判断或要求过多的专业解释。简而言之，他同意表现得好像尊重专业工作者的专业自主性。

在这样空泛的契约界定下，对双方而言仍有许多随意的自由空间。当事人可能表现或多或少的顺从与配合，以及对专业意见或大或小的挑战。相对的，专业工作者也可能表现出对当事人或多或少的同情与努力了解，或是或多或少地告知对方他所拥有的相关专业知识。所有这些，可能都取决于他对当事人的地位、财务能力，以及先前友谊关系或其他人情义务等的认知。

在这种传统契约下，专业工作者对其表现是否负责任，主要是来自专业同行的监督。虽然，他是直接面对他的当事人，但是通常当事人没有足够的能力来判断其表现。只有当这契约被严重违约时，专业工作者的责任归属问题才会在法律系统内被评断，就像是医疗纠纷诉讼一样。在责任归属（accountability）问题这一广大范畴里，对一些尚未涉及违背法律的问题，专业同行的监督是最能判断专业工作者是否适当地履行其专业契约的。然而，这种"专业工作者-当事人"的关系通常被认为是隐晦不明的，专业同行往往也没有途径去评估专业工作者的表现。机构本身缺乏评估专业责任归属的机制，因此导致上述专业责任归属的种种问题，如养护院舞弊案中医疗保险制度被滥用谋利，以及"水门事件"中一些律师的行径违背了专业契约的伦理。在这些已被公开的舞弊案中，专业违规的事实被曝光，这表示私下还有一些检核责任归属的机制在运作。更令人担心的是，相对于少量被曝光的个案，还有更广大未被曝光的诸多违背专业契约的事实存在，而现有的责任归属检核机制不足以揭示或更正。

传统专业契约中最典型的就是，医生与病人以及律师与当事人之间的关系。在这类关系里，专业工作者的地位、权威性及自主性都是非常稳固的。至于一些格莱泽看来所谓比较次级的专业，如牧师、教师、社工等，294其专业工作者与当事人之间的契约可能没有前者来得安全稳固，但也通常会以医师与病人的关系或律师与当事人的关系为典范，极力仿效。

专业的激进批判者给专业工作者与当事人的关系注入了一些重要的意涵。由于激进的批判者否认了专业者权威性及当事人服从性的合法性，他们同时也就否认了专业传统契约中最基本的元素。他们将当事人与专业工作者置于一个倒转的关系。他们坚持维护病人、犯人、社会边缘群体的权利，期望帮助当事人建立一种倒转式的专业平等，让当事人能够抗拒专业工作者对他们的控制。换句话说，这种创造"公民专业者"（citizen professionals）的运动，是一种想要以新专业契约取代传统契约的努力。在这种新契约中，专业服务的交换与报酬发生在一般民众，而非专业工作者与当事人之间。

然而，这种补救策略也有它的缺点。当这些倡议者组织当事人捍卫他们的权利、免于被专业过度的控制时，这些被组织起来的倡议团体以及一些反对的历程，却都有可能变得与不好的传统专业实践一样，具有控制性与非反映性。例如，那些为穷人讲话的律师们，可能认为解决目前住房问题的办法是"消除那些地主对租户们的剥削"。因此他们可能提供合法的捍卫途径，抗议业主们对这些弱势者的谋利企图。然而他们同时也激发了一种激进的思维方式，以致忽略了住房问题的深层原因。从长远来看，可能因地主放弃这个产业而减少了租屋存量，令租屋者的困境更加恶化。公民健康工作者、都市规划者或建造者，都有可能对上述的过度教义化或武断化的专业提出有用的更正；但是他们也有可能忽略或没注意到专业工作者合法地运用其特殊知识误导了当事人。这种缺失似乎与两个问题有关：首先，既想对专业采取反对立场，又想获益于专业知识，这两者很难取得平衡。其次，无论是专业倡议者或是公民专业者，只要仍然采取专业的立场，强调其专业知识的特殊与专业自主性，那么就有可能滥用他与当事人之间的关系。

那么，究竟反映性实践这个概念是如何看待专业工作者与当事人之间的契约呢？

首先，很重要的是，"反映性实践"并不会让我们忽略当事人权益以及专业责任归属机制的问题。我所关切的是呈现出：当专业工作者能够做到反映性实践时，专业工作者与当事人间的契约如何能在一个责任归属的理论架构中被转化。

就如同反映性实践采取与情境反映性对话的形式一样，反映的实践者与当事人之间也是采取反映性对话。在这里，专业工作者认可他们的专业技术是根植于某一意义的脉络的。他赋予他的当事人以及他自己一种去认识、寻找意义和规划的能力。他知道他的行动对他的当事人而言，可能呈现出与他原先的想象有所不同的意义。同时，他也给予自己一个任务，去发现这些不同的意义是什么。他认可自己应有义务让当事人知道自己的理解，这就意味着必须不断对他所知道的知识进行反映。举例来说，假如他是个医生，他可能一方面要他的病人戒烟，但同时他也会提醒自己去了解在这位病人的生活中，抽烟是否是他平衡压力的方式；如果一旦戒掉，是否会有其他更严重的后果等。又假如他有个得白血病的病人从来不提这个病名，他可能会去探索她不提这个可怕病名的背后意义。假如他发现她没办法接受她得这种病的事实，他可能会陪她一起说出这个病名，并一起去了解这个病的多样性，以及她的病在多种组型中是属于哪一种。不仅仅是这些例子，我以前提过的一些反映性教学、管理、治疗的例子也都一样，他们都认定自己的专业能力是一种看待事物被建构与再建构的方式。他们准备好且有能力在当事人的经验中探索其背后的意义。当然，反映的实践者也通过与当事人之间的反映性对话，试着发现他自己在专业能力上的限制。

虽然反映的实践者的专业能力是被认可的，但实质上他所宣称的权威性却奠基在他与当事人互动时所展现出的能力上。他不能要求当事人盲目地对"黑箱作业"的专业能力产生信心，而是必须要依靠其在互动中不断展现出真实的实践能力。然而，这样的关系仍有许多阻碍得去克服。当事人与专业工作者双方同时都带来他们自己只能部分描述的知识，因此，沟通的过程原本是让双方逐渐掌握到彼此真正的意涵。对当事人而言，唯有能从不了解、不接纳开始——但伴随着愿意持有怀疑的态度，[6] 才能让专业工作者展现出专业能力的同时建立其权威。

因此，在专业工作者与当事人的契约中，当事人并非马上接受专业工作者的权威性，而只愿意去质疑观察。当事人同意跟专业实践者一起探究自己寻求帮助的情境；试着去理解他所经验到的，并让专业实践者知道他的理解内容；当他不了解或不同意专业实践者时，他会当面质问实践者；他会借由观察实践者来检验实践者的能力，并公开询问该如何检验效能；他会感激实践者所展现的能力并付以实质的报酬。对实践者而言，他愿意在他能力范围内提供他的服务；协助当事人了解专业的建议及其行动背后的意义，同时他也试着了解他在对当事人有所行动时的背后意义；他作好面对当事人当面质问的准备；当他需要这样做以履行契约中他所应尽的责任时，他会尽量反映自己的内隐的理解（tacit understanding）。

相较于传统的专业契约，在这样的契约中，专业工作者更能直接对当事人负责。在这里仍有其他确认专业责任归属的方法，如同事审查、当事人组织的监控，或是对违约程序的公开抗议或诉讼。但是，在反映性专业契约中，专业工作者努力开放他的专业知识以进行公开的探究，这样一来其他的一些责任归属机制也会以不同方式发挥功能。由于其是建构于完全对立的结构之上，当然鼓励要进行公开的探究，关于这点我将在本章稍后再来讨论。

显然，反映性实践契约的实施，有一定的限制。这种契约的建立比较困难且费时，许多重要细节的考虑都需要花力气处理。再者，也有这样的情况，当事人只是想要对专业工作者的言行取个公证书，或只是想对传统契约做些补救。又或者存在这种情境危机——只需要完成规定的任务，此时反映性对话就可能显得不切实际。

当不是处于上述紧急或常规的情境下，反映性实践契约的建立就比较可行且较有价值，不过即使如此，跟传统契约相比，它也较难。它的困难之处在于其需要有不同的能力，且得顾虑到专业工作者与当事人双方不同的需求，以及对专业满意度的不同看法。

首先，让我们考虑专业工作者的情境。当他是某个"主要"专业的成员时，他的角色就被赋予了权威性与自主性。若他倾向建立反映性专业契约，就会面临放弃他最初所宣称的专业权威性与互动中的主导权这一困境。当专业工作者原先的位置不是那么强势，且他被认为只是提供服务的人而不是权威时，那么这个"问题"就反过来了。例如，中小学校长会为他没能力去挑战那些他认为无理的家长们而极度苦恼；大公司里的工程师会觉得他被那些迁就商业眼前利益而牺牲商品质量与安全顾虑的总经理威吓到；公共机构中的人事部人员会觉得机构的一些行政程序使他们无法照顾到当事人的需求。这时他们就会发现，他们所追求的专业地位通常只是暂时的且不完全被赋予的。他们和当事人建立反映性契约的困难在于，在他们的工作情境中是否可以得到进行反映性实践的足够支持。

299

然而，不论专业工作者原先是强势或弱势，反映性专业契约所需的能力对专业工作者来说，都可能是陌生的。当他被一般人期望要扮演专家角色时，却得时时展现出他的不确定感。当一般人期望他的专业能力是神秘且私密时，他却得公开地反映其实践中的知识，公开面对当事人的当面质问。

当专业工作者向这种新能力靠拢时，他同时也放弃了一些原先让他获得专业满足的来源，进而开放自己，开展一些新的追求。他放弃了那些不容置疑的权威性所带来的酬赏，那些不用面对能力挑战的专业自主性，那些相对不受侵犯的舒适感，以及享受当事人顺从的满足感等。而那些新的满足感，主要是来自一些新的发现——发现他提供给当事人专业意见的真正意义，发现他实践中的背后知识，以及发现他自己。当实践者以一名探究者的角色进入他的实践工作时，他就展开了一个自我教育的连续过程。当实践工作的内容是对同样问题不断重复执行一些技术时，实践者就会企盼有更多的休闲或提前退休来舒解这种一成不变；但当实践者也是其实践的探究者时，实践本身成了一种更新的来源，实践过程中所见的一些错误或不确定，都有可能成为新发现的素材，而不需一味地对此自我防卫。

事实上，当实践者能够反问自己"我的工作真的能带给我满足吗？"，以及"我如何创造出更多这种满足感呢？"他就能解放他自己。就如在"MIT教师方案"中的老师们第一次问自己这些问题时，答案大多是，教学工作最令他们满足的就是"能让孩子们思考"，而且将他们自己置身于学生角色之中，让他们也能经验并揭示那些原先总被期望去压抑或保密的困扰。

上述两种实践模式中关于专家所需能力及满足感来源的差异，如表 300 10-1 所示。

表 10-1　专家所需能力及满足感来源的差异

专　　家	反映型实践者
不管有多少的不确定性，我必须假定我都知道，而且也必须对外宣称我都知道	我假定我知道些，但在特定的情境中，我并不是唯一能提供相关及重要知识的人。我的不确定性也将是自己和别人学习的材料
与当事人保持距离，且保持专家的角色。温暖与同理心的传达，只是用来作为促进关系的"甜蜜剂"（sweetener）之用，使当事人知觉到我的专业性	寻求与当事人的想法与情感的联结。当事人对我专业知识的尊敬是来自于他在情境中的真实发现产生的
寻求当事人对我专业角色的顺从及地位认同	寻求自由感及与当事人间的真实联结，因此不再需要去维持专业面具的假象

　　如上所述，反映性专业契约对于专业工作者有不同能力的要求，并能提供不同来源的满足感。同样，对当事人也是如此。

　　首先，要选择怎样的专业实践者，对当事人而言就是一个新问题。他不仅要根据实践者声名在外的专业能力（通常多多少少也是个"黑箱作业"），同时还要根据对方采用反映性实践专业契约的意愿。这个实践者是否愿意对问题多做讨论，并从多方面的角度来考虑，愿意揭示他自己的不确定部分？是否有兴趣了解当事人对问题的看法？是否能够开放地面对挑战，而不是过度的防卫？是否愿意开放地对问题进行实验性探究，甚至包括检验在哪些条件下，他的观点会被确认或被否定。他对他的知识立场是什么？他是不是只强调他"知道"什么，或是他也有兴趣换个方式看那些不符合他模式的现象，而不会因而有被威胁感。

　　对于一个只想找到"知道"确定的专业知识的实践者以求安全省事的当事人而言，并不容易采取上述的这些态度。为了采取上述的态度，当事人必须能让他自己与专业所特有的神秘吸引力保持适当的距离。他必须发展出一些发问的新能力，如当事人要能针对专业实践者宣称的知识发问，要能辨识怎样才是合理的宣称，而怎样又是过度的吹嘘。当事人此时面对的问题，就像是管理者管理在某些领域的技术性知识超越他的一群人一样。

一些在管理界常用的方法，对于当事人或许会有些帮助，列举几种方法具体如下文所示。

- "针对这个人而不是他的知识来做判断。"挑战他，看他如何面对挑战。寻求他自信与谦虚的结合、他对某些立场的倡导，以及他探究的开放性——这是反映能力的特性。
- "运用你自己的无知。"不要害怕承认无知，寻求可能的帮助去理解它、去搞懂它。
- "澄清风险的来源。"尽量澄清对方的能力限制，进而了解他所提议的行动流程里存在哪些风险。
- "寻找多于一种的观点。"比较不同实践者针对同样问题的不同做法。利用多次会面以建立适合发问的问题的感觉，以及对特定做法必须回应的批判性。

要想能有效地运用这些策略，当事人就必须拥有好的管理技术。他要能无恶意的发问——也就是不会使自己引发他人的防卫——质问专业所宣称的专家知识。他应该了解专家知识是有限的，这样对专业行为的期望就不会超过此专业的范围。

简而言之，有能力的当事人在许多方面也应该和反映的实践者一样。他不需要假装其有能力深入他所面对的问题，但他应该发展一些与专业工作者对话的能力，促使专业工作者能反映其拥有的实践中知识。

表 10-2 是在反映性专业契约中，当事人所需具备的能力与其满意感来源与在传统专业契约中的比较。

302

表 10-2　传统专业契约与反映性专业契约的比较

传统专业契约	反映性专业契约
我把自己全部交到专业者的手上，对他的信任让我有安全感	我与专业者一起了解我的问题，获得的是逐渐深化地投入与行动
我被照顾得很好，很舒服。我只需要听从专业者的指示，一切就会很好	我对我所面对的情境能有些自主权。我不完全依赖专业者；对方也依赖于只有我才能提供的信息与行动
得到最好的专业工作者的服务，我很满意	我很满意的是我能检验自己对专业者能力的判断。我乐于发现他的知识、实践过程的现象，以及关于我自己的认识

左栏呈现的是被当作小孩对待而伴随的舒适与风险，而右栏呈现的是一个积极参与者在共享探究过程中所经历的满足感与焦虑感。

303　　　对任何想从传统专业契约转向反映性专业契约的专业工作者或当事人来说，都得面对一个重塑规范或他人期望的任务。这些期望会在互动中由他人传达过来。假如一个机构中，一方独自想要朝向非传统契约的方向行动，他很可能会为自己创造出一些新的两难困境。

比如，一个专业工作者是否要为了创造出反映性专业契约的可能性，而冒着会使他的当事人对他丧失信心的风险？当这种探索行动可能会被当事人视为干涉其隐私时，是否要冒险去探索当事人主观上的意义？是否要冒着可能会混淆或吓着当事人的风险，去向他揭示情境的复杂性？

这些风险的高低，取决于专业工作者与当事人之间彼此相依共存的行为世界。他们的行为世界可能有助于对风险的逃避、对矛盾的压抑、对精熟技术的不断操练，从而妨碍了实践者想要建立反映性专业契约的努力。然而，行为世界也是专业工作者与当事人共同创造出来的表象，假如他们有意愿并有能力，他们一样可以改变它，使其转向反映性专业契约的方向。事实上，只要有一方引导这种改变，就有可能逐渐获得另一方的支持而创造改变。

专业工作者与当事人之间的常态行为模式，正如我之前所描绘的第一型行动理论一样，无论专业工作者是强势还是弱势，都倾向采取赢/输游戏的控制形式。例如，当事人可能假装顺服，然后再伺机在专业工作者无法掌控的范围内进行他想要的行动。当事人也可能在不同专业工作者之间游走，利用"第二方意见"来躲避专业工作者的控制。或者，当事人也会运用质疑专业工作者的专业能力的方式，降低专业工作者对他的控制。面对所有这些策略，"强势"的专业工作者可能会还以颜色，威吓那些不服从他建议的当事人（如"若听我的话，你会更好！"或"你这样做，后果风险你自己负责！"等）。或者，专业工作者也可能以撤回服务为要挟，只要当事人继续不听话，他就不再为当事人提供服务。专业工作者也可能借由扩展他专业以外的知识或更精熟操作他的专业知识，以加强对当事人的控制。 304

像这样的赢/输游戏可能有一些严重后果，如当事人可能会拒绝配合专业工作者的建议，以显示他是不会轻易被掌控的。而当专业工作者在努力夸大自己的专业知识时，可能也无法以一种新的、更有效的方式去探究当事人的处境。专业工作者可能错误解读了当事人所认知到的专业建议的意义，结果造成专业工作者错失有效干预的时机。

当当事人的处境不确定、独特或不稳定时，这种掌控与回避的游戏，尤其具有重要性；在这类情境中，适当行为所必要的行动中反映会被认为具有"弱"的含义。当专业工作者与当事人间的互动主旋律是落在掌控与回避的游戏规则上时，承认不确定性以及显示需要实验可能会被认为失去控制。

因此，第一型行为世界中的专业工作者与当事人的关系，会倾向于抑制专业工作者在行动中反映的能力。只是进行私下的行动中反映时显然会这样，当进行交互的行动中反映时更会如此，例如，当专家期望验证其对当事人的假设时。

这样的互动类型正是我及阿吉里斯所称的"主要抑制循环"（primary inhibitory loop）。[7] 在这一循环中，一些促成错误无法自动检正的条件，在第一型使用理论中交织存在着：当处境不确定、模糊或暧昧时，当探究者的理解不一致、不统整时，很难或不太可能去检视彼此的错误。比如，当情境不确定时，彼此的期望也不清晰，也就无法清楚究竟要追求怎样的结果 305

以符合原先的期望。当一个人对其处境的描述模糊、暧昧时，他无法检验他想检验的。当一个人的认识系统是内在不一致时，其实践的后果就很难辨别是对还是错。当"信奉理论"与"使用理论"之间不一致时，结果对"信奉理论"以及其与"使用理论"的关联匹配而言就可能是错误的。

　　为了尽可能检查和纠正情境中的错误，减少或消除下列一些条件是必要的。譬如，假如情境不确定，就必须建构一个理论模式，并且检验它。假如对情境的描述或规则太过模糊，就必须让描述尽可能地准确，才能使其得到检验。然而在主要抑制循环中，不确定性无法促成理论的建立，模糊性也无法导向问题的澄清化与明确化。相反，这些经验到的不确定性，反而会激发一种防卫性的反应，使得专业工作者与当事人共同否认这些不确定性的存在，模糊化可能被用来当作行使掌控或回避行动的工具。譬如，当事人可能刻意模糊地描述他的症状，避免医生对他行为的努力控制。律师可能模糊地呈现他对情境的看法，以增加当事人对他的依赖，进而较容易掌控当事人。专业工作者可能运用模糊化策略以掌控当事人，而当事人也可能回以表面顺服，但实际上闪躲控制的策略。因此，这些促成无法自动检正错误的条件，促使了第一型理论的回应，而这些回应反过来强化了这些条件。

　　要想打破这种自我增强的系统，就得转化第一型的行为世界。首先，一方单向的决定是无法改变这种赢/输游戏的。他必须努力在人际行为世界中创造出促使另一方也愿意改变的条件，不管是当事人或是专业工作者，都可以触发这样的改变，不过专业工作者通常比当事人容易些。然而，无论是哪一方开始，他都必须带入一种不会造成对方防卫的互动模式。防卫将使得由传统专业契约向反映性专业契约转化所导致的艰难困境无法浮现与进一步被探查。

　　例如，专业工作者可能高估了当事人对此种转化的准备状态。他可能试着替当事人架构诸多选择。究竟当事人需要了解多少？探究中他需要参与到什么程度呢？

　　结合这些考虑，专业工作者可能会提出他所感受到的两难困境。一方面，他希望让当事人对情境有进一步的了解；另一方面，他也想会不会有让当事人太混淆、太受惊吓的风险。因此，他的行动可能会有两种后果：一种是他可能会让当事人自己更容易承认他混淆了或被吓着了。另一种则是他可能提供当事人一种行动的示范，使得当事人能将他在情境中经验到的两难困境呈现出来。

当事人的主动性可能表现为主动提出他对专业工作者行动的理解，并确认这是不是专业工作者想要提供的。或者，当事人也可能询问专业工作者是否允许他对这个问题进行他个人的反映。 *307*

当然，从旧的传统契约不太可能马上转化到新的专业契约。期望不太容易转化，尤其在压力与焦虑的情境中，而这种焦虑情境在许多专业工作者与当事人的互动中又是很常见的。而且，反映性对话的能力也不是一旦做了决定就会马上具备的。因此，这样的转化是逐步进行的。在这一过程中专业工作者与当事人逐渐增强他们实验新互动模式的意愿，增加他们有能力表现出新行为的信心，然后才开始经历新契约所带来的经验与满足。

另一方面，对促进反映性专业契约的部分有利因素其实早已存在。有些当事人准备好要进入新契约关系，而受挫于专业工作者不愿意放弃传统的关系；也有些专业工作者受挫于寻找不到那些想要抛弃传统契约中专业神秘化的当事人。在这类个案中，其实可能只要再花点力气就足以让改变的过程开始。

研究与实践
Research and Practice

对于研究与实践关系的传统看法仍然相当普遍。而这种普遍的看法，成了格莱泽解释次级专业学派困境以及沙因关于专业知识基本要素的论述基础。这个看法在许多专业学派喜欢视自己为"应用科学"这点上可窥一斑，他们将最高地位给予发明理论的科学家，应用取向的专业成员则是应用他们的理论。就像医学界的格言所说的："那些研究完整机体的要向那 *308*

些研究部分机体的鞠躬；那些研究部分机体的要向研究细胞的鞠躬。"

在某些专业实践，如医学、农学、工程学、管理学等领域，实践者运用了大学里研究者所生产出来的知识。但即使在这些专业中，当然包括格莱泽的次要专业，大多数的实践情境也不被纳入应用科学内。还有，令人困扰的是，研究与实践倾向于走两条不同的路径，[8] 研究者与实践者越来越像是生活在不同的世界，追求不同的事业，彼此之间几乎不交流。学校老师们很少能从认知心理学中得到什么；政治与行政实践也很少能从政策科学中得到什么；管理科学对管理实践几乎没什么贡献。研究与实践之间的分歧，加重了实践工作者的两难困境，也就是我之前提到的"严谨或适切"的两难困境，使得实践工作者硬是要将实践情境嵌入研究者所得到的模型中。

当我们不用传统观点看待专业知识，认可实践者有可能成为在不确定、不稳定、独特和冲突的情境中的反映研究者时，我们就要重新思考研究与实践之间的关系。从这个角度来看，研究就是实践者所从事的活动。它被实践情境的特征所激发，在现场中进行，而且即时行动。当架构或理论验证的实践者的实验转化了实践的情境，他不会有研究与实践"交换"的问题，也不会有"执行"研究结果的问题。此时，研究与实践的"交换"是即时的，而行动中的反映就是"交流"自身的执行。

虽然如此，仍然有些研究是在实践场外进行的，这样的研究也可以提高实践者行动中反映的能力。我称这种研究为"反映性的研究"（reflective research），它包括四种形态，每一种目前都已稍具雏形。第一种是"框架分析"（frame analysis），探究实践者怎么框定他们所面对的问题以及他们所扮演的角色，这样的研究可帮助实践者对潜藏的理论框架更能有所觉察也更能加以批判。第二种是对于印象、分类系统、个案、先例及惯例的描述和分析，可帮助建立资料库，方便实践者在独特情境中检索运用。第三种很重要的研究形态是，寻求探究的方法以及解释现象的通盘理论，实践者可以由此发展出符合现场情境的变形。最后一种研究形态则是，实践者可以由对行动中反映的过程本身进行探究而获益。

以下我将以实际的例子分别简单讨论这四种研究形态，并提出一些未来深入探究的议题。

框架分析
Frame Analysis

在专业生命中的任何特定时间内，都会有些被接受的、特定的框定问题及角色界定方式。当奎斯特将学校的设计问题框定为一种"在选址上强加上一个准则"，而迪安·威尔逊将儿童养育不良的问题框定为"在养育流程中的落差"，他们就是框定出他们想要注意的现象。他们的框定决定了他们关注的策略，进而设定他们想要改变情境的方向及他们想要实践出的价值。

在我们之前提到的例子中，当城镇规划者框定他的中介角色为保持平衡的行动者时，就决定了他将在不同实践情境中所界定的问题。角色的框定其实是比特定问题的框定更通盘也更影响深远的问题。

310

当实践者没有觉察到自己对角色与问题的框定时，他们并不会意识到需要选择新框架。他们不会注意到自己是如何建构现实的，对他们而言，这只是既存的事实。因此，一个城镇规划者可能就理所当然地认为住房问题就是增设房屋容量的问题，不然还会有什么问题呢？一个发展经济学家可能就毫不置疑地假定发展中国家的问题就是如何加速工业化、增加国民收入及外汇储备的问题，等等。

当实践者开始觉察到自己的理论框架时，他也就开始觉察到他在实践中所看到的真实，有不同框定方式的可能。他开始注意哪些是他比较在乎的价值与规范，哪些是对他比较不重要的，而哪些又是他不在乎的。框架的觉察当然也会促使他对两难困境的觉察。

当专业社群内蕴涵着不同的建构问题与角色的框架时，在此专业中的实践者、教育者及学生们就得面对这个两难困境。既然身为社群中的成员，就无法不面对它们。如同我之前提到的，在心理治疗的领域里，实践工作者就必须面对各式各样、令人迷惑的"学派"问题。莱斯顿·黑文斯就曾提议将这些学派重新分成几个大类，如"客观描述类""人际取向类""心理分析类"及"存在主义取向类"等，以简化其类别。[9]同样的，建筑师也面临相同的处境。它们可能选择"历史观派"，强调建筑历史的发展变异。他们也可能认同"现代化运动"，而尽量摆脱历史包袱，建立新的传统。他们还可能认为建筑是一件艺术作品，强调某些材料的独特特性。他们也可能视建筑为工业化的过程，强调最新的建筑科技与建筑系统。或者，他们也可能认为建筑最重要的是让使用者参与设计的一种社会过程。

311

社会工作者可能将他的工作分为临床个案工作者、社会行为的监督者与管理者、社会服务的提供者、当事人权益的倡议者和社区的组织者，等等。事实上，在20世纪60年代的创始期，一些社会工作者陆续地都做过上述所有角色框定下的工作。[10]城镇规划者，就像我曾经提过的，他们的角色包括政策分析者、设计者、倡议者、协调者、管理者或中介者等。即使是科学立基专业，如医学实践者可能视他自己为专对病人疾病诊断与治疗的临床医师，也可能视自己为关心整个社会健康生活品质的预防医学实践者，还可能视自己为保护那些缺乏医疗照顾的民众的需求与权益的倡议者。

框架分析可以帮助实践者觉察到内隐的框架，进而从专业多元化背后的两难困境中获得经验。一旦实践者注意到他是主动地在建构他们实践的真实面，而且开始觉察到有不同的框架可以被采用时，他就会看到对其潜藏框架进行行动中反映的需要。因此，奎斯特和督导才开始与学生们一起反映设计或心理治疗情境中的框架，城镇规划者也才能反映他的平衡行动。

312

传统上，这种对另类的理论框架、价值观及实践取向的讨论都是在专业社群中由不同学派的代表们以辩论的形式进行的。在一些领域，如建筑、精神病学、都市规划、社会工作及神学等文献中，常有许多相关论战。在法律、工程及医学领域中也可以在文献中看见主流实践者与激进批判者的辩论。在这些文献中，争论的方式主要是意识形态的。不同观点的代表者并没有对其自身的理论框架进行反映，但却以这些框架采取行动，以防卫自己的立场，攻击对手的立场。对读者来说，或许可以看到不同的理论观点，但却无法了解在这些观点下的理论框架。

　　学院中，对于不同取向所隐含的理论框架的系统性反映，始于知识社会学，其中以卡尔·曼海姆（Karl Mannheim）[11]的一些突破性作品著称。曼海姆及他的追随者曾经致力于分析不同的社会团体是如何从具体的情境中演化出对真实的不同观点，以形成这些团体的不同关注焦点。例如，知识社会学就强调阶层的利益及价值观等是如何在哲学、科学等所谓的"客观"学术发现中呈现出来。但至少在早期，知识社会学较多关心政治意识形态及政治经济的隐含理论框架，而较少关心不同专业背后的理论框架。随着知识社会学的蓬勃发展，知识社会学者逐渐对专业的分析论述产生了兴趣，但他们的观点仍相当疏离于实践者的观点。[12]他们对他们专业社群所衍生出的研究议题较感兴趣，而对于助人专业实践者的行动中反映缺乏兴趣。

　　当一些分析者受了知识社会学的影响，想对专业进行些对实践者有所帮助的研究时，他们会碰到一些不可避免的问题。例如，什么样的框架分析会对那些想要反映他们隐含理论框架的实践者有帮助呢？知识社会学超越相对主义，但究竟可以给专业实践者提供怎么样的信息呢？

　　莱斯顿·黑文斯的著作就特别着眼于这个联结上。他自己是位精神科医生，在他写给精神科医生看的著作中，他帮助他们去看那些妖魔化他们专业的"泡沫语言"。而在其《探究心灵的取向》（*Approaches to the Mind*）一书中，他提倡系统性的折中主义。[13]黑文斯认为不同学派的精神分析思潮提供了不同理论、技术与实操的方法，实践工作者应该根据他所面对个案的实际情况，从中选取适合的元素。黑文斯认为精神科医生需要掌握的是心理治疗的艺术，而不是像托尔斯泰所描述的教学艺术。心理治疗工作者应该能从不同学派的精神医学思潮中选择一些技术来解决特定病人所呈现的问题。

　　我发现上述这种取向的困难在于，它所暗含的对一个无法检验其效能的概念的依赖。不同学派的精神病学思潮呈现着不同框定治疗者角色的方式，如存在主义精神病学者与心理分析取向间的不同，不只在使用技术上不同，也在于对意义的解读、面对病人的立场以及怎么定义治疗成效这些方面的不同。当黑文斯提到"针对特定病人选择最适合方法"时，他所隐含的想法是"效能"是指可稳定适用于所有的病人。但我认为，随着理论框架的改变，这一效能的概念也会随之改变。

不同学派的精神病学思潮能提供一些技术层面的资源，帮助实践者更具说服力。但从另一个角度看，采取折中立场面对多元的精神医疗理论，似乎就假定了不同学派间的差异可以在更高一层的心理治疗科学中消解。黑文斯在这个假定上并没有提供什么证据。反倒是在他最近出版的《参与观察》(*Participant Observation*)[14]一书中，相当推崇沙利文(Sullivan)的"人际取向精神病学"。他不只描述沙利文所用的技术，同时也系统地呈现沙利文如何让自己与病人一起面对病人所表现出来的现象，在这个过程中，病人与治疗师一起共同观察与分析。黑文斯描述沙利文如何努力与病人一起开展"研究计划"，且帮助病人扩展他平常看待事物的狭隘视野。黑文斯让我们看到沙利文实践世界的内在视野，也让我们看到像他这样的治疗者是如何进行工作的。不过，偶尔他也会转换角度，让我们去比较沙利文与其他学派在视角及实践方式上的不同。

黑文斯对参与观察的探究，不像是着眼于技术与原则上的完整呈现，而更像是一种文献或艺术的评论。这种评论可以帮助读者畅游于作者的艺术世界之中，分享他的方法与事业心，看到他所看到的世界。事实上，这就是一种框架分析，不只对精神病学的专业领域有用，对所有希望进行理论与角色框架反映的专业实践者也会有所帮助。

一般来讲，这样的框架分析能够帮助专业者体验到——假如他们采取了某一框定实践角色的方式——他们为自己创造出来的世界。它传递了问题设定与问题解决的经验，以及在选择了某些问题框定后怎么界定自己以及界定成败的经验。框架分析可能不能为选择不同的专业方法提供标准，不过它能帮助实践者试着去框定他的实践者角色，感觉一下这样选择的后果与影响。它也能协助实践者了解假如他选择这样的实践角色，他所需要的能力以及他将会成为怎样的人。因而，它也就能够在实践者对框架的反映上提供支持。

资料库建立研究
Repertoire-Building Research

之前我们曾经谈到，当实践情境不符合一些既定理论、模式或技术时，它们还是有可能被视为是通常熟悉的情境。资料库建立研究的功能就在于累积一些对案例的描述，以作为行动中反映的有用知识，而且这种案例知识的资料库内容，依专业的不同而有所不同。

律师会熟悉法律案例和一些判例，但研究者想问的是，哪些法规或观点会被认为是与某些案例有关？法官如何做判断，让他在诸多判例中选择与此案有关的解释？这样的研究将在双重意义上发挥其范例参考的作用，其一是提供先例让法官或律师在面对新案子时能加以参考；其二则是举例说明法庭上判决某些问题时采用了哪些知识法则。然而，重要的是，现今关于法律先例和案例的研究都忽略了许多律师最为关心的协商问题、当事人关系的问题以及法律的伦理问题。最近，随着对"律师业"的关注，对这类案例的研究才开始崭露头角。[15]

在建筑行业里，一些先例的构想，都会与一些特定的建筑有关，如米兰的主教教堂，或是与像意大利山城一样的建筑群、拥有独具特色的特殊造型设计有关。资料库建立研究除了提到并展示这些先例建筑之外，还能分析建筑师们是如何思考他自己所提出的问题，如何找到解答的，以及其设计语言背后所涉及的范畴。如先前我们描述分析的奎斯特的例子，就属于这类研究中有所贡献的探究。

在哈佛法学院的课程中，这类个案方法的使用有其历史传统。而在哈佛商学院中，这类个案研究也有其自己发展的特色。例如，个案被用来描述在商业机构中所发生的一些管理问题情境。或者，个案被用来呈现一种特定的商业相关问题，如如何估算市场大小等。一个技巧熟练的个案老师，会提出一些关键性的事实，以及通过巧妙安排的系列问题，引导学生通过探究的过程，同时思考问题情境的可能解答，来展现他们对问题的思考模式。

在医学专业里，个案史资料经常是那些将病人对症状的描述、医生的诊断、治疗的实施、治疗的疗效及其评估等加以综合的描述。这种个案史数据，即使不那么正式，也能提供很好的范例资料。当医师要诊断新的个案时，这样的个案史资料就很有帮助。个案史可以揭示医生探究的过程，包括他们如何看待病人、倾听病人描述病痛，以及诊断、治疗和检视疗效的策略，等等。

这种资料库建立研究被实践界广泛运用，但一般都会比较着重对起始情境、行动及结果的描述。它们可能呈现了行动、结果及情境脉络间的关联，却没有揭示从起始的问题框定到最终结果这一过程背后的探究路径。要想呈现这样的知识，通常需要在研究告一段落时，回顾整个研究过程。当个案研究能够呈现出探究的演化过程时，也就能提供读者一些我之前提过的双重视野的范例。

探究的基本方法和通盘理论的研究
Research on Fundamental Methods of Inquiry and Overarching Theories

这类研究与上述两种研究也有关联。我认为，实践者的基本原则与他的理论框架和他所建立的案例资料库紧密相关。因此，应该给这种类型的研究以自己的发展空间。我们应该发展这类的方法和理论，以有别于常以科技理性观点出发的那些方法与理论。

对某实践而言一些主要的方法及理论，我所指的是那些一开始被实践工作者当成是认识新情境的跳板的方法及理论，却没有真正地贴近实践内容。因此，我们需要更能贴近问题情境的通盘理论及探究方式，以重建情境，如此我们才能说，理论是有效地贴近问题情境的。

迪安·威尔逊的"营养流程模式"以及督导所采用的心理分析论，都可以说是上述此类理论的例子。威尔逊的"营养流程模式"包含了一组关于流程的概念。他相信任何情境都可通过流程的概念和一套对流程测量、描述及量化分析的方法来理解。为了用营养流程模式来理解儿童营养不良的问题，就得具备一些想象性重建的功夫，需要研发一些测量的方法，用来测量营养摄取与流失的连续运作过程。相同地，督导可以运用他对心理分析论的理解，说明病人如何因为内在的心理动力冲突，而导致自我伤害的行为。

在这两个例子里，理论及方法都被用来重建问题情境，让实践者能够解释它。事实上，这种重建就是从中解释出意义，使实践者更能有效地干预。

像这类对基本理论及方法的研究有两种。其一是研究者可能会检验实践工作中的事件，试着去发现与确认问题和重建工作运作的历程，如同我们检验威尔逊及督导的实践工作一样。这类研究可以帮助其他实践者进入一种他们自己也想进行的观看、重建及干预的过程。

另一种研究则是采用"行动科学"的形式来探究这些基本理论与方法。 行动科学关注一些具有高独特性、不稳定性及不确定性的情境。在这种情境中，无法援用科技理性模式发展出来的理论与技术。行动科学的目标在于发展一些主题，让实践者在特定情境下能够建构他们自己的理论与方法。

这种行动科学的概念在库尔特·勒温（Kurt Lewin）的作品中初见端倪，其中他所提到的一些主题特征，可供实践者在他们自己的行动中反映时使用。如"守门员角色"（gatekeeper roles）、"民主与权威团体气氛"（democratic and authoritative group clmates）及"解冻"（unfreezing）等隐喻，都可被管理者用来建立或检视他们在行动中的现场理论。克里斯·阿吉里斯在其《严谨研究的内在矛盾》（*Inner Contradictions of Rigorous Research*）一书，[16]提到"最佳混沌"（optimal fuzziness）的概念，且视此概念为"有用的不精准性"，以对照于勒温这类学生尝试将他的隐喻转化成社会科学概念的"无用的精准性"。也就是说，一旦"民主气氛"这个概念被转化成与其他因素多样相关的多变量因素时，它就不再是对行动有用的概念了。

阿吉里斯与威廉·托伯特（William Torbert）[17]更是将这些行动科学的概

319

念在社会心理学领域中向前推进。在其他领域中也有一些代表人物提倡这种概念，布里特·哈里斯（Britt Harris），一位有名的都市规划领域的计算机模拟专家，近来就提出，理论模式不该是一种用来预测或解释都市现象的理论模式（通常都无法达到这些功能），而应是一些隐喻，使都市规划者及政策制定者能够用它面对他们工作情境中的独特性、复杂性与不稳定性。[18]哈里斯关于模式是隐喻的说法，反映了他对于城市现象的复杂性、不稳定性和独特性的深刻认识，对于这些问题正统规划者从第二次世界大战之后就一直在关注。他认为，虽然这些实践研究者不能精准且推论性地预测都市现象，如都市成长的形态等，但是他们发展出来的理论模式，却可以供其他规划者或政策制定者在具体情境中行动时作为有用的参照。

有些都市规划者已经在运用像哈里斯所提议的模式，就如威尔逊所运用的"营养流程模式"，心理治疗督导所运用的"内在冲突"概念，以及一些管理者及咨询师运用勒温所提出的"守门员""民主团体气氛"及"解冻"等概念。在行动科学的深入探究中，不同领域的实践者可能都会有兴趣了解更多问题，包括："在行动科学中所主张的主题、隐喻以及混沌概念中，有哪些特征是对行动中反映有帮助的？""有哪些行动前的事实发展，让实践者可以据此判断如何将这些事实与现场的实验相关联？""什么样的严谨规范适用于行动科学？"

对于那种不让自己接触行动脉络的研究者，以及那种不乐意、没时间且没能力进行系统性反映的实践者而言，行动科学的探究是无法展开的。行动科学的探究发展，需要新的整合研究与实践工作的方式。

对行动中反映历程的研究
Research on the Process of Reflection-in-Action

之前我提到的皮亚杰式积木平衡的实验中，作者研究什么样的条件会促使小孩面对意外的积木失衡行为，进而重建他们行动中的理论。在这一过程中，可发现这种从"几何中心理论"转移至"重力中心理论"的转变，要依靠孩子们对于错误模式的理解，以及将注意力从积木平衡的成功与否转移至积木特性的探索上面。

在之前我提到的 MIT 教师方案中，方案的领导者鼓励教师们要在行动中反映。他们假设一旦教师开始接触他们自己的直觉式理解，就能学习去注意学生们的直觉式理解，进而将他们的直觉式理解与学校所教的知识进行新的结合。

当他们试着去促进教师们在行动中反映时，他们开始意识到一些对此工作有所帮助或有所阻碍的事情。他们注意到教师们原先用来解释学生行为的固定、刻板化观念，如"他连数数都数不好""他还没有学会抽象思考"等。他们发现老师们受到这些"不良表现"带来的羞愧感及脆弱感影响，抑制了他们从事新实验行动的努力；同时，他们也注意到某些有力的想法，如"让孩子们思考"等，能使老师们忽略先前的判断，而对学生的行为保持好奇。他们也观察到，假若教师能够描绘出他们对任务的理解，就有可能重建它。

在阿吉里斯和我与学生一起对他们行动的人际理论进行反映时，我们也曾被一些类似的现象困扰，尤其是"害怕失败"在其中所扮演的角色。[19]当个体想要实验第二型行动理论时，通常也能发现一些与此一致的行动策略。然而，在他们研发出新的行动策略并尝试实施之际，通常会受到一些熟悉的反应模式干扰而出离轨道。这种自动拦截（automatic intercepts）的行为模式，似乎发挥着保护个人免于失败的功能，但还能确保个体按照其所熟悉的路径继续行为。

322

这些探究行动中反映历程的事件，说明研究者对历程的探究，必须同时考虑认知、情感及团体动力等复杂交织的作用。当我们试着去了解行动中反映历程的性质和一些促进或抑制的条件时，我们便是在探究一个受到"认知性情绪"[20]和特定的社会脉络强烈影响的认知历程。为了要研究行动中反映，我们必须观察某些人是如何行动的。我们可能需要设计能展现行为表现的一些任务，如积木平衡实验。或者我们可能要试着学习某人在执行他为自己设定的任务时，是如何思考、行动的。有的时候，我们还应访问或要求工作中的行动者，将他正在想的东西说出来。有的时候，我们可能得结合研究与行动干预，借此协助行动者。例如，让行动者从一个认知失败的情境中思考他的行动方式。通常，只要问这样的问题，如"你现在怎么看待这个问题"，我们就可能加入了一个有意或无意的干预，改变实践者的理解，并转变他行动的方向。

在这些例子中，行动者对其面对的任务、他的行为表现和与研究者关系等的感受，都是历程探究中很重要的部分。"霍桑效应"在此历程中不可避免。而研究者也无法忽略他对当下实验脉络所造成的影响。用杰弗里·维克斯（Gcoffrcy Vickers）的话来说，研究者本身就像是实验代理人（agent-experient），需要试着去觉察他对其想了解现象的影响。例如，积木平衡实验的作者评价自己当场检验他自己行动中的理论的一些尝试。当研究者采取了结合观察与行动干预的策略时，在最终的分析中，他可能不具备其他策略的能力，可能会发现要通过让自己去经验或揭示自身的混乱，来帮助行动者在行动中反映。

为了探究行动中反映，研究者必须学习一种实验的艺术，在其中，行动中反映扮演着核心的角色。

研究者与实践者
Researchers and practitioners

在上述这些反映性研究中，研究者与实践者共同进入一种协同合作的模式，这一模式与一般应用科学所构想的交换形式有所不同。此时实践者不只是实验结果的使用者。实践者不仅向反映性研究者揭示他在实践时会有的一些想法，而且将反映性研究视为一种能辅助他在行动中反映的过程。再者，反映的研究者也不能与实践的经验刻意保持距离或具有优越感。无论研究者是在进行框架分析、资料库建立、行动科学或行动中反映的任何研究，他都得在某种程度上了解实践经验的内部观点。反映性研究需要"实践者-研究者"与"研究者-实践者"之间协同合作的伙伴关系。

这种伙伴关系可能具有不同的形式。实践者团体成员可能在反映性研究过程中互相支持，如同巴勒（Parlett）在他对听觉障碍者教师及辅导员的研究中所揭示的一样。[21]反映的研究者也可能是实践者咨询的角色，或成为实践者继续教育中的一环，如同巴里·杰迪（Barry Jenty）及威廉·罗科（William Ronco）的工作一样。[22]研究者在参与式观察的关系中，可能要试着站在实践者的立场来看待事情，而实践者也要抽身出来成为反映的研究者，而在研究与实践两种生涯之间进进出出。

324

这种伙伴关系在一些专业学派的研究事业中越来越被看重，大学及研究机构都希望能建立这种新型关系。大学教授们对专业实践产生兴趣，不只是为了研究或解答学生的实习问题这些目的，而是更希望有可能做到反映性实践。结果，一些过去在研究型大学被视为并不重要的相关实践活动，反而却被赋予新的意涵。例如，田野工作、咨询工作以及进修教育等，通常被视为是次等的学术活动，或一种"必要之恶"，现在都有可能被提升为较高等的研究，同时也被视为是大学的重要事务。

相对地，实践机构也可能开始视自己为研究与教育的中心。就像教学医院在应用科学模式下长期发挥的研究与教育功能一样，其他企业组织、律师事务所、社会福利机构、工程团体、建筑师事务所等，也都认可他们的成员进行行动中反映的重要性，并且创造环境支持他们进行反映性研究。

反映性研究的议题是在反映研究者及实践研究者的对话中产生的，而且也会尽量依循实践者实际能进行的条件，修改其可行方式。[23]结果，就可能为那些令人困惑的研究执行问题带来一些新的解决方式。执行就内在于反映性研究的过程之中，实践者从中会获得领悟，进而应用在他们的工作之中。

实践者与研究者的角色之间并没有不可逾越的界限，研究与实践的生涯是可以交织的。虽然在这一互相交织的轨道上，两者在反映性研究与实践上被赋予的相对比重有所不同，但双方都期望实践者能偶尔发挥反映的研究者的功能，相对地，也希望研究者能偶尔发挥实践者的功能。

325

当大学的专业学院逐渐成为反映性研究的中心时，可能也就会逐渐脱离原有的科系训练背景，而自主演化出属于他们自己的"严谨且适切"的研究标准。一些人会期望这样一来将能够缩减专科学校与研究学院之间的地位差距，以及缩减格莱泽描述的次要专业学派的两难困境。

然而，这些实践与研究之间新的角色与关系，不太可能会全盘取代旧的模式。一些领域，如医学、农学、工学、工程学等，沿用传统应用科学的模式建立了相当稳定的实践方式。因此，更有可能的是，两种系统会同时存在。但如何共存？假如大学只是让它们割裂性地并存，那可能会丧失一些新的创意，导致大学创造力的下滑。但假如大学能寻求一些新的整合方式，整合研究与实践，整合反映性研究与应用科学，那么他们就必须让实践认识论的焦点，不仅只是停留在知识上的讨论而已，还能运用到体制的重新设计上。

体制内的反映性实践
Institutions for Reflective Practice

在我们的社会中，专业生涯逐渐与正式的官僚机构工作相结合。对工程师、医师、律师、建筑师、教师、社会工作者来说，政府机关往往就是他们专业实践的场域。而对企业、公共代理机构、学校、研究机构、律师事务所以及建筑公司来说，专业实践者也是它们组织工作绩效的必要保障。当社会倾向于专业式管理时，专业工作者在机构中愈能发挥他们的功能，而机构也越来越仰赖他们的专业知识。

官僚组织的预言者马克斯·韦伯（Max Weber），很早就看到官僚组织会要求并促使其成员的专业化。他还看到，官僚组织会要求并强化一种特定模式的专业知识，那就是技术性专门知识。

> 办公室的管理会遵循一些通则，这些通则多少有些稳定性及包容性，且可以被学习。这些通则背后的知识代表了行政主管们拥有的一些特殊的技术性学习，包括法律知识、行政知识和企业管理等知识。[24]

官僚组织根据一些纯粹的客观考虑，通过这些专门化的行政功能原则，促使执行的最大可能性。个人的绩效表现则归于那些拥有专业训练且有机会不断学习的人身上。[25]

除了看到组织的官僚化形式会成为未来的主导外，韦伯同时也至少隐约预见了职业的广泛专业化将带来社会生活的官僚化。从最早对官僚现象的觉察，可以很清楚地看到官僚组织与专业知识是捆绑在一起的。这种觉察只是我们在解读官僚组织现象时，从技术性知识转移到专业性知识的视角中的一小步。

我们可以从以下关于组织学习的观点中，更清楚地了解到这种转移的意义。

正式的组织包含任务系统、角色与规则系统，在这些系统里，个人扮演着实现组织价值、任务、政策及行动策略的代理人的功能。个体成员为组织内积累有关环境与行动策略等知识资料库的资源，而这些经验有时将作为未来行动的一些参考范例。个体成员的贡献进入组织的共有记忆、图像和程序库中，其他成员在执行他们角色时可资运用。就像第8章所提到的，消费品公司的成员们对于产品开发的组织学习做出贡献。

一般来说，愈需要对环境变化做调适创新以求生存的组织，它对组织学习的兴趣就愈显重要。另一方面，正式的组织通常也都比较强调其组织生命的稳定性与可预测性。组织是个合作系统，其中的个体依赖彼此之间反应的可预测性，管理者必须仰仗其属下的可预测行为。意外对学习而言是重要的，但对要求稳定的组织功能却是有害的。因此，组织会演化出检视错误的校正系统，以维持组织生命中关键变量的稳定性。这种功能被称作"动态地保守"（dynamically conservative）[26]。

有意义的组织学习会涉及深层价值与知识结构的改变，通常也是发生在组织面对逆境的时候。因此，组织必须有效调适，但这种新的改变同时也会干扰到经营组织生命所依赖的稳定性。

另外，如同我之前提到的，组织学习中的个人，是在形塑他们行为的社会系统中运作的。他们会把个人的兴趣与行动理论带进来，共同创造这个行为世界。这个行为世界会多少有助于检视一些隐含的假定，让一些两难困境浮现，以及对一些敏感议题公开讨论等。组织中个体所属的一些次级团体之间，通常也进行着输赢攻防战、欺骗、共谋等活动。这些社会系统决定了组织探究的方向与界限，它们是"学习系统"，却也可能严重限制了组织学习。

依循这些对组织的观察，我们可以更有效地在官僚机构中探索反映性实践的意涵。"行动中反映"本身就是"意外"的因和果。当官僚机构中的成员开始展开反映性实践的旅程时，他便允许自己经验的混乱与不确定，亦在有意义地批判与改变他原有的理论框架；他可能增加了他对组织学习的贡献能力，但同时也成为对原本稳定的规范系统或程序系统的威胁——这个系统原本是期望成员传递他们的技术性知识，而不是改变。

329 因此，一般的官僚组织会倾向于抗拒这种从技术性知识到反映性实践的改变行动。一个适合反映性实践的组织，与一般大家熟悉的官僚机构有着非常不同的特征。

让我们回到之前提到的公立学校的案例。这些参与 MIT 教师方案的老师们在城市中的公立学校任职。当他们开始认同并学习反映性教学实践时，他们仍继续在学校中工作。因此，他们的经验，可以在一定程度上解释反映性实践如何在官僚组织中进行的问题。

以下我所要描述的这个学校，是这些教师们任教学校之中的典型学校，这类学校，就某个特殊意义来说，建立在一种知识理论基础上。这里存在着一种学校制度认可的知识（privileged knowledge）的概念，教师的工作就是要教授这些知识，学生则是学习这些知识。这一概念隐含于教科书、课程、教学计划与考试之中，事实上，它存在于学校体制的每个层面之中。教师被视为是技术性专家，在构建的系统中将这些学校制度认可的知识传递给学生。伊斯雷尔·斯金姆（Israel Schemer）将其比喻为"养育系统"。[27] 学童被喂食特定分量的部分知识，期望这些知识能借由课堂反应及考试来证明它已被消化。课程就像信息和技能菜单，课程纲要就像上菜的过程，整个学习过程则被视为是个累积的、循序渐进的发展过程。

现实学校在时间和空间秩序上都符合这一基本图像。空间上，学校的建筑被切割成许多教室，每间教室依年级由教师和一群学生构成自成一体的系统，而教师是其中最被孤立的部分。时间上，学校生活的每一天都被切割成一个小时左右的长度，每个时段都被用来传输教学计划预定要传输的知识。而学校生活的每周、每月和每年，则依照这些学校制度认可的知识的课程蓝图来近似分割。

有效传输知识需要一个控制系统。人们希望教师能给学生传输标准化知识，而且要使用小考、大考等评量方式，确定学生们的学习是否有效。通过计分、升级以及其他非正式的形式，对学生们消化这些知识与技术的能力好坏进行赏罚。而为了促进那些无法通过考试、被归为学习落后的学生们，就会推出特别的教学方案。

教师们也同样受到相似的控制系统的约束。他们根据学生进步程度的考核，而受到监督、赏罚。对那些比他们还处于边缘的学生们来说，教师位居指导和控制中心，但相对于督导，教师则又是处于较边缘的角色了。课程、教学计划和各种奖赏及成绩评量办法，都是从学校核心发放到处于边缘的教师手上。督导的功能是确定教师是否执行了被期望的功能，提供他们必要的资源，并根据他们的表现给予赏罚。

在这个同时掌控教师及学生的机制中，要优先考虑客观性。实现不受个人判断影响的、对精熟度和进展程度的定量测量，显得极为重要，而且比教学经验的质性叙述重要许多。定量测量可以让这一控制系统，以及其他与其共依存的系统，呈现出一致、统一、精确且不偏不倚的面貌。

教师对学生的关注也被期望只能限定在课程范围内。他只能从学生是否吸收了教学材料的角度来关心学生。学生们在校外的生活——他们做什么以及展现怎样的知识技能，就不在教师的关注范围内。同样地，任何新科技的引入，都是为了扩展教师传输课程内容的能力。计算机、影片和视听设备，是教师进行知识传授、测验、训练和练习等工作时的辅助教具。

以上是城市公立学校的一些主要特色。它们都建立在传输和接受专门知识的特定观点之上。同时，它们还顺从遵照官僚系统的规定。学校表现出它们受到看似客观的正式规则与程序的一套系统的管理，而这套系统实际上是以等级制的方式来操控的。学校中的知识结构不只包含了与课程相关的知识，还包含了测量、传达、控制、维持等对教学和行政都很重要的技术。学校主管们被视为具备这些专业技术的专家，他们非常重视客观性以及程序的改良。

当然，学校作为科技理性及官僚体制效能的机构，有其阴暗的一面，而这些阴暗面通常会被其成员、支持者或批判者注意到。学生可能认定学校是"无功能的"，而将其创意与精力转移到校外的世界。或者，学生与这些考核评量的系统周旋，学会如何拿到好成绩和通过考试，在这系统内爬升，而不去想究竟学到了什么。相同地，教师们也学会如何符合加在他们身上的一些标准期望，尽量在这套评鉴系统中表现良好，而不去想学生们是否或如何学到知识？或者他们可能思考这些问题但又将问题留给了校外世界。学生们学会了如何回避老师与督导们的掌控，如何敷衍这一系统。这种掌控与回避的游戏，通常也存在于一些政治性网络中，如学生为了保护他们的领域、安全及地位而组成的联盟之中。

那么当老师想在这样的教育官僚体制中扮演反映的实践者而非技术专家时，将会发生什么呢？他们的行动中反映会对其组织中的动态保守性造成可能的威胁。

教师会试着倾听学生的心声。例如，他们会去思考学生怎么会这么想？这些困惑背后的意义是什么？哪些是学生们已经知道要如何去做的？当教师真正倾听学生时，他们就会试图超越原有的教学计划。例如，他们可能会花时间关注学生犯错或搞不懂的原因。为什么他会写出"36 + 36 = 312"呢？当教师们开始理解学生们怎么思考这些问题时，他们可能也会研发出一些新的问题、新的活动和其他新的教学方法，帮助学生学习加法。此时，教学计划就要被搁置一边，或者只是成为一粗略的行动纲要，让教师们可以根据他们对某些学生不同问题的现场理解进而发展出不同的教学方法。课程内容将成为对一些认识和技能主题的探究，而不只是一些有待于被学习的材料而已。不同的学生会呈现不同的认识方式与行动。当教师们在他们所设计的教学工作中进行行动中反映时，他们就会欣赏到每个学生都是完整的个体，他的潜能、他所遭遇到的问题，和他们学习的步调等都是相互关联的。

这种反映、发明及区辨行动所需的自由度，将会打乱组织中原有的时空次序。假如教师要管理一个拥有 30 名学生的班级，他如何能真正倾听到每位学生的声音呢？假如他被要求要严格负责每个小时必须教到的细节，那么他也就无法遵循行动中反映的逻辑。班级人数必须少，或容易分成一些较小的单位，且教师必须能有在体制进度中创造变化的自由度。

教师被隔离在教室里工作是违背行动中反映的精神的。教师需要彼此分享他们私下的困惑与领悟，以及从同事的观点中去检视这些想法。

教师必须扩展他们对学生的兴趣范围。学生们的校外生活，将会使教师更感兴趣，因为这可以让教师更好地建立他们整体理解的直觉能力。

相对于拓展训练学生的能力，反映性教师更需要的是一种教育的技术。他们更想知道的是，如何帮助学生去觉察自己的直觉式理解，陪伴他们进入认识的混乱状态，再从中探索出一些新的认识方向与新的行动。[28]

责任归属、评鉴、督导等机制都被赋予了新的意义。它们要从寻求中央控制、客观测量学生表现，转变到独立且定性的判断，以及关于教与学的经验和表现之叙述式描述。督导则较少去监控教师们是否已完成课程的进度与内容，转而去评估及支持教师们的行动中反映。

334

当教师们尝试要成为反映的实践者时，他们可能会觉得被学校规则化管理的系统所限制，就将去挑战学校的管理系统，进而挑战这套系统下的理论知识。他们不仅抗争僵化的课程计划、作息时间和孤立的教室安排等，他也会质疑学校的基本理念，批评学校的设置只是为了单向传递一些特定分量的特殊知识而已。

事实上，当这些参与 MIT 教师方案的教师们，尝试要活化他们对教室的理解与态度时，他们也会因而获得各种新的体验。他们所处的学校多少就如同我先前描述的刻板图像那样。在获得一些新的理解之后，少数教师拥有了可见的自由，有能力让非传统的教学融入他们的课堂活动。一些教师则仍因学校内的传统形态与期望而深感挫折。还有少数教师则认为这种新的教学方式"对学校而言太好了"。

有一点很清楚，那些鼓励反映性教学的学校所呈现的世界比较真实，在那里一般学校潜藏、忽略的冲突与矛盾将会浮出台面。为了提高学习能力和解决个别学生的困难，学校应该想办法让班级师生比低于1：25。面对资源的限制，课程与教学的关注重点该怎么分配与决定？当教师们被鼓励在行动中反映时，什么是"好的教学"和"好的班级"就会成为组织内迫切关心的话题。而这些问题不能再由一些客观的绩效评量数据来回答。事实上，这些客观数据与个别老师的定性判断之间有何关联，也是个问题。校长在对自己的角色认定下，可能会问，是要"百花齐放"呢，还是要倡导他自己的卓越标准呢？假如校长选择前者，可能就会像一些 20 世纪 60 年代的其他学校一样，以教师的行动自由及参与民主的精神为名，但实际上却沦落为放纵及学术松散。[29]假如校长选择后者，那么教师行动中反映的自由会怎样呢？在一个支持反映性教学的学校里，督导会倡议他对教育质量标准的看法，然而同时，他也能探究教师的看法，并会正视他所看到的不良教学，并邀请教师们一起来正视自己的行为。不过，在许多学校的第一型世界里，督导们通常是摇摆于集中掌控和"百花齐放"之间的。

在那些支持反映性教学的学校里，教师会挑战一些主流的知识结构。他们在现场的教学实验，不只影响到日常的教学实践，同时也影响到组织中的核心价值与原则，此时冲突与矛盾就会浮出台面，并成为中心。在我们过去颇为熟悉的组织学习系统里，冲突与矛盾通常会被压制，或导致对立和政治斗争。而在那适合反映性实践的组织里，将需要另一种学习系统，在此系统中的每个个体都能将冲突与矛盾推至表面，并进行建设性的公开探究，这是一种能促进组织价值与原则不断批判及重建的学习系统。

我之所以详细论述公立学校案例，其实是受到 MIT 教师方案经验的启发，学校基本上也和其他专业实践的官僚机构一样。

只要专业工作者在既定的官僚组织中运作，他们也就被镶嵌在组织的知识结构及一套有关权威、控制、信息、维持及奖赏的组织系统网络之中，而这些知识结构及组织系统都与占主导的技术专业的图像紧密相联。在工业界，工程师及经理人扮演着技术专家的角色，他们依据一些明白陈述的程序运作其功能，期望能牢牢扎根于组织的权威等级体系内。不仅工程与生产领域，其他如市场、营销、财务和一般企业管理领域，也都逐渐被定义为技术专业。事实上，工业一般被视为是技术、官僚体制理性的原型。因此，学校也常常被嘲讽批判为教育"工业"。[30]

大型社会服务机构、医院、建筑事务所等也逐渐在技术的、官僚世界内运作着。在这里，过于专业的工作常由一种专业分工系统来执行，并受客观的绩效测量与控制约束。在这些系统里，专业工作者就越来越受到测量的技术更新及工作的"程序化"的限制。例如，以缩减成本为名，福利工作者如今已成了源自20世纪初的工业界就提出的、时间与动作研究对象或效率专家这种人了。计算机信息系统逐渐被用来监控个体工作者的行为表现。在中低阶层的专业工作领域中，计算机系统则开始取代人类。

这种官僚机构的技术发展，不仅使专业工作者限制在传输特定的技术性知识上，更激化了原本就存在的官僚机构与专业认同之间的冲突。在高度专业分工且技术性管理的官僚管控之下，专业工作者如何认定自己是自主的实践者？他们如何对特定现象保持持续关注？如何培养他们的艺术性，如何努力去达成卓越的标准？工厂的技术专家恼怒的是，经理不关心产品的安全而只关心投资是否能立即回收。而社会福利的专业工作者会觉得不被专业地对待，因为那些想要提升他们效率的系统，让他们无法关注到当事人的权益。这些专业工作者所承受的痛苦，与蓝领工人在生产线上单调地重复技术化工作所承受的痛苦相同。

这种原本就存在于官僚组织专业工作中的张力，会因专业工作者想成为反映的实践者而加大。实践者在行动中反映时会反问自己对工作任务的界定、所使用的行动理论，以及控制他表现的绩效测量等到底为何。而当他反问这些问题时，通常也会反问他所处组织的知识结构。因此，一个服务人类的专业工作者批判地反映他的实践行动时，同时也会批判地反映出组织选择性地忽略某些急需帮助的当事人的普遍形态。一个工程专业人员在行动中反映时将会看到过度依赖固有的质量控制系统可能犯的错误。行动中反映呈现出的不只是隐含的假定与技术，更是组织知识结构所框定的价值与意图。

组织对成员们行动中反映的需求程度有多大，取决于一些特别的条件。相对于一般官僚组织对统一程序、客观绩效测量和中央掌控制度的看重，反映性组织必须高度看重弹性的程序、分歧的反应、复杂历程的质性评估，以及判断与行动的责任分权，等等。相对于一般官僚组织对科技理性的强调，反映性组织必须预留空间来关注冲突的价值与意图。这些特别的条件通常也是有意义的组织学习所必需的。

这些身处官僚组织的反映的实践者的困境，同时也是组织学习时会面对的困境。行动中反映是个体想要进行组织学习时必要的过程，同时它也会对组织期望的稳定性造成威胁。一个可以检视并重组其核心原则与价值的组织，需要一个可以承受这些张力并将其转化成建设性公开探究的学习系统。而一个可以促成反映性实践的组织，也将创造出与此相同的变革性需求。

专业在大社会中的地位
The Place of the Professions in the Larger Society

根据科技理性的传统，专业是科学与社会之间的中介，它将科学研究转换成社会的进步。这种立基科学的应用，并视专业知识即是技术专业能力的模式，凸显了专家和当事人之间的传统契约、实践者与研究者之间的交换关系，以及专家自主性与高度分工的官僚组织结构之间的矛盾。所有的这些，如同之前我所描述的，都是因为科技理性的传统，才使得专业在更大社会中有其特定的地位。

然而，科技理性的传统还有个我们仍未谈到的额外影响——其影响着我们公共政策形成的主流模式。从这个观点来看，政策的制定其实是一连串社会抉择的过程。理性的政策选择来自政策分析，并尽可能地选择可行的行动方案，尽可能地增进社会利益而降低社会成本。[31]政策分析被认为是一种在政治脉络中产生的技术历程。分析者虽然运用精熟的技术来测量及比较不同政策的影响，但他仍在许多方面依赖于政治历程。政治历程替政策目标、社会利益及社会成本的界定做了补充说明。有时，政策分析会被认为是提供给选举官员在拟定政策时的参考。但是近来，一些反对这种看法的人指出，政策在转化成行动方案的执行过程中，往往被政治扭曲且误导。[32]

根据这一模式，公共政策落实的关键角色就是专业工作者。专业工作者在政策落实的各领域里，如健康医疗、住宅规划等，提供了技术性的专业能力。他们符合政策分析的技术性需要。他们设计、实施和评估政府方案，并担任精于立法和拉选票的技术专家，他们管理着政治历程。理性社会选择的技术复杂性需要专业知识的协助。

然而，从对科技计划的激进批判观点来看，公共政策的专业化，无疑是一种对民主价值的技术性扭曲。对他们来说，专业工作者是一群服务自我的精英分子，他们运用以科学为基础的技术，服务于企业阶级，并带着客观性、价值中立性的表象，以达到为自己和自己老板牟利的目的。就像运用其特别地位控制、威吓当事人的专业工作者一样，在持技术专家治国论的政府中，专业工作者运用他们的技术性专业能力压制那些弱势的人。再者，他们宣称拥有的特别知识，其实也是个幌子。因此，在这些专业专家的神秘面纱之下，隐藏的只是无知和操弄。

上述这种激进的批判，带着一种对社会改革的乌托邦想象。的确，将专业去神秘化，凸显科技理性所隐含的阶级利益是必要的，这样才能促进社会的民主、平等及社会正义。将专业的威吓本质呈现出来，也是必需的。揭示出专业所拥有的知识是如何的不合宜，这样才能为新的致力于社会正义的公民专业者开辟一条道路。同时，也需要有倡导反专业化的声音，才能有效阻抗公共利益及当事人权利不断被专业化工程所吞食。必须教育人们看到自己的权力，而不过分信赖专家。反专业工作者，能够在他们各自的工作领域中抵抗专家们的侵入。他们可以替穷人挺身而出，抗争以中产阶级利益为主的都市更新计划。他们可以保护病人免受医疗专业的粗暴干预，也可以帮助那些弱势者让法律系统尽量照顾到他们。由此可见，那些被认定为科学研究的客观发现阶级利益如何被合理化的过程，也应该被揭露。社会需要这些"反专业化的研究者"来指出，新古典经济学对既得利益的偏见、都市规划者对商业及中产阶级的偏见，以及想用科技解决社会能源问题及环境质量问题的工业工程师的过度自负，等等。

在公共政策领域，专业的去神秘化揭露了理性社会抉择的神话。政策分析并非一种纯理性的选择，而是一种政治利益的合理化。社会改革的任务在于赋予那些相对比较弱势的人们，如黑人、女人、少数族群、老年人、小孩及残障者、犯人等较多的权益，让他们知道如何有所组织以在政策制定的政治活动中有效发表言论。必须组织公民，就许多公共议题，如裁军、核安全及环保等展开讨论。社会行动的方式不只是法律行动，还可包括宣传、抗议、罢工等不同方式，其目的是想终止掌权者滥用权利，且让弱势者有行动的空间。所有这些，都需专业知识的协助。所以，在过去20多年来，反专业的这股力量逐渐兴起，并扮演了为弱势群体倡议及组织公民对公共议题发声的批判性角色。如同那些为政府及工业界工作的专业工作者，反专业工作者也贡献着他们的专业知识，提供公共行动合理的逻辑，并运用其协商技术，使得某些团体得以在整个政治历程中获得发言权。

有了这些反专业工作者的帮助，弱势者及公民团体才有办法成功地转化公共政策。"特定利益政治"因而成为今天我们普遍接受的规则。在不同的场域里，特定利益团体成功地提出法律及规则，使得体制的既得利益不致过分扩张。最近，这些成功的经验更引发了右翼分子的反应，公共政治成了透明化的政治竞赛场所，在这里，各方立场——既得利益机构、既得利益的对手和反右翼分子等——都在以专业专家武装自己。

当然，政治争议的专业化并不会带来共识。相反，专业专家立场的增多反而使得政治冲突加剧。然而，有个大家熟悉的民主理论正好可以说明并合理化这样的历程，这个理论鼓励更多的激进立场与反对立场出现。它认为，民主就该包含许多相互牵制的力量，以防止任何一方永久支配着另外一方。[33]团体间的冲突借着体制上的机制，如法庭、投票和谈判等，解决其政治争议，同时也让这些冲突保持在可管理的范畴内。逐渐地，这些机构就成了专业倡议者与反对者之间的竞技场。

不过，这些社会改革的激进批判者也得面对批判。

专业专家性的去神秘化导致了新的反专家专业者的诞生。但去神秘化存在着一些矛盾。很明显，即使当一个社会完全摆脱了既得利益团体的主宰，它仍需要专业知识；而且在借由专业知识武装其外表的既得利益社会中，也需要反专业的专门知识。然而，专家就是要像个专家。公民专业者及专业倡议者也有可能放任自己，单向地控制当事人而维护自己的特殊地位。在社会主义国家里，这些公民-专业者成为另一种"新阶级"，一种类似于在过去官僚现象中所看到的那种无情、鲁钝的精英阶级。[34]反专业工作者可能成功地解放了既得利益的主宰，但他们的成功却也伴随着一些未预期的副作用。例如，当环保工作者成功地阻挡了土地开发计划，他们却也可能导致中低阶层住房的短缺。[35]1960—1970 年初期的抗争运动所发展出来的协调机制，经常被发现无法如原先预期的那样有效地解决社会问题。[36]传统解决争议的机构，通常都无法将政治竞赛转变成可接受的社会行动。

法院在某些层面，与都市教育、环境管理、公共住房一样，扮演了过于扩张的角色。法院其实并没有充分的能力，可以在这些相互竞争的专业诉求中做出仲裁。而处于相互冲突的技术地位火线上的法官们，通常也就退到他们法律的技术性上，而不去深入了解判决背后政策的实质问题。即使当法官们愿意去了解、征询相关的专业团体，这些个别的专业团体也会提供一些偏见，而这些偏见在特定的法院保护程序中是无法被外界检视的。另外，选举程序也使得公共问题无法获得稳定的解决。当对政策有了不同专业判断冲突时，投票表决通常反映出来的只是政治情势的变化，而无法对实质问题有所帮助。当胜选的官员们过分在意政策的冲突时，他们依法提出的妥协方案通常如此模糊，以至于当官员想将政策付诸实施时，这些冲突又会再度浮现。

当这些法律及选举机制的局限性变得清楚之后，谈判机制就获得了重视。专业调解起源于劳资协商领域，后来广泛运用于其他领域，如土地使用、危险废弃物的丢弃，以及环境质量等相关领域。调解角色的扩展虽然才刚开始萌芽，尚待发展，然而它的危机却已经开始明显呈现了。基于调解的目的，调解者会倾向以和为贵，视和解为调解任务的成功目标。当一些可能会威胁到和解的信息出现时，就会被视为"危险知识"而忽略不用。[37]因此，调解者可能会舍"了解"而就"和解"。

当这些不同立场的专业代表们，对政策议题有着不同看法时，社会就会求助于法院、投票及谈判等机制。然而，当这些议题在技术及评估层面上都相当复杂时，这些机制所产生的结果，也就会被视为武断或草率行事，或再次引发专业判断的混乱。抛开专业知识我们会遭受损失，但当我们依赖时，也会产生一些危机。

对社会改革的激进批判也存在类似的矛盾，他们也希望专业去神秘化，以排除或遏制那些为主流阶层利益提供服务的专业。但是，不管是执行复杂技术的专业工作者，或是反对既得利益团体的反专业工作者，他们都不能没有专业。因此，他们也就再度引"专家魔鬼"入室了。

只要社会仍依赖专业知识及能力，就会留给专业必要的位置。而且，只要专业仍由传统专业模式形塑，激进批判者只靠意识形态或组织的改革
努力，是无法驱除"专家魔鬼"的。

反映性实践的观点，相对于传统的实践认识论来说是一种另类观点。我们已经看到，这种新观点带来了许多新概念，如专业工作者与当事人间的新契约、研究与实践间的新型伙伴关系、专业组织的新学习系统，等等。现在，我想阐明这种观点是如何引导我们对专业工作者在公共政策上的角色，以及专业在大社会中的地位的不同思考。

反映性实践的观点，也是希望促成专业专家的去神秘化，它与激进批判观点有相同之处，但也有不同之处。它认为，无论是对专业工作者或反专业工作者，其专门知识存在于工作者的评估架构中，而此架构负载着人

们的价值观与利益的特征。它让我们看到技术性专业知识在针对一些不确定、不稳定、独特及冲突性高的情境时，有其局限。当基于研究的理论与技术不适用时，除非专业工作者能准备好从行动中反映，否则就无法合法宣称自己是个专家。

从这个观点来看，不难想象传统的实践认识论拥有怎样的威慑力。我们并不需要去认定（即使这是有效的）专业工作者的动机是希望为阶级利益服务或保护其特定地位这种说法。当专业工作者宣称他"知道"时，他是以技术专家的身份将他所知道的分类、理论及技术，套用在他眼前的情境中的。当情境中的特征与他实践中的知识不符合时，他就刻意加以忽略、辩解，或是控制情境中的那些条件，包括情境中的人。当他在一个知识结构能强化他的技术专家意象的组织中工作时，他会认为自己只需要配合绩效346评量提供一些技术性知识就行了。他不认为自己可以自主且有责任参与制订目标与框定问题。组织的系统强化了他的专家意象，而导致一种单向控制的组织形态。

假如我们接受上述对科技理性的诸多批判，那我们就不能再毫无批判地接受专业工作者对其社会授权、自主性及证书的一些主张。假如技术性专业知识有其适用的范围限制，我们希望能确定专业工作者是否过度宣称他的权威性，而逾越了技术能力的适用范围。假如技术性专业知识有其重要性，而且技术专家有他们自身的利益，而这些利益形塑了他对问题的理解与判断，那么，我们认为需要对专业自主性加以限制。另一方面，我们同样也尊重专业工作者在专业技术被容许的领域中，对其拥有特别知识的宣称，而且我们将特别看重实践者对他们自己的评估架构，以及在超越他们专业知识范围的情境中进行行动中反映。

这些考虑使得描述专业在大社会中地位的任务更为复杂。在反映性实践的观点下，专业工作者既非英雄式的科技发明家，也非不让人们掌控他们自己生活的邪恶精英分子。我认为，更恰当的是将专业工作者看成大社会对话中的参与者，若他们把这个角色扮演好，他们就可以促使大社会中的对话成为具反映性的对话。

在这种对话过程中，针对社会问题及解决问题的不同想法可以很好地沟通，而对社会真实的描述也是在社会中建构形成的。通过公共的体制、媒体、知识的讨论和公开的辩论等，我们建构出与社会议题及危机有关的有力行动理念，通过这些行动，问题可以被解决，政策可以被采纳。当我们依循这些行动理念行动，就可以改变社会现实。有时，我们实践了我们的理念，但也因此创造了新的问题与困境。在这里的"我们"，如社会中的代理人似地行动着。用杰弗里·维克斯（Gcoffey Vickers）的话来说，我们就像是"实验的代理人"，同时也是行动的主体和客体。我们身处在我们想描述和改变的问题情境中，当我们对情境行动时，我们也是对我们自己行动。我们是与自己所在的大社会情境进行对话，而不是与一位设计师（如同奎斯特一样）所设计的情境进行对话。像奎斯特一样，我们对情境建构了观点，将它付诸行动，也因而改变了情境，并引发了一些我们无法预知其意义、问题及两难困境的回话。

在这些社会对话的网络中，政策形成——包括对社会问题的描述、立法管道的建立、政府方案的设计与实施等——互相搓绞成了一条绳索。例如，社会问题的设定历程就是一个非常复杂且涵盖甚广的历程，通过这个历程，公共政策的问题才能被设定。[38]但是公共政策呈现的只是这个复杂历程中的一面，通常也是形式化的那一面。当公共政策被拟订，并付诸公共行动时，它也就进入了这个大社会历程，再一次地改变这个社会。比如，过去这30年来，对于"都市犯罪"这个问题，已有很多的讨论。都市犯罪这个社会问题的设定，一直是描述都市真实面貌的复杂历程，在这一历程中，警察、法官、监护人、民间团体、社会研究者、小说家、影片制作者和传媒等都扮演了不同的角色。在此历程中许多不同的声音，带来了对现象的描述来说多元且常冲突的框架。比如，都市犯罪问题被认为是城市形式的必然后果，它使得贫穷的弱势团体集中留置于市中心，而富裕（且易受攻击）的人则围绕在市郊。都市犯罪问题也被认为是警力及法律失败而导致的问题；它还被认为是贫穷文化的问题；也可被认为是人性中无法消除的劣根性问题。从这些对话过程中，我想我们对不同年代中哪些是促成有力行动的现象描述，其实了解不多。比方，在20世纪60年代末期，都市犯罪问题被视为是种族歧视社会的表现。科纳委员会（the Kerner Commission）在他们对正式公共政策的看法中，提出了这个观点，接着美国的约翰逊总统（Lyndon Johnson）的"大社会"政策中的都市方案亦回应了这个观点。后来，部分由于这些方案的影响，部分由于社会中其他思潮的影响，以"法律和秩序"来看待都市犯罪问题的观点十分盛行，且开始实施强调严刑峻法的新政策。过去20多年来，这种观点在我们的社会中盛行了相当长的时间。

这种界定情境的挣扎是知识性的，也是政治性的，因为这些知识性与政治性的挣扎决定了公共政策的方向。对现实的看法既是一种认知性的概念，可以帮助我们以某种方式了解情境，同时也是展现政治权利的工具。在与情境的社会对话中，问题设定、政策界定和诠释情境的回话等，总是表现为知识探究和政治争论。

这种对话历程的领导者通常由专业工作者扮演。正是这些社会批判者、政策分析者、倡议者、研究者、民选官员和行政人员等发挥了这种启动探究的作用，但他们对社会现实的描述通常都是建立在他们的政治论点上的。有些专业工作者代表既得利益团体的观点与价值，也有些专业工作者倡导那些少数族群的权益。有些专业团体，如监护人、法官、警官、社会研究者及政策分析师，在都市犯罪问题上拥护着"法律与秩序"的观点；也有一些专业团体认为，这种刑事正义的系统就是一种使穷人及弱势者犯罪或被迫害的社会魔鬼。当专家们在公共政策对话过程以及其背后所隐藏的、更广泛的社会对话过程中扮演领导者的角色时，他们便是体制内争论的声音，也是这一争论对话过程中的演员。

专家们使用体制化的论点是无可否认的。激进批判者认为不管包装得漂亮或不漂亮，专业专家性可被用来包装关于既得利益团体的诸多偏见，这一批判是对的。专业工作者不太可能会知觉到体制内潜藏的威吓性；即使他知觉到了，也不可能独自采取有效行动去改变体制或组织的行为。反体制、批判及抗拒既得利益团体的过度获利，以及为相对弱势者倡导其权益及利益的努力，具有其不可否认的社会效益。但是，如我们所见，这些相互抵消的反对力量工具化地操弄着问题，导致了社会的两极化，像钟摆般地从一个极端荡到另一个极端后停滞，而无法促成一个有活力、具累积性的社会探究过程。

很明显，这些反对力量所操弄的核心社会议题不是一些待解决的问题，而是诸多复杂无解的困境。[39]当这些困境成为政治争论的焦点时，当专业工作者分别服务于对立的阵营时，我们得到的就是两极化、钟摆化及停滞化的后果。我们无法从你死我活的战斗双方得到对社会真实的新看法。我们无法从两极化的双方政策中更进一步公开探究我们所面对的困境是什么。我们更听不到情境的回话，以让政策制定者能够批判或重构他们对公共问题的看法。

为了能够做到上述的种种，专业工作者在政策制定过程中进行政治争论时，应能够在对立的场域中进行探究。他们要能够将自己对现实的观点看法倡议出来，付诸行动，并同时努力去反映，站在对方立场去努力了解他们。而在彼此冲突的专业工作者之间，也要能够在互动中进行行动中反映。

当社会困境只能通过体制化的争论来把握，其中对立的每一方只看到真实的一小部分，且将对话视为战争，在战争中声嘶力竭地保护自己的看法时，我们不可能深入地了解我们所处的困境，进而从中形成有力的公共政策。为了让与情境的社会对话变得更具反映性，在对立过程中的个人，必须要进行反映性的探究。问题是，他们可能这样做吗？在对立情境中还能相互进行行动中反映，这是不是像科技计划及解放运动的激进理想一样

太理想化了呢？

以下将陈述我最近的两段经验，作为对这一问题的回应。

最近，我参加了一个由消费者运动相关的活跃分子召开的研讨会。这次会议之所以特别有趣，在于几代的社会运动者都会出席。最资深的一代终身致力于监督工厂及商品的安全。最年轻的一代则受拉尔夫·纳德（Ralph Nader）揭发丑闻及组织的方式所启发。中生代的则在已成立的一些

消费者组织中辛勤地工作着。但各个世代的团体都同意消费者运动正面临其转换点。胜利是已达成了，但似乎也付出相当大的代价。通过广告及公共关系，工业公司已开始将消费者意识转变为他们自身的利益，而一些来之不易的改革法规在现实中又很难落实。消费者运动未来的方向似乎不是那么明朗。在研讨会的最后，我建议，运动的未来可能就在于结合协同探究（cooperative inquiry）与反对的历程（adversarial process），共同发展新的策略。对我这个建议的反应，不同代际间有所不同。最年长的参与者认为这个建议完全不可行，他们怎么能与他们的传统敌人合作？中生代的参与者有些兴趣，但对此却是质疑的。而年轻的一代则认为这个想法很熟悉，他们也已经在进行了。他们正在帮助消费品的生产工厂发展有关提升产品安全性、稳定性及质量保证性的方案，以符合先前消费者运动所争取到的一些法规。

这段经验之后不久，有位大型化工厂的产品安全经理来找我。他要我协助他思考他们组织内组织学习的问题。在公司里的一个部门，其中的人员已经学习如何与联邦政府官员一起有效地工作。每当他们发展新的化学产品且搜集到其对环境影响的评估资料后，他们会充分且立即与政府官员沟通。他们发现官员们若能早点看到资料，就能较早参与他们对资料的诠释，也较能与工厂的代表们协同工作。有的时候，数据的提早提供也有可能导致不利的官方判断。不过，从长远来看，数据的提早提供可以显著降低在获得联邦政府认可的过程中经常遇到的拖延及困难。意外的是，这样将数据立即且充分告知的做法似乎也创造了一种气氛，让官员与工业科学家们能协同探索并了解彼此的观点。但是，在公司的其他部门中，应对政府管理部门的做法非常不同。管理专员被视作反对者，所以要上交的数据应该仔细地剪裁以通过认可。这位来拜访我的经理，希望我能帮助他思考如何让其他部门学习到该部门已经学到的经验。

当然，这两个例子并没有真正回答大家感兴趣的问题——"如何在对立的脉络中进行协同探究"。顶多也只是说明，有些专业工作者的确对这种探究过程感兴趣，但我不能说出有这种兴趣的专业工作者有多么普遍，有多大代表性。在环保领域及能源政策领域的专业工作者，也开始与我讨论他们的兴趣。在欧洲，一些提倡"新社会契约"（new social contract）的人主张，那些导致国家经济困境的诸多政经议题，只有当传统的诸多反对者，如政府、劳工、企业等进行协同探究时，才有可能有效地解决。在某些面临经济失序的社会中，一些工业民主运动人士组成了一个"搜寻研讨会"（search conferences），在这个研讨会中，几个传统对立方，如企业界、劳工、地方政府等，为推动小区发展的目标一起进行了长期协同探究。埃里克·蒂斯特（Eric Tist）在纽约詹姆斯敦（Jamestown）的成果就是个值得被重视的案例。[40]

这种在反对的脉络中进行协同探究的需求似乎逐渐被知觉到。反映性实践的观点提供了一个关于专业工作者的愿景，专业工作者被视为创造和与情境进行社会性的反映性对话的启动者，在体制内对立情况下进行协同探究的启动者。然而，这样的愿景是否太理想化依然令人怀疑。退一步想，这种交互式行动中反映的过程，可以让这些在公共政策制定过程中扮演关键角色的专业工作者，进行更深更广的学习。

在前面几章里，我提供了一些事实证据，说明专业实践者可以在行动中对他们的理论框架与行动理论进行反映。我也注意到行动中反映的一些限制，这些限制来自外在行为世界及个人善于创造的组织学习系统。我也主张：为了扩展及加深他们行动中反映的能力，专业实践者必须发现且重构他们行动的人际理论，而这些理论是他们原先就带至他们专业生活中的。

当我们问及这种观点是否太过理想化时，我们正在提出怎样的问题呢？普遍存在的交互式行动中反映的广泛能力，本来就不可能通过倾向于发现和探讨现实的社会科学来发现，个人想对体制内的争论和有限学习的形态有所超越，假如有可能，也是很偶然的。唯有通过让偶然发生的行为成为一种主要的实践形态的行动科学，我们在交互式行动中反映所展现的能力才可被发现出来。

注释

1. Ivan Illich, *Deschooling Society*, Vol. XLIV of the World Perspectives series, Perennial Library, New York, Harper&Row, 1970. 如果想了解类似的更学术化的观点, 可参见 Magali Larson, "Professionalism: Rise and Fall," in *International Journal of Health Services*, 9, 1979(4).

2. 这一观点在 Paul Halmos 的书中有所概括, 见 *Professionalism and Social Change*, *The Sociological Reviw Monograph* 20, University of Keele, December 1973.

3. 例如, 见 John van maanan, "Observations on the Making of Pohee-men," *Human Organization*, 32, Winter, 1973(4), pp. 407 – 418.

4. Marie Haug, "Deprofessionalization: An Alternate Hypothesis for the Future," in Halmos, *Professionalism and Social Change*.

5. Everett Hughes, "The Professions in Society," in *The Conadian Journal of Economics and Political Science*, 26, 1960(2), pp. 54 – 61.

6. 这一术语, 最初由 Samuel Taylor Coleridge 引入, 用以描述阅读诗歌的合适立场, 在对现代教育的讨论中已经变得非常普遍。

7. Chris Argyris and Donald A. Schön, *Organizational Learning*, Reading, Mass, Addison-Wesley, 1978.

8. 见 Martin Rein and Sheldon White, "Knowledge for Practice," DSRE Working Paper, MIT, Cambridge, Mass. , 1980(10).

9. Leston Havens, *Approaches to the Mind*, Boston, Little, Brown, 1973.

10. 见 Nathan Glazer, "Schools ofthe Minor Professions," *Minerva*, 1974.

11. Karl Mannheim, *Ideology and Utopia*, New York, Harvest Books, 1936.

12. 例如, 见 David Bloor, *Knowledge and Social Imagery*, London, Roufledge & kegan Paul, 1976.

13. Havens, *Approaches to the Mind*.

14. Leston Havens, *Participant Observation*, New York, Jason Aronson, Inc. , 1976.

15. 例如, 见 Cary Bellow, *The Lawyering Process*, Mineola, N. Y. , The Foundation Press, 1978.

16. Chris Argyris, *The Inner Contradictions of Rigorous Research*, New York, Academic Press, 1980.

17. William Torbert, *Creating a Community of Inqniry*, New York, John Wiley & Sons, 1976.

18. Britton Harris 在其即将出版的 *A Paradigm for Planning* 中认为, 正式最优化模型最好被看作为规划决策的比喻。

19. Chris Argyris and Donald A. Schön, "The Role of Failure in Double-Loop Learning," unpublished memorandum, 1979.

20. Israel Scheffier, "The Cognitive Emotions," *The Teachers College Record*, 79, 1977(2), pp. 171-186.

21. Malcolm Parlett, "Reflecting on Practice," manuscript, London, Ensland, 1981.

22. 见 Barry Jentz and Joan Wofford, *Leadership and Learning*, New York, McGraw-Hill, 1979.

23. Kevin Lynch 在他最新的城市设计研究的议程中提出了这一观点。

24. Max Weber, "Bureaucracy," in Oscar Grusky and George A. Miller. eds. *The Sociology of Organizations*, New York, Free Press, 1940, p. 7.

25. *Ibid.*, p. 13.

26. 这一观点在现代政治科学中已经很大程度上型塑了民主的现代观念——具体表现在 Seymour Lipset, Martin Trow, and James Coleman 的《联合民主》(*Union Democracy*)中。

27. Israel Scheffier, *The Language of Education*, Springfield, Ⅲ., C. C Thomas, 1960.

28. 举例来说，这类教育技术在 Seymour Papert 的《头脑风暴：儿童、电脑和强大的思想》(*Mindstorms: Children, Computers and Powerful Ideas*)一书中有详细描述。

29. 见 Chris Argyris, "Alternative Schools: A Behavioral Analysis," *Teachers College Record*, 75, 1974(5), pp. 424-452.

30. 例如，见 Samuel Bowles and Herbert Gintis, *Schooling in Capitalist America*, New York, Basic Books, 1976.

31. 将政策形成作为理性选择过程的观点，已经有所阐释，例如，见 Richard Zeckhanser and Edith Stokey, *A Primer for Policy Analysis*.

32. 例如，见 Jeffrey Pressman and Aaron Wildavsky, *Implementation*, Berkeley, University of Califomia Press, 1979.

33. Lipset et al, *Union Democracy*.

34. Milovan Djilas, *The New Class*, New York, Holt, Rinehart&Winston, 1974.

35. 见 Bernard Frieden, *The Environmental Hustle*, Cambriage, Mass, MIT Press, 1980.

36. 20 世纪的许多研究观察并抨击了为回应 60 年代的拥护和抗议运动而建立的规范机制的无效性。可以参考 Lawrence, *Bacow Bargaining for Job Safety and Health*, Cambridge, Mass, MIT Press, 1980).

37. Mario Cuomo 在他的 *Forest Hills Diary*(Now York, Random House, 1974)中引用了这段话，并列举了其应用。

38. Martin Rein 与我在 "Problem-Setting in Policy Research," in Carol Weiss, ed., *Using Social Research in Public Policy Making*(Lexington, Mass, D. C. Heath, 1977)中曾提到这一点。

39. 例如，见 Peter Marris and Martin Rein, *Dilemmas of Social Reform*, New York, Atllerton Press, 1967.

40. Eric Trist, "New Directions of Hope," *Regional Studies*, 13, Elmsford, N. Y., Pergamon Press, 1979, pp. 439-451.

索引及汉译对照 *

Index

A

Aalto, Alvar

阿尔瓦·阿尔托, 78

accountability

责任归属, 293, 295, 297, 345－346

Ackoff, Russell

拉塞尔·阿科夫, 16

action: dichotomy with though; interpersonal theory of; Model Ⅰ; Model Ⅱ: subject/object of

行动: 行/思二分法, 275, 276－281; 行动的人际关系理论, 226, 321－322, 353; 第一型行动理论, 226－228, 230, 263, 303, 304－306, 335; 第二型行动理论, 230, 321－322; 行动的主体客体, 191, 195－203, 322－323, 347

action-present

行动当下, 62, 279, 281

action science

行动科学, 319－320, 323, 354

adaptability

适应性, 15－16, 171

affirmation, logic of

肯定的逻辑, 155－156

agent-experient

实验代理人, 322－323, 347

agronomy; as science-based profession

农业, 42, 308, 325; 科学立基的专业, 168, 169

Alexander, Chris; *Notes Toward a Synthesis of Form*

克里斯·亚历山大, 77;《形式综合的要点》, 52－53

Alonso, William

威廉·阿朗索, 9, 10

analogy; *see also* exemplar(s)

类比, 177－179, 182－184; 也参见范例

appreciative system; constancy of

评鉴系统, 132, 164, 166, 270, 275,

---

* 本索引的每个条目后所附数码为原文页码,即中文版边码。

Brattain, W.

W. 布拉顿, 178

Brooks, Harvey; *Dilemmas of Engineering Education.*

哈维·布鲁克斯, 15;《工程教育的两难》, 171 - 172

bureaucracy: citizen-professionals in; professionalization of; professionals in; public school as; technological extension of

官僚机构: 官僚机构中的公民—专业者, 342 - 343; 官僚机构的专业化, 326 - 327; 专业工作者, 326 - 338, 339; 公立学校作为官僚机构, 331 - 332; 官僚机构的技术发展, 336 - 337

Burger, Warren

沃伦·伯格, 13

burn-out example of

枯竭, 61; 案例, 255 - 264

Bush, Vannevar

万尼瓦尔·布什, 37

business

商业, 23

business education

商业的教育, 29 - 30

C

children's process of discovery in action (block-balancing experiment)

儿童在行动中的发现过程(平衡积木实验), 56 - 59, 61, 147, 320 - 321, 322, 323

citizen - professionals

公民—专业者, 289, 294 - 295, 340, 340 - 343

client(s); in reflective contract

当事人(们), 290 - 306; 反映性专业契约, 300 - 303, 306 - 307

clinical psychology

临床心理学, 106, 107

coercion; potential for

威吓, 340; 威慑力, 345 - 346

cogwheel experiment

齿轮实验法, 189 - 190, 191, 202, 272

Colombia: malnourishment problem in

哥伦比亚: 营养不良问题, 191 - 202

common sense

常识, 50 - 51, 54

competence

能力, 19 - 20, 260 - 262

complexity

复杂性, 14 - 15, 18 - 19, 39

Comte, Auguste

奥古斯丁·孔德, 32, 33

confirmation, logic of

印证的逻辑, 155

conflict: research-in-practice in

冲突: 研究与实践中的, 308

conflict settlement: institutions of

解决冲突: 机构, 343 - 344

consequences: in relation to intention

是否预期的结果, 153 - 156

consequences, unintended; in architecture and psychotherapeutic examples; of counterprofessional activity; of planning; *see also* problems, new

非预期的结果, 79, 94, 146, 150; 建筑

disbelief, willing suspension of

愿意持有怀疑的态度，296－297

disciplined subjectivity; *see also* architecture, design in

训练有素的主观性，296－297，也参见建筑设计

distance (norm); violated in hypothesis-testing; in management

距离（规则），133，163；违反假设检验的距离规则，149－150；管理的，266

divinity(profession)

神职（专业），8，23，46，166，293－294，312

doctor/patient relationship

医生与病人的关系，293，294，295－296

doing-as

相似地解决着，139，140，166

E

eclecticism, systematic

系统性的折中主义，313－314

education; *see also* professional education

教育，17，23，38－39；也参见教育专业

Ekroad, Kip

基普·艾克罗德，196，199，200－201

electoral process

选举过程，343－344

Eliot, Charles William

查尔斯·威廉·埃利奥特，29

ends, *see* means/ends

目标，也参见手段/目标

engineering; as applied science; design professions in; as model of instrumental practice; as model of technical practice; problem setting and implementation in; as science-based profession

工程，14，23，42，308，312，325；作为一门应用科学，171－172；工程的设计专业，76－77；工具性实践的模式，34，38－39；问题的解决与执行，187－188；作为一门科学立基的专业，168，169

engineering design: art of; development of transistor example; gun-metal color process example

工程设计：工程设计的艺术，171－176；发展晶体管的案例，177－182；枪支金属色泽的制程案例，172－176，182，268，271，273

Enlightenment(the)

启蒙运动，31

Erikson, Erik

埃里克·埃里克森，16，108，116－118，136

error, uncorrectable

无法改正的错误，304－306

exemplar(s)

范例，138－139，183－184，269，315

experiment(s); bounds of, in practice situafion; controlled; explanatory; move-testing(*see also* move[s]); reflection-in-action in; in Technical Rationality model; in theory building; *see also* on-the-spot experiment

实验，177；实验在实践情境中的限制，151－152；控制实验，143－144，

Harvard University: Law School; School of Business Administration

哈佛大学: 法学院, 316; 商学院, 29, 316

Hawthorne Effect

霍桑效应, 149, 322

Higher Learning in America, *The* (Veblen)

《美国的高等教育学习》(维布伦), 35

Hobbes, Thomas

托马斯·霍布斯, 31

Hofstadter, Richard

理查德·霍夫施塔特, 6

Hughes, Everett

埃弗里特·休斯, 4

Huyghens, Christian

克里斯蒂娜·惠更斯, 183

hypotheses, new

新的假设, 181 – 182, 269

hypothesis testing; in architecture and psychotherapeutic examples; confirmed/disconfirmed; leads to invention

假设检验, 146 – 147, 157, 166, 177, 269; 建筑学和精神疗法中的案例, 149 – 156; 肯定/否定, 146 – 147, 150, 166, 181; 引发了发明, 181 – 182

I

"If you want to get ahead, get a theory" (Inhelder and Karmiloff-Smith)

《如果你要前行, 找出一个理论吧!》(英海尔德和卡米洛夫-史密斯), 56 – 59

Illich, Ivan

伊万·伊利奇, 5, 288

industrial engineers

工业工程, 77

industrialism

工业主义, 32

industry: as prototype of technical rationality

工业: 技术理性的原型, 336

Inhelder, Barbel, and Annette Karmiloff-Smith: "If you want to get ahead, get a theory."

巴伯尔·英海尔德和安尼特·卡米洛夫-史密斯,《如果你要前行, 找出一个理论吧》, 56 – 59

Inner Contradictions of Rigorous Research (Argyris)

《严谨研究的内在矛盾》(阿吉里斯), 319

inquiry; in adversarial setting; agents of, in public policymaking; cooperative; fundamental methods of; media as "stuff" of; on-the-spot; public; reflec-tion-in-action as ethic for; scientific; stance toward

探究, 130, 170, 268 – 269, 317; 对立情境, 350 – 353; 公共决策的启动探究, 349; 协作, 351 – 353; 探究的基本方法, 317 – 320; 媒介成为探究的"实料", 271; 现场, 169 – 170; 公共, 297, 328, 336, 338, 350; 行动中反映的伦理观, 164; 科学探究, 33; 探究立场, 133, 144, 163 – 164

instability, *see* situations of uncertainty, instability, uniqueness, conflict

肯定，否定，146，181；作为实验，157，158，160；反映的终止，280

move testing

行动探测，146，153 – 155，177

mystery/mastery

神秘感，126，227，229，230，233，262，304，305

N

Nader, Ralph

拉尔夫·纳德，351

National Research and Development Corporation

国家研究与发展中心，37

Nelson, Richard

理查德·纳尔逊，177，179，180

NewYork City

纽约市，12

norms: in manaing; in professional/client relationship

规范：管理的，266；专业工作者/当事人关系的，292，294，303

Notes Toward a Synthesis of Form (Alexander)

《形式综合的要点》（亚历山大），52 – 53

nursing

护理学，168

O

objectivity (norm); in public schools; violated in hypothesis testing

客观性（准则），133，166，273，312；公立学校，330 – 331，335；违反假设

检验的客观性准则，149 – 150

"On Teaching the Rudiments" (Tolstoy)

"基本原理教学"（托尔斯泰），65 – 66

on-the-spot experiment; in architecture and psychotherapy examples; and constancy of appreciative system; evaluation of; in managing; rigor in; in teaching

现场实验，63，66，166，308 – 309，320；建筑学和精神疗法上的案例，94，122，124 – 125，131，132；和评价系统的稳定性，272；评估，133 – 136；管理，265，266；严谨性，133，141，156；教学，335

operations research

操作研究，16，37，43，238

Oppenheimer, Robert："The Role of Analogies in Science"

罗伯特·奥本海姆，"科学中类比法的作用"，183

optometry

眼科医学，168

organizations, formal; interpretation of troubles in (example); restructuring of principles and values in; school as; stability and predictability in; *see also* learning systems, organizational

正式的组织，327 – 329；诠释组织的难题（案例），246 – 250；重建组织的价值与原则，335 – 336，338；学派，331 – 332；稳定性和可预测性，327 – 329，332，338；也参见组织的学习系统

overlearning

过度学习，61

also Technical Rationality/model/）; and professional/client relationship; reflection in action as; Technical Rationality/reflection-in-acton compared; *see also* reflective practice

实践认识论，36 – 37，51 – 52，69，275；占支配地位的，21 – 30，31，42，46，48 – 49（见科技理性模式）；专业工作者/当事人关系，292；行动中反映作为一种实践认识论，133 – 167，287，345 – 354；技术理性/行动中反映比较，164 – 167；也参见反映性实践

practitioners: collaborative mode with researchers; order imposed by; order imposed, in architecture example; technical: transactional relation to situation; *see also* professionals

实践者：研究者与实践者的协同合作模式，323 – 325，339；强加的秩序，163 – 164，165；建筑学案例中强加的秩序，85，92 – 94，99，101，103，131；技术实践者，44 – 45；实践者与情境之间的交互关系，150 – 151；也参见专业工作者

primary inhibitory loop

主要抑郁循环，304 – 306

problem(s); now; optimization; reframed, in architecture and psychotherapy examples

问题，16，47；新问题，101 – 166，176，177，347；最优化，47；重新框定问题，在建筑学和精神疗法案例中，82，85，89，90，91，93，94 – 95，102，104，119，124，129，131 – 132，141，268 – 269

problem setting; in architecture and psychotherapy examples; defined; evaluating experiments in; in science-based professions; social; technical

问题情境，18，19，40 – 41，47，63，165，268；建筑学和精神疗法的案例，129，132，137 – 138；定义，40；评估实验，133 – 136；科学立基的专业，170；社会的，347 – 348，349；技术的，187 – 188，193

problem solving; in context of reflective inquiry; exemplars in; through generative metaphor; as professional practice; stance toward inquiry in; technical; unanticipated consequences of (*see also* consequences, unanticipated); *see also* Technical Rationality (model)

问题解决，18，19，24，268；在反映性探究的脉络中，138 – 140；通过概化比喻，186 – 187；作为专业工者的实践，133；技术的，21，22，165，168 – 170，171 – 176；非预期的结果，4，9 – 10（见结果，意外的）；也参见技术理性（模式）

process(es)

过程，318

process – flow modelling; example

程序流程模式，189，190 – 191，193 – 195，201 – 202，273；案例，269，309，318，320

product designers

产品设计，77

专业学校，31，35－36，46－47，307－308，324，325；课程，27－30；也参见建筑学（多种）流派

professions: critique of; defined; demystification of; essential to society (*see also* professional knowledge); implications of reflection-in-action for; institutional context of; major/minor; patterns and limits of reflection-in-action across; place of, in society; scholarly literature on; sciencebased

专业：批判，5，12－13，14，287－288，290，293，294，296－297，298，312，340－342，344－346，349，356 注释32；定义，22；去神秘化，288，289，290，340－341，342，344－345；社会的本质，3－7，8，13，39（也参见专业知识）；行动中反映的意涵，287－354；体制脉络，274－275，343－346；主要/次要，23，24－26，42，46，48，204，293－294，307－308，325；行动中反映的共同模式与限制，267－283；专业在社会中的位置，338－354；有关"专业"的学术论著，22；科学立基，168－203

psychiatry; schools of
精神病学，105－106，312；流派，106－107
psychoanalysis
心理分析，106，107
psychotherapy; example; multiple schools of; storytelling as virtual world in
精神疗法，128－130，268；案例，105－127，273，311；多种流派，17，310，313，314；虚拟世界中的讲故事，160－162

public interest: planning and
公共利益：规划和公共利益，206－207，208

public policy; demystification of professions in; political contention in; professionalization of; in reflective societal conversation; Technical Rationality model of
公共政策，39；在公共政策的专业去神秘化，341－342；政治争论，342，348－351，353，354；专业化，339－342，345－354；在社会性的反映性对话中，347－348；科技理性模式，339－340

public testing of private assumptions; *see also* town planning, example
私人假设的公共检验，328；也参见城镇规划案例

R

reality: construction of; descriptions of; views of
真实：框定，310，311；描述，346－347，349；观点，312－313，348，350
reflecting-in-practice
实践中反映，59－69
reflection: interferes with action; on knowing-in-practice; leading to experiment and theory; on reflection-in-action; seeing-as
反映：对行动的干扰，275，276－281；实践中认识，61，62；引发实验和

338；科学立基的专业，168－203；也参见反映

regional planning

区域规划，76

Reich，Charies

查尔斯·赖克，12

repertoire（s）：of cases，maxims，materials：management；constancy of；of ex amples and themes；of examples，images，understandings，actions；of expecrations，images，techniques；of meanings

资料库：案例，基本原理，材料：管理，265；稳定性，270－272，275；案例和主题，166；案例，形象，理解，行动，138，141；预期，形象，技术，60，66；意义，103，119，125－126，132，137－140

research：as basis of professional expertise；dichotomy with practice；exposed as rationalization for class interests；on fundamental methods of inquiry and overarching theory；implementation of（see also science，applied）；as process of reflection-in-action；reflective；repertoire-building

研究：作为科技专家的基础，288，298－290；研究/实践二分法，26－30，35－37，144－145，147，149，152，165，169，308；揭露研究中阶级利益的合理化过程，340－341；探究和通盘理论的根本方法，309，3 17－320；执行，341（也参见应用科学）；作为行动

中反映的历程，309，320－323；反映性，309－325；建立资料库，309，315－317，323

research-in-practice；see also on-the-spot experiment

实践中研究，68－69，298－301，308－309；也参见现场实验

research－practice partnership

研究者/实践者的伙伴关系，323－325，345

rigor；virtual worlds in

严谨性，141－156；虚拟世界，157－167

rigor/relevance dilemma；in management；and science-based practitioners

严谨性/适切性的两难处境，42－43，44－45，47－49，69，308；管理中的，240－241；科学立基的实践者，188

role；in planning

角色，130，287；规划，204－206，209，210，211，234－235

role frame；constancy of；town planning example

角色框架，63，190，210，270，272，275，283，310，311，315；稳定性，274－275；城镇规划案例，211，221－226，227，228，233－234

"Role of Analogies in Science，The"（Oppenheime）

"科学中类比法的作用"（奥本海姆），183

Ronco，William

威廉·罗科，323

Rousseau，Jean-Jacques

卢梭，65

Rutstein, David

戴维·鲁茨坦，13

Ryle, Gilbert

吉尔伯特·赖尔，51

S

Scheffler, Israel

伊斯雷尔·斯金姆，329

Schein, Edgar

埃德加·沙因，24，27，45－46，47－
48，307

school, public: reflective praetice/teehnical
expertise in(example)

公立学校：反映性实践/技术专家
（案例），329－336

Sehultz, Alfred

艾尔弗雷德·舒尔茨，53

science; applied

科学，7，33，37－39；应用科学，24－
25，42，308，325，339

Sciences of the Artificial，(Simon)

《人工科学》（西蒙），45

scientific investigation: art of

科学调查：艺术，176－182

scientific knowledge: applied in profes-
sional activity (requirement); exclusivity
of; production of; *see also* Technical
Rationality(model)

科学知识：专业活动的应用（要求），21，
22，23－30，31－32，37－39；排他
性，31－33；生产，38；也参见技术
理性（模式）

scientific world-view

科学的世界观，31

Scotch Tape(example)

斯科奇胶带，245

seeing-as

相似地看待着，139，140，141，166，
182－187

selective attention, inattention

选择性的关注，忽视，61，69，160

semiconductors(example)

半成品（案例），177－178

Shils, Edward

埃德华·希尔斯，35

Shoekley, W.

肖克利，W.，178－180

similarity, perceived; *see also* seeing-as

相似性，觉察到，140，182－187，203；
也参见相似地看待着

Simon, Herbert; "diet problem,";
The Sciences of the Artificial

西蒙·赫伯特，77，169；"营养不良
问题"，191；人工科学，45，46－47

situation: adapting to frame (*see also* town
planning); transactional relation with;
see also reflective conversation with
situation

情境：让情境融入框架，131，190，272
（也参见城镇规划）；互动关系，163－
164，165；也参见与情境的反映性对话

situations of uncertainty, instability,
uniqueness, conflict; action science in;
artistry in; decision under; error
reinforced in; limit scope of technical

Sullivan, Harry Stack

沙利文，哈里·斯塔克，314

surfacing of dilemmas; *see also* town
　planning, example

浮现两难困境，328，334，335 – 336，
　338，350；也参见城镇计划案例

surprise; reflection-in-action is cause and
　consequence of; triggers reflection

意外，56，68，327；行动中反映是意外
　的因和果，328；引起反映，280

systems analysis

系统分析，189 – 203

symems engineers

系统工程，273

systems theory

系统理论，238

T

Taylor, Frederick

弗雷德里克·泰勒，237，238，239

Teacher Project, MIT

MIT 教师教育项目，66 – 68，299，321，
　329，334，336

teaching; reflective

教学，293 – 294；反映性教学，332 – 336

teachnical rationality; industry as prototype of

科技理性，338；工业视为一种原理，336

Technical Rationality(model); awareness of
　limits of; compared with reflection-in-
　action; critique of; logic of experimental
　method in; origins of; place of
　professions in; science-based professions
　in; stance toward inquiry in

科技理性（模式）21 – 30，50，69，188，
　287，288，319，340；对局限性的
　觉察，37 – 49；与行动中反映的比较，
　164 – 167；批判，288，346；实验方法
　的逻辑，141 – 145；根源，30 – 37；
　专业的位置，338 – 339；科学立基的专
　业，168 – 169；探究的立场，163

Technological Program; radical critics of

科技计划，31 – 32，33，34，37，288，
　346，351；激进的批判，340

technology

科技，10，15，331

theory, overarching; research in; use in
　reflection-in-action

通盘理论，152，164，166，270，273 –
　274，275；对通盘理论的研究，317 –
　320；在行动中反映的使用，274

theory building

理论建构，181

theory-in-use: error reinforced in; inter-
　personal (*see also* action, interpersonal
　theory of)

使用理论：错误强化，305 – 306；人际中
　的使用理论，283（也参见行动的人际
　理论）

theory testing

理论检验，309

3M Corporation

3M 公司，245

Three Mile Island

三哩岛，12

Tolstoy, Lev Nikolayeviteh; *On Teaching
　the Rudiments*

托尔斯泰,《基本原理教学》, 65 - 66

Torbert, William

威廉·托伯特, 319

town planning; example

城镇规划, 23, 76, 204 - 235; 案例, 271, 274, 281, 282, 309 - 310, 311

transference (psychotherapy); as virtual world

移情(精神疗法), 118, 123, 124, 125; 以虚拟世界的方式, 160 - 161, 162

Trist, Eric

埃里克·蒂斯特, 353

U

unions, professional

专业工作者组织工会, 13

uniqueness; action science and; in architecture and psychotherapy examples; artistry in; bring past experience to bear on; as domain of inquiry; in management; practitioners of, in psychotherapy; practitioner's transactional relation to

独特性, 39, 41, 45 - 46, 61, 62 - 63, 68 - 69, 308; 行动科学和独特性, 319; 建筑学和精神疗法案例中, 129, 132; 艺术性, 49, 50, 165, 170; 将过去经验应用于, 137 - 140, 141; 作为探究的领域, 150; 管理学的, 239, 265, 266; 精神疗法的实践者, 108 - 127; 实践者的互动关系, 150 - 151

U. S. government; research spending

美国政府: 研究经费, 38

university (ies); institutionalization of Technical Rationality in; see also professions, institutional context of

大学, 34 - 37, 324, 325; 技术理性的体制化, 30 - 31; 也参见专业的体制脉络

University of Chicago

芝加哥大学, 36

urban crime: as example of social problem setting

城市犯罪: 作为社会问题情境的案例, 347 - 348

urban planning; metaphor in

城市规划, 8, 9, 76; 比喻, 319 - 320

urball renewal

城市更新, 10, 208, 340

V

vagueness

模糊, 305 - 306, 343

values; conflicting; congruence of interpretive systems with; in interpersonal theory of action (Model I) (Model Ⅱ); unintended consequences of

价值, 171 - 172; 冲突, 39, 42, 49, 50, 338; 解释系统与价值观的融合, 136, 141, 152, 317 - 318; 行动人际理论的, 226 - 227(第一型), 231 - 232(第二型), 非预期的结果的, 135

Veblen, Thorstein; *The Higher Learning in America*

索斯滕·维布伦, 6, 169, 238;《美国高等教育的学习》, 35 - 36

图书在版编目（CIP）数据

反映的实践者：专业工作者如何在行动中思考/（美）唐纳德·A.
舍恩著；夏林清译. —北京：北京师范大学出版社，2018.10
（2022.5 重印）
（组织学习与进化丛书）
ISBN 978-7-303-24146-0

Ⅰ.①反… Ⅱ.①唐… ②夏… Ⅲ.①高等学校－人才培养－
研究 Ⅳ.①G649.2

中国版本图书馆 CIP 数据核字（2018）第 201159 号

北京市版权局著作权合同登记号：图字 01-2018-3052

营　销　中　心　电　话	010－58807651
北师大出版社高等教育分社微信公众号	新外大街拾玖号

FANYING DE SHIJIANZHE

出版发行：	出版发行：北京师范大学出版社　www.bnup.com
	北京市西城区新街口外大街 12－3 号
	邮政编码：100088
印　　刷：	三河市兴达印务有限公司
经　　销：	全国新华书店
开　　本：	710 mm×1000 mm　1/16
印　　张：	19.75
字　　数：	355 千字
版　　次：	2018 年 10 月第 1 版
印　　次：	2022 年 5 月第 3 次印刷
定　　价：	78.00 元

策划编辑：周益群	责任编辑：王　宁
美术编辑：李向昕	装帧设计：李向昕
责任校对：陈　民	责任印制：马　洁